# MIRADAS SOBRE
# PASADO Y PRESENTE EN
# EL CINE ESPAÑOL (1990-2005)

# FORO HISPÁNICO 32

## COLECCIÓN HISPÁNICA DE FLANDES Y PAÍSES BAJOS

Consejo de dirección:
Patrick Collard, *Universiteit Gent* (Gante, Bélgica)
Nicole Delbecque, *Katholieke Universiteit Leuven* (Lovaina, Bélgica)
Rita De Maeseneer, *Universiteit Antwerpen* (Amberes, Bélgica)
Hub. Hermans, *Rijksuniversiteit Groningen*, (Groninga, Países Bajos)
Sonja Herpoel, *Universiteit Utrecht* (Países Bajos)
Luz Rodríguez Carranza, *Universiteit Leiden* (Países Bajos)
Maarten Steenmeijer, *Radboud Universiteit Nijmegen* ( Nimega,
    Países Bajos)


Secretaria de redacción:
María Eugenia Ocampo y Vilas
Toda correspondencia relacionada con la redacción de la colección
debe dirigirse a:
María Eugenia Ocampo y Vilas – Foro Hispánico
Universiteit Antwerpen
CST – Departement Letterkunde (Gebouw D – 113)
Grote Kauwenberg 13
B – 2000 Antwerpen
Bélgica


Administración:
Editions Rodopi B.V.
Toda correspondencia administrativa debe dirigirse a:
Tijnmuiden 7
1046 AK Amsterdam
Países Bajos
Tel. +31-20-6114821
Fax +31-20-4472979


Diseño y maqueta:
Editions Rodopi

ISSN: 0925-8620

# MIRADAS SOBRE PASADO Y PRESENTE EN EL CINE ESPAÑOL (1990-2005)

Bajo la dirección de

Pietsie Feenstra

y

Hub. Hermans

Amsterdam - New York, NY 2008

Photo de portada : *La niña de tus ojos* (1998) de Fernando Trueba
(Lolafilms, Madrid)

The paper on which this book is printed meets the requirements of "ISO
9706:1994, Information and documentation - Paper for documents -
Requirements for permanence".

ISBN: 978-90-420-2473-1
©Editions Rodopi B.V., Amsterdam - New York, NY 2008
Printed in The Netherlands

# Índice

# INTRODUCCIÓN

# La migración del cine español

Pietsie Feenstra
Hub. Hermans

## Dos temas principales

Este libro sobre el cine español contemporáneo (1990-2005) se centra en el análisis de la representación de las miradas del presente y del pasado español tal como éstas se manifestaron en los cineastas individuales, utilizando para ello temas y 'estilos de autor' diferentes.

El interés por la propia historia reciente ha llegado a ser un tema central dentro del cine español del Postfranquismo. Durante los largos años de la dictadura de Franco el cine había sido víctima de una censura poco sistemática que llegaría a ser abolida oficialmente en el año 1977. Es precisamente este período penoso que ha despertado un nuevo interés de parte de los cineastas españoles, y no sólo la época franquista, sino también la época de la Segunda República y la de la Guerra Civil. Durante la Transición, sin embargo, la censura todavía no había desaparecido del todo, tal como llegaría a ponerse de manifiesto durante el proceso alrededor de *El crimen de Cuenca* (1979) de Pilar Miró. Las escenas de tortura por parte de la Guardia Civil durante la Segunda República causaron una polémica que llegó a tal extremo que la autoridad militar secuestró la película y la citada jurisdicción procesó a la directora La primera película prohibida en tiempos de democracia pudo finalmente estrenarse con casi dos años de retraso (Merchán, Gómez, 1997), para luego convertirse en la película más taquillera de 1981.

A partir de 1975 el tema del pasado español inspiró a muchos cineastas españoles para presentar visiones nuevas, utilizando para ello todo tipo de registros: el documental, el cine de ficción y géneros diferentes, como la comedia, el drama o el cine musical. Además, al lado de una renovación del cine ya existente, se presentó una nueva generación de cineastas, lo que tenía su impacto en las maneras de representar el pasado histórico. Ahora, con tres decenios de distancia desde la muerte de Franco, ya podemos hacer balance de la rememorización de la época de la dictadura y de la época que la antecedía: la de la Segunda República y la Guerra Civil. El cine español ha contribuido considerablemente a la construcción de la imagen que nos hemos ido formando de esas épocas. La rememorización, que ha podido realizarse con rigor y con entusiasmo a partir de 1975, continúa en los años noventa, aunque ahora con nuevos enfoques y desde diferentes perspectivas. En los últimos quince años el tema ha adquirido nuevos matices, en parte debido a influencias externas, relacionadas con la historia política de España y con la literatura. Aquí debe mencionarse la labor emprendida por nuevas generaciones de españoles, dentro de organizaciones como la *Asociación para la recuperación de la memoria histórica*. También cabe referirse al cambio de gobierno en 1996, que tendría un impacto enorme sobre la visión de la propia historia. No sólo la izquierda empezó a ocuparse de un pasado que hasta aquel momento había sido ocultado –y que la misma izquierda en los años anteriores no había podido o querido desvelar– también la derecha empezó a meterse en estos debates, culpando a la izquierda de una mitificación de su propio pasado y de una venganza ciega y peligrosa. Todos estos cambios tuvieron un impacto enorme en la literatura de ficción y en la historiografía, dos géneros que gracias a este tema han ganado en popularidad. Era de esperar que estos cambios también dieran su fruto en el cine, razón por la cual estudiamos en este libro la época que va de 1990 hasta 2005, un año después de un nuevo cambio de gobierno.

Un segundo tema de este libro será la representación de la realidad social en el cine, dentro de la cual se observan también varias tendencias. Estas tendencias tienen que ver con la manera en que los cineastas han querido representar la realidad social y desde qué perspectiva. La diversidad de los registros manejados ya demuestra que se trata de una materia compleja. Una tendencia es la representación de la realidad social desde una perspectiva histórica. Ya prestamos atención a este fenómeno en el párrafo anterior. Así, varios documentales y films de ficción de los años setenta no sólo se preocuparon de nuevas visiones históricas del pasado, sino también de la realidad social tal como ésta se manifestaba durante, por ejemplo, la Guerra Civil. Aquí se podría pensar en *Las largas vacaciones de 1936* de Jaime Camino (1976), sobre unas vacaciones que duraron más de lo previsto y que implicaron problemas imprevistos como el hambre y la amenaza de muerte. Una segunda tendencia tiene que ver con problemas de género, de sexo y de tabúes. Piensen en las películas de Almodóvar o Ventura Pons alrededor del tema de la (homo)sexualidad. También cabría pensar en el tema de las drogas, como en *El pico* (1983) de Eloy de la Iglesia o *27 Horas* (1986) de Montxo Armendáriz. Todos estos aspectos de la actual sociedad española forman un contraste con el pasado, aunque tan sólo fuera por el simple hecho de que anteriormente no estaba permitido prestar atención a tales fenómenos. (Feenstra 2006: 37-40)

¿Qué es lo que hace que las películas de la época que se inicia en los años noventa sean tan diferentes de las de la época anterior? Lo que llama la atención es que casi todos los cineastas se preocupan por la representación de una realidad social, aunque ahora de una manera nueva. Muchos de los cineastas ya consagrados, que antes se preocupaban de temas bien diferentes, ahora empiezan a enfocar temas relacionados con la realidad social, aunque manteniéndose fieles a su propio estilo de hacer cine. Dentro del texto fílmico juegan de manera contemporánea con los códigos que estimulan en el espectador la idea de que está observando en la pantalla lo que se ve en la realidad. Aquí cabe pensar en un texto de André Bazin, publicado en 1958, sobre el 'Montage interdit', en que explica cómo debía filmarse –sin cortes, sin montaje, argumentando que la apertura de la cámara hacia el mundo exterior nos ofrece la sensación de percibir el mundo de manera directa. (Bazin 1999) Aunque es evidente que un texto de los años cincuenta ya no se deja aplicar tan fácilmente al cine de los años noventa, también habrá que reconocer que mediante determinados registros todavía hoy el cine apela al principio de que estamos observando una realidad. La manera en que esto ocurre sigue siendo intrigante y forma el campo de interés de varios investigadores.

Además, los cineastas renombrados de los años noventa se ocuparon fílmicamente de este fenómeno cuando intentaron buscar imágenes nuevas para su reflejo de una problemática social actual, como la droga, la prostitución, la violencia doméstica, la inmigración, el paro o la eutanasia. Los cineastas juegan para ello con registros y códigos que refieren a una realidad directa y concreta. Debido a la dominancia de esta nueva tendencia a lo largo de los años noventa, se suele hablar de una corriente nueva. El visualizar en el cine una realidad que ya se observaba en la sociedad en decenios anteriores, como la violencia doméstica, será una de las tendencias típicas del cine de los años noventa. La observación en la pantalla de tales temas, así como la reflexión sobre los mismos, caracteriza al cine de una nueva generación, pero también al cine de los cineastas ya consagrados que, cada uno a su manera, también se apropiaron de esta nueva tendencia.

Pero ¿no es una contradicción en los términos hablar de '(la) autoría' y '(la) representación de una realidad social?' Esto seguirá siendo un tema de debate interesante, ya que los films aquí estudiados de Pedro Almodóvar, Alejandro Amenábar o Fernando León de Aranoa ofrecen el claro signo de su autoría. Al relacionar esta cuestión con la de la representación podremos ahondar más en la mirada propia de determinados cineastas. El concepto de un autor que considera la cámara como una pluma con la cual el cineasta nos describe el mundo, ha sido introducido por Astruc en los años cuarenta en Francia: *L'auteur écrit avec sa caméra comme un écrivain écrit avec un stylo.* (Astruc, 1997: 30-31) Su pluma o su cámara crean un mundo propio. Lo dicho podría ser considerado como una contradicción de la idea de una representación de la realidad exterior, pero al mismo tiempo será un desafío poder relacionar los rasgos fílmicos típicos de determinados cineastas con las tendencias nuevas que se presentan dentro del cine español actual. Esto nos permitirá estudiar las miradas que ofrecen estos cineastas de un tema concreto dentro de un contexto más amplio. Los autores que contribuyen a este libro se centraron para su artículo en la temática aquí trazada, tratando de enfrentar al cineasta objeto de su análisis con las dos tendencias señaladas con respecto a la representación de pasado y presente.

**El ambiente europeo: cine y conciencia histórica**

En lo que concierne al interés por el pasado el cine español actual se coloca dentro del nuevo ambiente europeo, donde el interés por temas históricos ha recobrado importancia. La indagación sobre el proceso identitario y sobre el concepto de identidad nacional o regional ha llegado a ser nuevamente actual, ahora que los problemas de estado-nación, europeización y globalización se presentan diariamente en la prensa internacional. Y quizás con más vehemencia en España que en otros países europeos ya que aquí el pensamiento posmodernista, con la supuesta desaparición de las ideologías y el triunfo de la individualización, se manifestó durante tiempos de la Transición, para dar lugar inmediatamente después a debates sobre el papel del estado-nación y sobre los efectos de la glocalización. Los debates aún más recientes sobre la memoria histórica hacen de todo ello una mezcla explosiva ante la cual ningún cineasta adopta una postura indiferente. En España, Francia, Alemania, pero también en un país como Holanda los historiadores y los artistas se dan cuenta de que las discusiones sobre nuevas fronteras europeas mantienen una relación de interdependencia con una revisión del pasado histórico y con el planteamiento del proceso identitario, tanto a nivel personal como a nivel nacional. Así, el historiador Piet Blaas estudia la posición de Holanda dentro del contexto histórico europeo en su estudio *Anacronismo y conocimiento histórico. Momentos del desarrollo de una conciencia histórica europea.* (Blaas 1988) También el historiador de medios masivos de comunicación, Frank van Vree subraya la importancia de la historia en tales procesos identitarios. En un estudio sobre la rememorización del holocausto señala, además, que son las imágenes las que nos cuentan cada vez más lo ocurrido, y que el cine juega en ello un papel primordial. (van Vree 2000) El impacto de las guerras recientes y la afirmación de una nueva identidad europea van conjugados con la urgencia de una revisión del pasado. Una consecuencia de este interés por la historia es la atención explícita por el papel de testigos, sobrevivientes de épocas traumáticas de nuestra historia. O como lo indica Anette Wieviorka: vivimos en un espíritu del tiempo de los testigos ya que nos damos cuenta del valor de la palabra de una última generación de sobrevivientes. (Wieviorka 1998) El cine llega a ocupar en estos tiempos un claro *lugar de memoria*, en términos de Pierre Nora. (Nora 1984) Es en el cine, el medio visual por excelencia, donde las más diversas imágenes, acompañadas de voces de la época y de comentarios contemporáneos o añadidos posteriormente, refuerzan la posibilidad de hacer (re)vivir tiempos pasados. Ante la autenticidad del pasado, el espectador se ve enfrentado con unas imágenes que le convierten en testigo de una época, que aún sin haberla compartido en persona, ha dejado sus rastros en el tiempo presente.

Por todo ello el cine español también ocupa un lugar en lo que se suele denominar el cine europeo. En su famoso estudio *European Cinemas, European Societies 1939-1990* Pierre Sorlin hace mención de los cuatro países principales: Francia, Inglaterra, Italia y Alemania. (Sorlin 1991) Al estudiar la historia del cine se enfoca en el cine como expresión de transformaciones de determinadas circunstancias sociales. En su introducción Sorlin indica explícitamente que el eslogan *Spain is different* marca una época determinada, aplicable hasta finales de los años setenta, porque la sociedad española de aquellos años llevaba todavía el sello de la dictadura franquista. (Sorlin: 20-21) Aboga el mismo autor por una atención especial hacia el cine español, y podemos alegrarnos de que los historiadores del cine españoles se hayan preocupado ya desde hace años en profundidad del cine de su país. A partir de los años ochenta también la crítica extranjera, tanto investigadores del cine como hispanistas, empiezan a prestar cada vez más atención al cine español actual. Gracias a todos estos esfuerzos, el cine español ha ido ocupando durante los años noventa un lugar particular dentro del panorama europeo, contribuyendo a su éxito con un estilo muy propio y con una énfasis en temas glocales y en la actual problemática social. Aquí habrá que hacer mención explícita de la labor de muchos investigadores del cine que, todos ellos a su manera, lograron despertar el interés por el nuevo cine español. Este cine goza en la actualidad de una enorme popularidad entre el alumnado de universidades europeas y americanas.

En este libro hemos querido presentar un eco de toda esta atención, invitando a especialistas renombrados de varios países y de diferentes disciplinas y tradiciones, para dar su visión del cine español de los años 1990-2005. Esta mezcolanza de visiones, en la que participan tanto cineastas como investigadores de cine e hispanistas, pretende ofrecer una especie de composición; una partitura de la diversidad, unida por una común búsqueda de lo auténtico en el cine español. Un libro en que colaboran especialistas con trasfondos diversos puede presentar un reflejo útil de la situación actual de la investigación cinematográfica. Queda claro que la composición de este libro no hubiera sido posible sin las muchas publicaciones individuales que lo antecedieron y que todas ellas a su manera ya eran manifestaciones del éxito internacional del nuevo cine español. Aquí cabría pensar en publicaciones como *Spanish cinema. The Auteurist Tradition* de Peter Evans (1999); *Cinéma espagnol des années 90* de Pascale Thibaudeau y Claude Murcia; *Penser le cinéma espagnol (1975-2000)* de Nancy Berthier (2002); dos publicaciones recientes de la revista *Archivos de la Filmoteca*: los números 39, *Cine español de los noventa* (octubre 2001) y 49, *El último cine español en perspectiva* (febrero 2005); el libro de Pietsie Feenstra, *Les nouvelles figures mythiques du cinéma espagnol (1975-1995). À corps perdus* (2006); y finalmente

Burckhard Pohl y Jörg Turschman, *Miradas 'glocales'. Cine español en el cambio de milenio* (2007). Los títulos aquí presentados no forman sino una selección del rico material que hoy en día se publica sobre el cine español. Con esta nueva publicación pretendemos dar continuidad a esta corriente, juntando diversas tradiciones de investigación en un volumen y tratando de estimular un intercambio entre visiones españolas y visiones extranjeras del cine español.

**La mirada del investigador**

El libro abre con una introducción panorámica de Eduardo Rodríguez Merchán y Gema Fernández-Hoya en que los autores trazan el paisaje general del cine español cercano, planteando al mismo tiempo el tema de una renovación generacional que a comienzos de los años noventa lleva a un proceso de transformación. Así el lector obtiene una idea clara de la sucesión de generaciones y de los factores de éxito del cine español actual, vistos desde dentro, tanto desde el punto de vista económico como creativo. Subrayan los autores que la tradición y la época dentro de las cuales se forman los cineastas, tienen su repercusión inmediata en el producto cinematográfico.

Después de esta introducción el libro se divide en dos: una parte dedicada al pasado y otra parte dedicada al presente. Dentro de la primera parte hemos querido prestar atención a la política de la memoria y a la visualización de la misma a través del uso de diversas fuentes históricas y de imágenes de archivo. Vicente Sánchez-Biosca analiza la política de la memoria alrededor de la película *Silencio roto* (2001) de Montxo Armendáriz, dedicada a la guerrilla antifranquista, es decir, al maquis. En su análisis de esta película y su breve comentario de otras películas afines, Sánchez-Biosca destaca una de las tendencias dominantes de la rememorización en el cine español, o sea la combinación de investigación histórica con la dramatización de una historia emocionante. A continuación Pilar García Jiménez analiza *El grito del Sur: Casa Viejas* (1995) de Basilio Martín Patino, sobre los sucesos trágicos ocurridos en la población gaditana de Casas Viejas en 1933; sucesos que han quedado en la memoria colectiva, fundamentalmente por la deriva política que tuvieron. Este film, o falso documental ofrece una reconstrucción de esta tragedia a través de las opiniones y testimonios de varias personas, mientras en la imagen se muestran diferentes documentos que 'visualizan' los hechos. Pilar

García Jiménez analiza la utilización que Patino hace de materiales muy heterogéneos, las voces y las imágenes dentro de la película que consiguen crear un diálogo entre pasado y presente, dando expresión así a la memoria y a la interacción entre ficción y realidad. También dentro del registro de documentos del pasado, Bénédicte Brémard presta atención a la rememoración de niños que se exiliaron de la república por motivos de la guerra. *Los niños de Rusia* (2001) de Jaime Camino trata un tema delicado, ya que los niños que se salvaron de las bombas y del hambre, no eran muy felices en la Unión Soviética, y que difícilmente podían volver a su país natal por culpa de la dictadura franquista que allí se había establecido. El cineasta trata de esconderse detrás de las imágenes y nos presenta a los 'niños-ancianos' en la pantalla a través de las narraciones de personas ya mayores. Las situaciones penosas para todos los involucrados en esta tragedia de exilio y de dictadura consiguen en esta película una elaboración estética muy sensible.

Los tres artículos que siguen a continuación también analizan el pasado, pero ahora acercándose a la literatura, la pintura y la coreografía musical. La contribución de Hub. Hermans versa sobre la comparación de la novela *Soldados de Salamina* (2001) de Javier Cercas y la película homónima de David Trueba (2002). Curiosa es la diferencia entre la acogida favorable de la novela (que se convirtió en un *mega seller*) y la acogida menos favorable de la película. Esta diferencia se vuelve paradójica ya que los escasos puntos de crítica de la novela (el supuesto partidismo y el sexismo del narrador Cercas) han desaparecido en la película. Hermans argumenta que el relativo fracaso de la película radica, más que en su mensaje, ahora 'políticamente correcto', en un uso limitado de las posibilidades fílmicas. Justamente por haber querido seguir fielmente el curso de la novela, mejorándola, tienden a desparecer la polivalencia y la universalidad que habían convertido la novela en una pequeña obra maestra. Pietsie Feenstra se ocupa en su análisis de un registro totalmente diferente, el del musical. Ella hace un estudio de *La niña de tus ojos* (1998) de Fernando Trueba, un musical basado en la adaptación de *Carmen, la de Triana* de Florián Rey de 1938. Feenstra analiza cómo la renovación de este musical refleja la mirada del propio Trueba, acoplándose a un punto de vista político actual, según el cual el mito de Carmen se ha establecido firmemente dentro del patrimonio cultural español. En esta nueva versión miradas no españolas se enfrentan a miradas muy españolas, ofreciendo así un falso contraste de *dentro* y de *fuera*. Como última contribución a esta categoría dedicada al pasado, Nancy Berthier nos presenta un análisis muy original de la herencia cultural española dentro de la obra de Carlos Saura, prestando especialmente atención a las pinturas negras de Goya en su película *Goya en Burdeos* (1999). A los 82 años el viejo pintor, exiliado en Burdeos, reconstruye los acontecimientos que marcaron su vida. Berthier hace uso del término *biopic* para poder dar así nuevas interpretaciones a la manera en que el 'arte de heredar' se manifiesta dentro de la filmografía de Saura, entablando así un diálogo con el pasado.

## Cine de ficción y documentales ficticios

En la segunda parte de este libro estudiamos la representación del presente, capítulo que a su vez se subdivide en producciones de ficción y en documentales ficticios. El artículo de Isabel Maurer estudia el hibridismo dentro de *Hable con ella* (2002) de Pedro Almodóvar. Además de adentrar en la estética de lo híbrido, Maurer relaciona este concepto con la problemática del papel de género y de sexo, que en el cine de Almodóvar adquiere matices cada vez más comprometidos. Otro aspecto de la sexualidad aparece en la contribución de Marina Díaz López. Después de presentarnos un informe acerca de las influencias culturales de *El otro lado de la cama* (2002) de Emilio Martínez-Lázaro, esta estudiosa analiza el éxito enorme de este musical, que rememora de manera peculiar la música de los tiempos de la Movida. Díaz presenta gran cantidad de referencias culturales que dentro de este musical desempeñan un papel y que conmovieron (nuevamente) al público. Las canciones de los años ochenta recobran otra vida en su tratamiento de nuevas relaciones sociales, del complejo de Peter Pan o de la libertad sempiterna. Un ligero contraste con esta 'libertad' lo forma el tema de la soledad en *Solas* (1999) de Benito Zambrano, estudiado por Verena Berger. Demuestra que en esta película –la más taquillera de 1999– la cámara hace de ojo: se convierte en la dimensión determinadora y creadora de soledad; una soledad que nos llega al corazón a través de las miradas vacías, aunque llenas de significado, que se dirigen las dos mujeres que protagonizan esta película. María Camí-Vela presta atención a la cineasta Isabel Coixet, y a través de ella al papel de otras cineastas de España que también tratan temas como, por ejemplo, la violencia doméstica. De los cinco films realizados por esta directora catalana, tres han sido rodados en inglés, y han recibido una acogida exitosa, tanto de crítica como de taquilla. Camí-Vela no sólo establece una relación entre la labor de esta cineasta y la investigación americana en el campo de la temática tratada, también indaga en el siempre problemático concepto de lo que es cine español y lo que es cine nacional. Es evidente que la mirada feminista, *nómada* de Coixet ya no se atiene a fronteras regionales, nacionales o estatales, sino que pretende traspasar todas las fronteras geográficas, lingüísticas y culturales, así como fronteras de género y de sexo, para llegar a crear un cine de mestizaje. También Lorenzo Javier Torres Hortelano analiza un tema sumamente actual, resumido perfectamente en el título de su contribución: En España no hay racismo... Hace un análisis muy revelador de determinadas secuencias de la película *Poniente* (2002) de Chus Gutiérrez. La atención de esta cineasta por la imagen como objeto seductor que lleva a un mundo paradisíaco, del que ya existían representaciones como las de la tierra prometida o de las regiones prósperas y tropicales, contrasta vehementemente con la realidad. En su análisis de estas imágenes Torres Hortelano indica detalladamente cómo funciona la seducción en el cine y cómo contrasta con los problemas de inmigración en la sociedad española actual, en realidad el tema central de su análisis.

Además del cine de ficción que se ocupa de cuestiones sociales, aparecen en el cine español actual también documentales ficticios. Muchos de estos documentales prestan atención a temas políticos. Un ejemplo claro (aunque poco conocido ya que se trata de una producción atípica, marginal y no comercial) es la película *¡Hay motivo!* (2004). Es un mosaico polifónico que consta de 36 segmentos, producidos por conocidos y menos conocidos cineastas españoles. El proyecto se originó un mes antes de las elecciones legislativas del 14 de marzo de 2004, y estaba pensado como un film de denuncia de la situación sociopolítica española de aquel entonces. Pero el proyecto que empezó con algunos breves cortometrajes en forma de *agit-prop* iba expandiéndose hasta terminar con un *Epílogo* en el que se comentaban los atentados del 11 M, sus repercusiones y los resultados de las elecciones que cambiarían nuevamente el paisaje político español. Román Gubern establece en su análisis de este proyecto una relación entre el renacimiento de un cine militante en España, donde se consideraba un género definitivamente extinguido, y el panfleto *Fahrenheit 9/11* de Michael Moore, que también salió en 2004. Ahora, con algunos años de distancia, sabemos que no se trata de dos proyectos aislados y que el compromiso ha recobrado plenamente vida, tanto en el cine como en las demás artes, aunque por supuesto en formas que se acoplan a las exigencias de los tiempos también cambiados. Josetxo Cerdán se ocupa de otra cuestión muy actual y sobre la cual las opiniones divergen considerablemente, es decir, el problema vasco. La película documental *La pelota vasca, la piel contra la piedra* (2003) de Julio Medem está basada en entrevistas a casi setenta personas que cada una a su manera se pronuncian sobre esta cuestión nacionalista. El documental está hecho desde la convicción de que el atormentado árbol de Guernika padece de una seria enfermedad, desde sus raíces hasta las ramas más recientes. Cada uno de los implicados no aporta sino una *verdad* parcial. Cerdán no sólo comenta esta complicada situación, sino que también analiza las imágenes de las cuales se sirve el cineasta en su búsqueda de unas señas de identidad. Pascale Thibaudeau también toca un tema que en los últimos decenios ha conmovido a todos los españoles: el problema de la violencia doméstica. La película *Te doy mis ojos* (2003) de Icíar Bollaín describe los macabros mecanismos que se articulan en la mente de un hombre a la hora de maltratar a la persona que ama, mientras que la maltratada (quien le ha dado sus ojos) intenta escaparse, pero difícilmente puede deshacerse de él. Thibaudeau analiza de manera convincente cómo la cineasta se sirve de la tradición española, al presentarnos imágenes del mundo de la pintura y del patrimonio artístico de Toledo, al contarnos viejas historias mitológicas, trasponiéndolas a la actualidad de hoy. La pareja parece no poder librarse de la eterna pesadumbre de la historia. Así, el uso que hace Bollaín de la tradición española le sirve para presentarnos una imagen personal y original de un problema que perdura en la actualidad. El deseo de deshacerse de la moda de la posmodernidad con sus imágenes pastiche y de ir en busca de un nuevo lenguaje fílmico para retratar una realidad más cercana (recuperando ciertas tendencias realistas de la tradición española) también parece ser el propósito de *Princesas* (2005) de Fernando León de Aranoa. Ángel Quintana explica cómo este *realismo tímido* va ocupando un lugar central dentro del cine de León de Aranoa, al crear imágenes que se fundamentan en el propio guión, en lugar de abrir la cámara a la realidad. Como es sabido, la idea de una cámara que observa al mundo había sido introducida por André Bazin en su libro *Qu'est-ce que le cinéma?* (1999) Quintana ha sabido analizar de manera convincente en qué consiste el concepto de realidad usado por León de Aranoa en *Princesas* y cómo lo relaciona con la autoría que es tan propia de este cineasta. La obra que en este breve panorama del cine español no podía faltar es, por supuesto, *Mar adentro* (2004) de Alejandro Amenábar. Con esta película, que marca un giro de 180 grados en la carrera del cineasta, Amenábar hace una mezcla de ficción y documental para abrir un debate sobre el derecho a una muerte digna. Gracias al Óscar este debate no se limitó a España, donde la vida y la muerte de Ramón Sampedro ya ocupaban un lugar central en las discusiones sobre la eutanasia, sino que se extendió a Estados Unidos y al resto del mundo. Este resultado imprevisto no se debió solamente a la temática aquí presentada, sino también a la actuación, a la fotografía y al trabajo artístico de los actores y del equipo técnico. A través de su interpretación y su dirección consiguieron que la realidad se convirtiera en poesía, en verdadero cine. Y así se despertó en el mundo el interés por una nueva vertiente del cine español, radicada en el viejo realismo. José Luis Castro de Paz describe este proceso de relacionar una temática política actual con una nueva y original manera de hacer cine de ficción. *Mar adentro* marca esta tendencia española de colocar el cine de nuevo en medio de la sociedad y sirve al mismo tiempo para concluir simbólicamente este volumen.

**Nuestras miradas**

Este volumen de miradas sobre el cine español actual de investigadores (inter)nacionales pretende dar una imagen polifacética de determinados desarrollos dentro del reciente cine español, a la vez que un panorama del estado de las cosas en el campo de la investigación cinematográfica, tanto de fuera como de dentro de España. Cada país conoce sus propias tradiciones y cada cineasta siente la herencia de sus antecesores. Ha sido nuestro propósito conservar y presentar estas tradiciones de investigar o de hacer cine, contrastándolas con nuevas evoluciones. También hemos querido velar por la autenticidad de cada investigador en su búsqueda de la autoría del cineasta estudiado. El cine español hace un viaje a través del mundo, llevando consigo una herencia nacional e internacional, para encontrarse por todas partes con otras tradiciones culturales. El resultado de estos encuentros y desencuentros los tiene en sus manos.

Queremos agradecer a todos los colaboradores habernos entregado sus trabajos y habernos confiado la composición de este volumen. También caben unas palabras de agradecimiento por habernos enviado el material fotográfico que enriquece este volumen y que ha sido cedido por los derecho habientes. Para las fotos de *Los niños de Rusia*, mencionamos a Jaime Camino y Les Grands Films Classiques, para *La niña de tus ojos* y *Goya en Burdeos;* Lolafilms, para *El otro lado de la cama;* Telespan 2000 S.L., para *Poniente*; la producción ejecutiva Ana Huete, para *Te doy mis ojos;* Producciones La Iguana s.l.-Alta Producción S.A., para *Solas* de Zambrano; cedida por Maestranza Films (Edificio Egeda Madrid), para *Hable con ella;* El Deseo Producciones Cinematográficas, y mencionamos a María Camí-Vela para las fotos del rodaje de las películas de Coixet.

## Bibliografía

Astruc, Alexandre. 1997. 'Le manifeste d'Alexandre Astruc'. [1948] Le manifeste de la 'caméra stylo'. En: Michel Marie, *La nouvelle vague. Une école artistique*. París: Ed. Nathan: 30-31.

Bazin, André. 1999. 'Montage interdit'. [1958] En: *Qu'est- ce que le cinéma?*, París: Editions Cerf: 49-61.

Blaas, P.B.M. 1988. *Anachronisme en Historisch besef. Momenten uit de ontwikkeling van het Europees Historisch Bewustzijn.* Rotterdam: Universitaire Pers Rotterdam.

Berthier, Nancy (ed.). 2002. *Penser le cinéma espagnol (1975-2000).* Lyon: Ed. Grimh/Grimia, Université Lyon 2.

Evans, Peter (ed.). 1999. *Spanish Cinema. The Auteurist Tradition.* Oxford: Oxford University Press.

Feenstra, Pietsie. 2006. *Les nouvelles figures mythiques du cinéma espagnol (1975-1995). A corps perdus.* Prefacio de Michèle Lagny. París: Editions Harmattan, Champs Visuels.

Jordan, Barry y Rikki Morgan-Tamosunas (ed.) 2000. *Contemporary Spanish Cultural Studies.* Londres: Ed. Arnold, Co-published by Oxford University Press New York.

Kinder, Marsha (ed.). 1997. *Refiguring Spain.* Durham y Londres: Duke University Press.

Merchán, Eduardo Rodriguez y Concha Gómez. 1997. 'El cine de la democracia (1978-1995)'. En: *Un siglo de cine español.* Cuadernos de la Academia, 1 (octubre), Madrid, Academia de las Artes y las Ciencias Cinematográficas de España: 185-224.

Nora, Pierre (ed.). 1984. *Les lieux de mémoire.* París: Gallimard.

Pohl, Burckhard y Jörg Turschmann (ed.). 2007. *Miradas 'glocales'. Cine español en el cambio de milenio.* Frankfurt: Ediciones Vervuert.

Sánchez-Biosca, Vicente. 2001. *Cine español de los noventa*. En: *Archivos de la Filmoteca* 39 (octubre), Filmoteca de Valencia, Valencia.
——. 2005. *El último cine español en perspectiva*. En: *Archivos de la Filmoteca* 49 (febrero) Filmoteca de Valencia, Valencia.
Sorlin, Pierre. 1991. *European cinemas. European Societies 1939-1990*. Londres: Routledge.
Thibaudeau, Pascale y Claude Murcia (eds). 2001. *Le cinéma espagnol des années 1990. Revue La Licorne* 58, Presses Universitaires de Rennes.
Vree, Frank van. 2000. 'De visualisering van de historische cultuur en de moderne media'. En: Thomas Elsaesser, Pepita Hesselberth, *Hollywood op straat. Film en televisie in de hedendaagse mediacultuur*. Amsterdam: AUP: 158-170.
Wieviorka, Anette. 1998. *L'ère du témoin*. París: Plon.

# La definitiva renovación generacional (1990-2005)

Eduardo Rodríguez Merchán
Gema Fernández-Hoya

Coincidiendo con la apertura de los años noventa nuestra cinematografía comienza a sentir cambios esenciales, que dan lugar a un período más enriquecedor y fructífero. Este proceso de transformación se debe primordialmente a la rápida renovación generacional vivida en los últimos años. En el siguiente capítulo abordamos los motivos que desencadenan este relevo artístico, las primeras consecuencias del mismo y los senderos hacia los cuales caminamos en este momento. Trazando, de este modo, un paisaje general del cine español más cercano, tanto desde el punto de vista económico como creativo.

La década de los noventa es el punto de partida de la renovación generacional del cine español en la que hoy día continuamos inmersos. Esta transformación se hace notar substancialmente en el campo de la dirección y se percibe con mayor claridad a partir del segundo quinquenio. La tradición minifundista de la industria cinematográfica española, donde el director del film es considerado el auténtico motor del proyecto, sigue manteniéndose durante estos años, pero los cambios que acompañan este período son radicales. Las carteleras españolas, copadas hasta 1990 por directores establecidos, comienzan a ceder sus espacios en beneficio de jóvenes realizadores que van adquiriendo protagonismo y relevancia cuanto más nos acercamos al momento actual. En el panorama general de los últimos tres lustros se aglutinan cineastas de varias generaciones con influencias, intereses y discursos muy variados. El paisaje actual se construye, por tanto, incluyendo un gran número de producciones donde conviven realizadores nóveles con trabajos de directores más veteranos. Entre los recién llegados a la industria encontramos, entre otros, a Pablo Berger, Ángeles González, Sinde, Pablo Malo, Achero Mañas o Alberto Rodríguez. Algunos componentes del gremio, debutantes apenas diez años atrás y que hoy conforman una base sólida en nuestro cine, son Alejandro Amenábar,

Mariano Barroso, Icíar Bollaín, Isabel Coixet, Alex de la Iglesia, Fernando León de Aranoa o Julio Medem. Otros autores que comenzaron sus carreras durante la década de los ochenta, coincidiendo con el último tramo de la reforma política, lograron pese a las múltiples dificultades dar continuidad y coherencia a sus aportaciones personales: tal es el caso de Pedro Almodóvar, Monxto Armendáriz, José Luis Cuerda, Bigas Luna, Ventura Pons o Imanol Uribe. Del mismo modo los años sesenta y setenta aportan a nuestro cine más inmediato nombres fundamentales como Vicente Aranda, Mario Camus, Ricardo Franco, José Luis Garci, Pilar Miró, Carlos Saura o Gonzalo Suárez. Además permanecen en activo –y concluyen sus carreras en este período– tres de los grandes pilares del regeneracionismo crítico de los años cincuenta: Juan Antonio Bardem, Luis G. Berlanga y Fernando Fernán Gómez.

Varios son los factores que influyen en el acelerado relevo profesional que conquista nuestro cine, pero uno de los impulsos fundamentales viene dado desde el ámbito gubernamental. Así, en una industria cinematográfica como la española –al igual que en la europea–, los decretos que regulan su apoyo o protección llegan a ser determinantes en el resultado final de la producción. Nuestra época es heredera, en gran medida, de la *reforma legislativa* establecida por Pilar Miró, encargada de la Dirección General de Cinematografía, desde diciembre de 1982 hasta octubre de 1987. La llamada *Ley Miró* (3304/1983)[1] promueve la protección pública de producciones nacionales elevando los presupuestos de ayuda estatal. Uno de los criterios prioritarios del decreto, definitivo en la renovación de nuestro cine, es el apoyo económico a los trabajos de directores nóveles. Dicha premisa se mantiene a través de sucesivas legislaturas, exceptuando los años donde permanece vigente el decreto promulgado por Jorge Semprúm (1989-1994), en los que desaparece el apoyo explícito a los nuevos realizadores. Entre 1990 y 1994, el cine español sufre una gran crisis en todos los sentidos: baja producción, escasa recaudación de taquilla, espectadores que rechazan 'su' cine, etc. El criterio popular responsabiliza de la crisis vivida por la industria cinematográfica nacional a las diversas reformas parlamentarias instauradas en estos años, ya que paradójicamente, muchas de las películas subvencionadas no llegan al gran público. Es obvio que esta opinión negativa de los espectadores trae como consecuencia un descenso en la recaudación de los largometrajes españoles, frente al aumento de las producciones americanas.

Pero las dificultades vividas durante este período también se agravan a causa de otros factores. Así pues, las condiciones sociales y económicas del país originarán un descenso general en la afluencia de espectadores a las salas. Cuestiones como la proliferación de canales televisivos, estatales y privados, van a multiplicar la oferta audiovisual; igualmente la aparición del video y la mejora de las condiciones de reproducción casera plantearán una nueva forma de disfrute del material fílmico. La producción de nuestro cine en los primeros cuatro años de la década es realmente escasa y las perspectivas de futuro no son muy halagüeñas. Concretamente en el año 1994 se llega a la cuota de producción más baja, con cuarenta y cuatro películas. Por otra parte destaca un dato, aparentemente contradictorio, referido a los debutantes: cada año se dan a conocer unos doce realizadores nóveles.

En este dificultoso momento inician su carrera cineastas como Juanma Bajo Ulloa, que consigue la Concha de Oro en el Festival de San Sebastián con *Alas de Mariposa* (1991), un relato filmado con austeridad que alcanza una enorme intensidad dramática. Ulloa va a conseguir cierta continuidad con altibajos en su trayectoria, que se completa con *La madre muerta* (1993), *Airbag* (1997) y *Frágil* (2004). También se estrena como realizador Manuel Gómez Pereira, hasta entonces uno de los mejores ayudantes de dirección de la industria española, con *Salsa Rosa* (1990), una comedia espontánea que consigue aceptables porcentajes de taquilla, lo que le permitirá avanzar de manera estable en su propuesta creativa con otros tantos films: *¿Por qué lo llaman amor cuando quieren decir sexo?* (1992), *Todos los hombres sois iguales* (1994), *Boca a Boca* (1995), *El amor perjudica seriamente la salud* (1996), *Entre las piernas* (1998), *Desafinado* (2000), *Cosas que hacen que la vida valga la pena* (2004) y *Reinas* (2005). Gómez Pereira se convierte así en el representante de las comedias españolas contemporáneas más frescas y 'glamourosas'. Otro debutante, Julio Medem, obtiene un notable éxito en los premios Goya con *Vacas* (1992), pasando a ser un claro exponente de la renovación cinematográfica española por su capacidad de conectar con el público más joven, como demuestra posteriormente con *La ardilla roja* (1993), *Tierra* (1996), *Los amantes del círculo Polar* (1998), o *Lucía y el sexo* (2000). Durante estos años se exhibe el primer largometraje de Mariano Barroso, *Mi hermano del Alma* (1993), primera parte de lo que podríamos considerar una trilogía, junto con *Éxtasis* (1996) y *Los lobos de Washington* (1999), por su continuidad ética y estética. En 1992 llega a la pantalla *Acción Mutante* de Alex de la Iglesia heredero, entre otros, de las tradiciones humorísticas españolas manejadas en el siglo XX. El original director es capaz de mezclar la ciencia ficción con los elementos cinematográficos de mayor arraigo en nuestro cine. Los siguientes largometrajes del realizador vasco: *El día de la bestia* (1995), *Perdita Durango* (1997), *Muertos de Risa* (1998), *La Comunidad* (2000), *800 balas* (2002) y *Crimen Ferpecto* (2004), le irán asentando progresivamente como uno de los pilares del cine nacional en posteriores temporadas en las que consigue importantes éxitos de taquilla aunque pierde el favor de la crítica. Por otro lado, los directores más veteranos siguen conformando una gran parte de la oferta cinematográfica. En este tiempo destacan los trabajos de Montxo Armendáriz (*Las cartas de Alou*), Carlos Saura *(¡Ay Carmela!),* Imanol Uribe (*La luna negra*), Martínez Lázaro (*Amo tu cama rica y Los peores años de nuestra vida*), Gonzalo Suárez (*Don Juan de los Infiernos y El detective y la muerte*), Enrique Urbizu (*Todo por la pasta*), Imanol Uribe (*El rey pasmado, La muerte de Mikel* y la fantástica *Días Contados*), Pedro Olea (*El maestro de esgrima*), Mario Camus *(Después del sueño y Sombras en una batalla)*, Carlos Saura (*Dispara*), Vicente Aranda (*El amante bilingüe* y *La pasión turca),* José Luis Cuerda (*La marrana*), Francisco Regueiro (con la comentada *Madregilda*), Bigas Luna (*Jamón, jamón, Huevos de oro y La teta y la luna*), Pilar Miró (*Beltenebros* y *El pájaro de la felicidad*), Luis G. Berlanga (*Todos a la cárcel*), o Fernando Fernán Gómez (*7.000 días juntos*).

Ya desde el primer quinquenio se aprecia uno de los hechos más significativos en la renovación del cine español: una considerable *incorporación de las mujeres* a la dirección. Muchas directoras nóveles han sido capaces de mantenerse y crear su propio espacio en esta complicada industria. La polifacética Rosa Vergés abre la década alzándose con un Goya por su divertida *Boom Boom* (1990). Dos años después, Gracia Querejeta se presenta en la gran pantalla con *Una estación de paso* (1992), premiada en el Festival de Valladolid y punto de partida de una significativa carrera con títulos como *El último viaje de Robert Rylands* (1996), *Cuando vuelvas a mi lado* (1998) o *Héctor* (2004). También destaca la aparición de Chus Gutiérrez con *Sublet* (1992) y el curioso documental *Sexo Oral*. La directora granadina continuará su recorrido, cada vez con más oficio tras la cámara, con películas como *Alma Gitana* (1995), *Insomnio* (1997), *Poniente*

(2002), *Las siete alcantarillas* (2004) y *El Calentito* (2005). Es necesario tener en cuenta cuando se analiza este fenómeno que en casi cien años de historia sólo once mujeres habían logrado acceder a este oficio, pero en los últimos quince años (coincidiendo con las tendencias europeas y mundiales) se incorporan alrededor de cuarenta nuevas realizadoras. Así, paralelamente al final de la gran crisis del cine nacional la actriz Icíar Bollaín se sumerge en el mundo de la dirección con *Hola ¿estás sola?* (1995), una comedia pegada a la realidad y llena de sinceridad, claves que se vuelven a repetir en *Flores de otro mundo* (1999) y *Te doy mis ojos* (2003), ganadora de multitud de premios en festivales y de varios Goyas. Por su parte, Isabel Coixet regresa a la dirección con *Cosas que nunca te dije* (1996) y *A los que aman* (1998), tras el enorme rechazo de la crítica por su primer largometraje, *Demasiado viejo para morir joven* (1988). No obstante su gran salto como cineasta se producirá posteriormente con *Mi vida sin mí* (2003) y *La vida secreta de las palabras* (2005), premiada con el Goya a la mejor película, mejor dirección y mejor guión original. Los casos de Coixet y Bollaín constituyen dos hechos insólitos en la historia de nuestro cine, pues muy pocas veces esos galardones se escapan de las manos de sus compañeros 'hombres'. No cabe duda, de que vivimos una constante y creciente incorporación de las mujeres a las labores de dirección, pero siendo realistas, los datos todavía revelan considerables diferencias en este sentido. Centrándonos en el momento más reciente, entre 2001-2005, frente a la media anual de 130 realizadores, sólo desempeñan este cargo un promedio de 16 mujeres al año. Este invisible 'techo de cristal' no es más que el reflejo de la desfavorable posición que vive la mujer en la sociedad actual.

La gran eclosión de jóvenes realizadores que se produce a partir de 1995 secunda esta definitiva renovación generacional. La cuota de mercado aumenta hasta el 11% y el número de espectadores se sitúa por encima de la barrera de los diez millones. Tomando como punto de referencia la entrega de los décimos premios Goya, podemos observar el triunfo definitivo de las nuevas generaciones de cineastas. Entre los catorce realizadores nóveles destacan: Agustín Díaz Yanes, que obtuvo ocho galardones de la Academia por su interesantísimo *thriller Nadie hablará de nosotras cuando hayamos muerto* (1995) y Alex de la Iglesia que consigue seis premios por *El día de la bestia* (1995). La estupenda temporada del cine español contempla el nacimiento de directores como Alejandro Amenábar, que escribe, dirige y compone la música de su primera película, *Tesis* (1996), por la que obtiene siete premios Goya. El joven director se aparta de las configuraciones más arraigadas del cine español presentando, con sus imágenes y argumentos, una universalidad poco común que le ayuda a establecer un recorrido ascendente con sus siguientes películas: *Abre los ojos* (1997), *Los Otros* (2001) y la sorprendente y también muy premiada *Mar adentro* (2004). De igual manera –como hemos visto– se incorporan en este período dos de las miradas femeninas más importantes de nuestro cine contemporáneo (Isabel Coixet e Icíar Bollaín), también debutan el mismo año: Mónica Laguna con *Tengo una casa* (1995); y Daniel Carparsoro presentando la visceral, *Salto al vacío* (1995), a la que seguirán otros films muy polémicos, plagados de planteamientos y personajes extremos como *Pasajes* (1996), *A ciegas* (1997), *Asfalto* (2000), *Guerreros* (2000) o *Ausentes* (2005). La excelente cosecha de creadores cinematográficos y el cierre de una extensa y conflictiva etapa, donde el cine español se ha visto envuelto en una de las más profundas crisis de público de toda su historia, se apoya en diversas razones. Probablemente la más relevante sea el cambio legislativo que se vive a mediados de 1994, en el que vuelve a decretarse el apoyo explícito para los directores nóveles hasta su tercer largometraje.

No obstante, si las medidas tomadas desde el gobierno pueden ser el motor de la renovación, otras también participan en su desarrollo. Una de ellas es la apuesta que en todos los estamentos realizan productores como Elías Querejeta, Andrés Vicente Gómez o Gerardo Herrero. Además la convivencia profesional entre cineastas de varias generaciones dará lugar al nacimiento de colaboraciones muy particulares, en las que jóvenes directores consagrados asumen el papel de productores, apadrinando los trabajos de los realizadores nóveles. Así por ejemplo, el oscarizado Pedro Almodóvar produce la primera película de Alex de la Iglesia, los dos últimos films de la reconocida Isabel Coixet y el debut de Guillermo del Toro. Del mismo modo José Luís Cuerda hace viables todos los largometrajes de Alejandro Amenábar, mientras que Fernando Colomo se encarga de producir las películas de presentación de Mariano Barroso, Daniel Calparsolo, Icíar Bollaín, o Azucena Rodríguez.

La aceptación mayoritaria de estos títulos, tal como se refleja en taquilla, resulta fundamental para el desarrollo y la continuidad de los productos nacionales. Los directores debutantes comienzan a ser valorados positivamente, produciéndose un *cambio sociológico y generacional* que capta nuevos grupos de espectadores libres de los prejuicios inherentes a la tradicional recepción sufrida por la cinematografía nacional. Aunque por el momento no se consigue un aumento masivo de público, debido fundamentalmente a causas estructurales de la industria y al abusivo control que ejercen las multinacionales americanas. Cinco grandes distribuidoras multinacionales controlan el 80% del mercado en nuestro país, mientras el cine español lucha por instaurar una cuota de pantalla para garantizarse un espacio de exhibición y nuestras salas se dedican en un 85% a productos norteamericanos. Un aspecto más en este cambio, que venimos comentando, es la aparición de las *nuevas escuelas de cine*, que proporcionan una formación específica y práctica inexistente hasta el momento en España: ESCAC en Cataluña y la ECAM en Madrid, inauguradas en 1994 y 1995 respectivamente. Otros impulsos que consolidan la transformación de nuestro cine son la ya mencionada incorporación de la mujer a la dirección cinematográfica, el éxito que algunas películas españolas obtienen en festivales internacionales, tradicionalmente poco receptivos con nuestro cine, y la financiación de cortometrajes por parte de televisiones, festivales e instituciones de toda índole, que permiten dar a conocer a nuevos valores del audiovisual sin un coste excesivo.

El final de los años noventa y el principio del segundo milenio muestran unas cifras optimistas, con las que ya podemos afirmar que nóveles y veteranos se reparten la cartelera de forma equitativa. Los directores más consolidados siguen evolucionando y cosechando éxitos como: *El perro del Hortelano* (1996), un clásico del teatro en verso llevado a la pantalla por Pilar Miró; *La buena estrella* (1997) de Ricardo Franco; *Secretos del corazón* (1997) y *Silencio Roto* (2001) dirigidos por Armendáriz; *Martín Hache* (1997) de Adolfo Aristaraín; o *El abuelo* (1998), *You're the one* (2000), e *Historia de un beso* (2002), de J. L. Garcí. Todavía con una acogida mayor, encontramos títulos como: *Al otro lado de la cama* (2002) y *Los dos lados de la cama* (2005), parodias involuntarias del género musical que rueda Martínez Lázaro; *Todo sobre mi madre* (2000) –premio Óscar de la Academia de Hollywood a la mejor película de habla no inglesa–, *Hable con ella* (2002) –también premiada en Hollywood por su guión– y *La mala educación* (2004) –que inaugura el festival de Cannes– dirigidas por Almodóvar; o *Juana la loca* (2001) y *Carmen* (2003), dos personajes míticos de 'lo español' reinterpretados morbosamente por Vicente Aranda. También favorecidas por importantes recaudaciones destacan las emotivas coproducciones hispano-argentinas: *Historias mínimas* (Carlos Sorin), *El hijo de la novia* (2001) y *Luna de Avellaneda* (2004), ambas a cargo de Juan José Campanela. Dentro del mismo espacio surgen cineastas tan personales como distintos entre sí. Tal es el caso de Fernando León de Aranoa que debuta con *Familia* (1996), a la que seguirán títulos como *Barrio* (1998), *Caminantes* (2001), *Los lunes al sol* (2002) o *Princesas* (2005). Aranoa plantea en todos sus trabajos, desde las más diversas localizaciones, la necesidad humana de crear fantasías como modo de supervivencia ante una realidad difícil. También en 1996 se estrena en las pantallas David Trueba con *La buena vida*, avalado por su hermano Fernando Trueba, y que encontrará su camino en posteriores películas como la comedia *Obra maestra* (2000) o la excelente adaptación de la novela de Javier Cercas *Soldados de Salamina* (2003).

Con la llegada del nuevo siglo, el público se muestra mucho más favorable al cine español y con ello se refuerza ese movimiento de la incorporación de nuevos realizadores. Las estadísticas describen como en 1999 se realizan casi un 40% de óperas primas –si consideramos las primeras, segundas o terceras películas. El actor Santiago Segura ayuda en un mal año a levantar los datos de las taquillas con *Torrente, el brazo tonto de la ley* (1998), convirtiéndose desde entonces en una apuesta comercial segura que continuará en *Torrente 2: misión en Marbella* (2001) y *Torrente 3. El protector.* (2005). Del mismo modo, Javier Fesser se inicia en la dirección con la surrealista *El milagro de P. Tinto* y en el año 2003 disparará las cifras de recaudación con *La gran aventura de Mortadelo y Filemón*. El enfoque de dichas películas facilita buenas temporadas en la industria junto con un cine menos comercial e incluso más comprometido, como el del hasta entonces actor Achero Mañas, que triunfa en los Goya con *El bola* (2000), un conmovedor relato sobre el maltrato infantil. Con frecuencia los nuevos realizadores no sólo logran reconocimiento, sino que consiguen llegar a privilegiadas posiciones de recaudación con sus primeras películas, obteniendo premios de relevancia. Algunos de estos casos en el último lustro son: Pablo Berger (*Torremolinos 73*), Pablo Malo (*Frío sol de invierno*), Juan Cruz y José Corbacho (*Tapas*), Ángeles González Sinde (*La suerte dormida*) –con la que consigue el premio Goya a la mejor dirección novel–, Alberto Rodríguez (*7 Vírgenes*), o Santiago Tabernero (*Vida y color*).

Las medidas legislativas en este último período mantienen siempre el apoyo a los directores nóveles . Dos decretos de 1997 apuestan por las ayudas a cortometrajes, subvenciones a nuevos guionistas y a largometrajes que incorporen nuevos realizadores. De la misma forma las recientes leyes para el fomento y la protección cinematográfica, en los años 2000 y 2001 respectivamente, siguen manteniendo las normativas más determinantes de las anteriores disposiciones. La significativa y rápida renovación que se produce en el campo de la dirección no representa un movimiento estético concreto y los mismos protagonistas del fenómeno intentan no ser etiquetados bajo una designación común. Sus trabajos expresan universos propios a la par que singulares, incluso un gran número de ellos se aparta de las tradiciones cinematográficas españolas. Lógicamente estos creadores tienen parámetros comunes, debido a la proximidad entre sus fechas de nacimiento, lo que les ha permitido hallarse en un mismo momento sociocultural, económico y político. Salvo excepciones, se inician en el mundo del cine con menos de treinta y dos años, de lo que se deduce que ninguno ha vivido la Guerra Civil española, alcanzando la mayoría de edad en democracia y con unas vivencias mínimas de la dictadura. Éste resulta un hecho primordial en sus narraciones, pues parecen liberados de la carga política con la que contaban sus antecesores. Por otro lado nos encontramos con la primera generación que mayoritariamente se plantea crear sus propios discursos desde la imagen, con el propósito de ofrecer un producto capaz de conectar con el gran público. Es posible que dichos aspectos les estimulen a enfrentar sus historias desde la realidad actual, que parece haberse convertido en el núcleo temático de nuestro cine. La gran remesa de realizadores que surge durante estos años es la primera generación española que ha crecido con televisores en sus hogares, de manera que comparten un bagaje cultural sobre lenguajes audiovisuales con los espectadores más jóvenes. Las narraciones de los directores nóveles se apartan de cánones académicos y utilizan el *mestizaje de códigos*: los video-clips, el cómic o la realidad virtual. Presentan una universalidad en los tratamientos, inclusive a veces cierto desarraigo espacio-temporal, quizá debido al proceso de globalización que nos absorbe. Los nuevos realizadores no pretenden hacer un cine de mensaje, testimonialista o demostrativo, ni tampoco ofrecer fórmulas o soluciones a sus planteamientos, sino que narran desde la perplejidad, para confirmar y exponer lo que sucede. Reconocen la realidad con cierto distanciamiento pero no por ello dejan de posicionarse. Uno de los trabajos más significativos en este sentido es *¡Hay motivo!* (1994), un film muy combativo en el que se mezclan todo tipo de géneros y reflexiones, rodado por treinta y dos creadores –muchos de ellos consagrados en este período– y en el que cada pieza presenta un aspecto de la realidad político social española.

En las perspectivas sobre la realidad que proponen las recientes generaciones de cineastas aparecen, recurrentemente, adolescentes y jóvenes que sufren carencias familiares, dificultades en la integración con su entorno, problemáticas sentimentales e incluso existenciales. Los directores más veteranos por su parte exhiben desde sus films una realidad donde la dimensión ética queda más definida. Con otro punto de vista y bebiendo directamente de hechos reales surge un nuevo fenómeno: la *recuperación del género documental*[2], como una de las marcas de identidad de la renovación del cine español. Dicha tendencia se asienta en nuestra industria cada vez con más fuerza, tanto es así, que en el año 2002 la Academia crea un Goya específico para esta categoría. Durante los últimos años que nos ocupan, la FPAE (Federación de Asociaciones de Productores Audiovisuales Españoles) ha demandado una reglamentación que refunda las dispersas normativas existentes, revise el marco legal tanto de distribuidores como exhibidores, analice las relaciones con los canales televisivos, marque las pautas hacia los distintos soportes audiovisuales y eleve el rango del Instituto de Cine (ICAA) para centralizar las competencias, (Ángulo 2006)[3], con el objetivo final de alcanzar al menos una cuota de mercado del 25%.[4] El 28 de diciembre de 2007, tras un año de negociaciones plagado de enmiendas, el Congreso aprueba por consenso general la Ley del Cine[5] que sustituye a la diseñada en 1983. La nueva normativa establece un aumento del Fondo de Ayudas, incluye medidas fiscales para atraer capital ajeno al mundo audiovisual y exige la exhibición de un porcentaje de películas europeas contabilizando la cuota de pantalla por sesiones.

En resumen, las cifras indican una asombrosa renovación profesional durante estos quince años y, salvo excepciones puntuales, la tendencia general es el ascenso significativo de la producción de largometrajes y un aumento progresivo de debutantes. Tras el estancamiento vivido a principios de los años noventa, el cine español permanece alternando cortos espacios de depresión –como los retrocesos sufridos en 1994, 1998 y 2000– y etapas exultantes como las disfrutadas en 1997, 1999, 2001 y 2005.

Quizá entre estas perpetuas contradicciones y estos vaivenes eternos en los que se mueve nuestra precaria industria –vividos afortunadamente en libertad en los últimos treinta años– se encuentre la verdadera esencia de nuestro cine: tan rico en talentos como pobre en estructuras. Un arte con cien años de historia a sus espaldas que configura una compleja y laberíntica realidad, en la que se entremezclan los sueños y pasiones de muchos creadores con los porcentajes de taquilla. Desbordante, imaginativo y disgregado escenario que, en esta vertiginosa época, se va haciendo incluso más difícil de comprender que antaño.

PRODUCCIÓN DE LARGOMETRAJES Y PORCENTAJE DE ÓPERAS PRIMAS
(1990-2005)

| PERÍODO | TOTAL DE PELÍCULAS | NÚMERO DE ÓPERAS PRIMAS | MEDIA POR AÑO |
|---|---|---|---|
| 1990-1995 | 317 | 73 | 12,1 |
| 1996-2001 | 523 | 152 | 25,3 |
| 2002-2005 | 522 | 110 (*) | 25 (*) |
| **1990-2005** | **1.362** | **335 (*)** | **22,3 (*)** |

(*) Número aproximado al existir varios largometrajes colectivos con muchos realizadores
Cuadro de elaboración propia basado en datos del ICAA.

RECAUDACIÓN Y ESPECTADORES (1990-2005)

| | RECAUDACIÓN* | | | ESPECTADORES** | | |
|---|---|---|---|---|---|---|
| | ESPAÑOLAS | EXTRANJERAS | TOTAL | ESPAÑOLAS | EXTRANJERAS | TOTAL |
| 1990 | 19.911 | 170.981 | 190.893 | 9,91 | 79,71 | 89,62 |
| 1991 | 21.179 | 178.176 | 199.361 | 9,16 | 75,75 | 84,91 |
| 1992 | 20.758 | 206.682 | 227.447 | 8,35 | 78,85 | 87,19 |
| 1993 | 22.525 | 233.354 | 255.886 | 8,61 | 83,88 | 92,50 |
| 1994 | 19.352 | 256.355 | 275.708 | 7,12 | 87,14 | 94,26 |
| 1995 | 35.646 | 259.967 | 295.619 | 11,68 | 85,04 | 96,72 |
| 1996 | 31.547 | 308.836 | 340.383 | 10,39 | 96,31 | 106,71 |
| 1997 | 46.686 | 313.175 | 359.862 | 13,94 | 93,16 | 107,11 |
| 1998 | 51.080 | 378.721 | 429.801 | 14,11 | 105,77 | 119,88 |
| 1999 | 69.338 | 426.514 | 495.859 | 18,15 | 113,19 | 131,34 |
| 2000 | 53.742 | 482.258 | 536.331 | 13,42 | 121,96 | 135,39 |
| 2001 | 110.182 | 506.245 | 616.428 | 26,20 | 116,75 | 142,22 |
| 2002 | 85.470 | 540.433 | 625.904 | 19,01 | 120,60 | 146,81 |
| 2003 | 100.861 | 538.569 | 639.431 | 21,73 | 115,74 | 137,47 |
| 2004 | 92.875 | 598.732 | 691.607 | 19,28 | 124,64 | 143,93 |
| 2005 | 105.054 | 522.286 | 627.340 | 21,02 | 104,98 | 126,00 |

*Cifras expresadas en millones de euros. **Cifras expresadas en millones.
Cuadro de elaboración propia basado en datos del ICAA.

# Notas

[1] Real Decreto 3304/1983, acometido el 28 de diciembre de 1983 y conocido popularmente como *Ley Miró* en honor a la cineasta Pilar Miró. A grandes rasgos el nuevo decreto otorga una subvención automática a fondo perdido a cualquier película que se estrena, además de anticipar otra ayuda económica sobre el proyecto. De manera que algunas ayudas se conceden a partir de un criterio de calidad, lo que produce un aumento de las aportaciones económicas en detrimento del número de películas.

[2] El documental se asienta cada vez con más consistencia en la nueva cinematografía española. Podemos destacar, además de los ya citados en el texto, los trabajos de José Luís Guerrín (*Inisfree* y *En construcción*), Víctor Erice (*El sol del membrillo*), Pere Joan y Ventura Carol (*El efecto Iguazú*), José Luís López Linares (*Un instante en la vida ajena*), Fernando Trueba (*El milagro de Candeal*), Alberto Porlan (*Las cajas españolas*), Manuel Palacios (*Rejas en la memoria*), o Mercedes Álvarez (*El cielo gira*).

[3] Entrevista a Pedro Pérez, Presidente de la FPAE.

[4] Durante el año 2005 se ha conseguido la cuota más alta de mercado desde 2001. La afluencia de espectadores consigue alzarse tres puntos respecto al año anterior, del 13,4% que se obtuvo en 2004 se pasa al 16,7% en 2005.

[5] Ley 55/2007. Publicada en el BOE número 312. Sábado 29 de diciembre de 2007.

# Bibliografía

Ángulo, Javier. 2006. 'El gobierno debe apoyar en esta legislatura la nueva Ley de cine'. En: *El País* (4 de mayo).

Aguilar Carrasco, Pilar. 1998. *Mujer, amor y sexo en el cine español de los 90*. Madrid: Fundamentos.

Bayón, Miguel. 1991. *La cosecha del año 1990*. Murcia: Filmoteca Regional de Murcia.

Benavent, Francisco María. 2000. *Cine español de los noventa. Diccionario de películas, directores y temático*. Bilbao: Mensajero.

Berriatúa, Luciano. 1991-2002. *Cine Español*. 12 volúmenes. Madrid: ICCA, Ministerio de Cultura.

Camí-Vela, María. 2001. *Mujeres detrás de la cámara. Entrevistas con cineastas españolas de la década de los noventa*. Madrid: Ocho y medio.

Caparrós Lera, José María. 1992. *Historia (1996-2003)*. Madrid: Akal.

—. 2005. *La pantalla popular: el cine español durante el gobierno de la derecha (1996-2003)*. Madrid: Akal.

Castro de Paz, José Luís, Julio Pérez Perucha y Santos Zunzunegui. 2005. *La nueva memoria. Historia(s) del cine español (1939-2000)*. Santiago de Compostela: Vía Láctea.

Clemente Ibáñez, Beatriz. 1998. *Diccionario de las estrellas cinematográficas de los años noventa*. Madrid: Cacitel.

Devesa Dolores y Alicia Potes. 1999. *Seis mujeres guionistas. Contar historias. Crear imágenes*. Málaga: Festival de Cine Español de Málaga.

# EL PASADO FILMADO

# *Silencio roto* (Montxo Armendáriz): imperativos del relato y política de la memoria

## Vicente Sánchez-Biosca

*Silencio roto* (2001), el film de Montxo Armendáriz que se ocupa del maquis, aparece en un momento clave en que los temas de la Guerra Civil española conocen un nuevo auge. Al igual que la exitosa *Soldados de Salamina* (2002) de David Trueba, muestra un denodado esfuerzo por aportar documentación y ser fiel a un realismo de partida. Armendáriz llevó a su equipo técnico a relacionarse con los supervivientes de la guerrilla antifranquista, del mismo modo que se inspiró en los estudios de historiadores competentes. Sin embargo, las exigencias de una narración dramatizada colisionan con el afán de realismo. Sea como fuera, *Silencio roto* se prolongará en el documental producido por el mismo director y Puy Oria *La guerrilla de la memoria* (Javier Corcuera, 2002), de modo harto sintomático, pues revela que para los estándares de nuestro tiempo el soporte documental y el acicate del testimonio vivo se consideran los instrumentos inevitables para interrogar el pasado. El trayecto de *Silencio roto* a *La guerrilla de la memoria* es así revelador de nuestras políticas de la memoria en lo que concierne a la Guerra Civil española.[1]

## Guerra Civil y Franquismo al filo del 2000

En el cine español, la Guerra Civil y sus secuelas fueron siempre un motivo dramáticamente intenso y narrativamente recurrente. Ello no significa que esta predisposición dramática se haya plasmado por igual en todo período histórico. Si a lo largo del Franquismo el tema varió según las coyunturas desde la intolerancia militante hasta un tímido intento de integración del enemigo, pasando por la fiebre anticomunista, no es menos cierto que los márgenes de la censura permitieron, por omisión o por laxitud, introducir la figura humana del enemigo. En todo caso, fue la Transición a la democracia, entre 1976 y principios de los años ochenta, el período de mayor volumen de películas y variedad genérica. Desde aquel momento, quizá no ha habido otro período tan prolijo en films y variado en temas y subtemas como el que se abre a comienzos del tercer milenio desde donde se ha producido el salto a un medio de comunicación más ágil y cercano a la actualidad, a saber: la televisión.

Este hecho revela dos series de cuestiones: en primer lugar, que el estudio de las manifestaciones cinematográficas ha de considerarse en el contexto de coyunturas políticas, culturales y generacionales muy complejas y no en el estrecho marco del cine o de las poéticas de autor; en segundo lugar, que tales coyunturas implican asimismo un tejido no menos denso de diálogos entre distintos medios de comunicación y ámbitos sociales (televisión, cine, publicaciones, revistas, programas radiofónicos, internet, prensa, debates parlamentarios). Pues bien, dada la concentración actual de los medios de comunicación, el fenómeno de la Guerra Civil se ha convertido en una de las industrias culturales más potentes de los últimos años implicando en su entramado publicación de libros, emisión de reportajes televisivos, edición de facsímiles de época y captación de testimonios en distintos soportes sobre la tragedia española de 1936. *Soldados de Salamina*, la novela que Javier Cercas puso a la venta en marzo de 2001 y que pronto David Trueba adaptó a la pantalla, constituyó un desencadenante, al tiempo, por paradójico que parezca, que una cristalización. (Sánchez-Biosca 2006)

Un renovado interés por el pasado (cuyo síntoma universal es el auge de la novela histórica), un cruce entre investigación (o, en ocasiones, pseudoinvestigación) histórica y creación artística, una atención creciente prestada a los protagonistas de la Guerra Civil, así como la búsqueda de nudos narrativos candentes (¿nostalgia de la última barbarie española?) en medio de una situación política y social relativamente estabilizada, confluyen en la conversión de la Guerra Civil y sus consecuencias en el eje de numerosos productos combinados. Éste es el contexto en el que surge *Silencio roto* (M. Armendáriz, 2001), dedicado a la guerrilla antifranquista, es decir, al maquis. No había sido éste un motivo históricamente muy recurrente. Durante el Franquismo, sólo apuntó en una coyuntura del anticomunismo: *Dos caminos* (Arturo Ruiz-Castillo, 1953) fue un ejemplo atípico en el que dos soldados republicanos tomaban en el momento de la derrota sendas distintas, una acertada (regresar a España), la otra fatídica (exiliarse, con lo que ello desencadenaba de internamiento en campos y, por último, incorporación a la guerrilla); su amistad no se veía por ello afectada. *La paz empieza nunca* (León Klimovsky, 1960) consideraba la lucha contra el maquis una prolongación de la batalla anticomunista emprendida mucho antes por Franco, como la había considerado precisamente el periodista falangista Emilio Romero, autor de la nove-la homónima y supervisor del guión. *El espíritu de la colmena* (Víctor Erice, 1973), al borde de la Transición, recreaba un *maquisard* solita-rio e indefenso, cruelmente asesinado en medio de la meseta castellana para horror y trauma de una niña en su proceso de transformación. *Pim, pam, pum... ¡fuego!* (Pedro Olea, 1975) evocaba la guerrilla desde el interior de la ciudad. Y fue más tarde cuando Julio Llamaza-res, autor de la novela *Luna de lobos* (1985), colaboró en su adapta-ción por J. Sánchez Valdés en 1986.

### *Silencio roto* como síntoma

El proceso que condujo a Montxo Armendáriz a realizar *Silencio roto* es revelador de cuanto acabamos de exponer. Introducido por el actor Carmelo Gómez en el tema de la guerrilla antifranquista, sus primeras lecturas fueron los estudios de Secundino Serrano sobre el maquis en León que cristalizaron en el libro *Maquis. Historia de la guerrilla antifranquista* (2001). Poco más tarde, trató Armendáriz de llevar a la pantalla la novela *Maquis*, del valenciano Alfons Cervera (1997), pero su carácter coral planteó problemas al parecer irresolubles al guión. No cejó, pese a todo, el director de documentarse sobre el particular completando su formación con las investigaciones de algunos histo-riadores de la guerrilla (particularmente, Fernanda Romeu, Justo Vila y Mercedes Yusta)[2] hasta que el guión de *Silencio roto* tomó forma. Aclaremos que no nos encontramos ante un proceso corriente de documentación histórica para la producción de un film, sino de algo más significativo: la interrelación entre el cine y el discurso histórico, aunque para tal fin no se juzgó necesaria la figura del asesor histórico, como en los casos anteriormente citados.

Precisamente porque el período que se trataba de llevar a la panta-lla era cercano, la documentación visual escasísima (no existen imá-genes en movimiento de la guerrilla y apenas algunas fotografías, sobre todo las siniestras que registraba la Guardia Civil de los guerri-lleros muertos) y las fuentes orales parte de la llamada historia del tiempo presente, la documentación libresca no bastó ni satisfizo a su autor. A fin de ampliar la información escrita con testimonios directos, buscó el contacto con guerrilleros supervivientes, con mujeres que

habían servido de puntos de apoyo en los pueblos por los que la guerrilla pasaba y llevó al equipo técnico y artístico de *Silencio roto* al
pueblo conquense de Santa Cruz de Moya, donde se celebraban unos
encuentros anuales sobre la guerrilla antifranquista que se han convertido en una auténtica institución.[3] En su afán por crear un ambiente
propicio al realismo y fiel a los testimonios, Armendáriz instaló a su
equipo en unos caseríos de la zona de rodaje (el Pirineo navarro)
durante las dos semanas previas al inicio del mismo con el propósito
de estimular la convivencia y recrear el clima de aislamiento y concentración que consideraba necesario para la interpretación de los
actores mientras ultimaba los ensayos.

Estos hechos son de por sí elocuentes del esfuerzo del que surge la
película tentativa realista, recuperación histórica libresca, importancia
del factor humano en la documentación y búsqueda del discurso testimonial. Todos ellos significativos de la actitud ética de Armendáriz,
pero también son síntomas de un tiempo en el que la Guerra Civil
española se está convirtiendo, con la inminente desaparición de los
últimos testigos y la sed de reportaje de nuestras televisiones, en el
período por excelencia de visitación cinematográfica del pasado.

**La restricción del punto de vista**

La imagen se abre sobre unos hermosos parajes de las montañas nava-
rras, dominados por la quietud y sin asomo de presencia humana; la
niebla penetra en los espesos bosques. De repente, unos disparos y, sin
dilación, unas ráfagas de fusil quiebran esa precaria paz. La cámara se
eleva hasta filmar el cielo tamizado por la niebla y de ese entorno
surge el título. Apenas puede hallarse mejor introito a los sentidos que
encierra la expresión 'Silencio roto': la hermosura de un paisaje que
guarda en su seno la muerte, el mutismo forzado de los vecinos de un
pueblecito, la espera, ora inquieta, ora anhelante, de la fractura violenta; el estallido, por fin, de un enfrentamiento desigual, la represión y el
asesinato.

Acto seguido, un autobús local surca una estrecha carretera de
montaña para depositar en la plaza de un grupo de casas sin nombre a
una muchacha que ronda los 21 años y que responde al nombre de
Lucía (Lucía Jiménez). Es el oscuro otoño de 1944 y Lucía regresa a
su pueblo natal que abandonó tras el alzamiento militar de julio de
1936 al que siguió una feroz represión que acarreó la muerte de su

padre, de simpatías republicanas. Toda la galería de personajes intro-
ducidos en los primeros compases de la película –Manuel (Juan Diego
Botto), Lola (María Botto), Teresa (Mercedes Sampietro), casada con
un falangista, don Hilario (Álvaro de Luna), Sebas, el ovejero (Rubén
Ochandiano)– están marcados por una herida que se remonta a la
guerra y los sume en un silencio opaco; pero muchos de ellos realiza-
rán, también calladamente, su labor de zapa contra el Franquismo en
apoyo de los guerrilleros que, pronto lo sabremos, se han instalado en
las montañas circundantes. En medio de la tenue alegría que invade
estos reencuentros, las miradas se detienen ante la ominosa imagen de
dos guardias civiles que descienden del monte, portando, sobre la
grupa de un mulo y cubierto con una manta, el cuerpo sin vida de un
hombre. El clima para las confidencias, aunque veladas, se ha creado
y Lucía se familiariza pronto con la respiración interna y clandestina
de los colaboradores de la guerrilla.

El pueblo es, pues, una zona de paso, un umbral atroz: don Hilario
fue un maestro republicano que, tras pasar por la cárcel, ha sido recientemente puesto en libertad, pero sigue depurado de su oficio;
Manuel, el herrero, tiene a su padre en el maquis y realiza él mismo
tareas de enlace con la guerrilla hasta que, perseguido por la Guardia
Civil, se ve obligado a echarse al monte e incorporarse a la lucha
armada; lo mismo le sucede al *ovejero* y no otro es el caso de Teresa,
quien, casada con un fascista, se agazapa tras su aparente repudio de
los idealismos, para favorecer desde su privilegiada posición a los de
las montañas. Por su parte, Sole (María Vázquez), la esposa del cabo
de la Guardia Civil, aporta el contrapunto humano debido a un en-
claustramiento forzoso en el otro bando. Más si esta galería de personajes vive entre el silencio y el terror, dos pilares sustentan las certezas y la voz: uno de ellos es el cuartel de la Guardia Civil, lugar repu-
diado por casi todos los vecinos, asiento de la represión cruenta y
despiadada, de la que tan sólo queda exculpada la frágil Sole, cuya
existencia no carece de cierta fatalidad. Desde ese acorazado espacio
se ejercerá la violencia y el despotismo, la humillación y la persecu-
ción y cuando la llegada de los guerrilleros torne impotente el desta-
camento, un nutrido contingente de nuevos guardias venidos de fuera
tomarán militarmente el pueblo. El otro pilar es el representado por el
espacio incierto de los bosques habitados por los guerrilleros, un lugar
que, a diferencia del anterior, mantiene un corredor abierto y en circu-
lación constante, por empatía, con los vecinos del pueblo.

Otoño de 1944, verano de 1946, invierno de 1948 son los tres hitos históricos que sirven de escansión a la ficción y entre las acciones que en cada una de ellas se producen median prolongadas elipsis. Si la primera fecha alude a la llegada de Lucía, el verano de 1946 se abrirá con la irrupción de los guerrilleros en el pueblo obedeciendo a una operación de invasión de *maquisards* y toma de treinta pueblos de España y se cerrará, tras las represalias cruentas sobre los familiares y colaboradores de los guerrilleros, con la muerte 'accidental' del padre de Manuel, presumiblemente asesinado por su disconformidad con los dirigentes del maquis, el embarazo de Lucía y su partida a la ciudad. El último episodio transcurre con el nuevo regreso de la muchacha, portando la foto de su hija para mostrarla a un Manuel que se encuentra ya acorralado y desengañado en su escondrijo del bosque. Los tiempos han cambiado, "ahora el pueblo –dice Teresa– es un cementerio", muchos han muerto y la guerrilla, amén de enfrentada entre sí, ha perdido todas sus ilusiones de éxito.

Son éstas acotaciones históricas a un relato que transcurre dentro de las coordenadas de una restricción del saber: el que corresponde al punto de vista de Lucía. Armendáriz se conduce con una indudable honestidad narrativa: la zambullida de esta joven en el mundo rural, la represión y el descubrimiento del papel de la guerrilla en la vida cotidiana, respecto al pasado y respecto a los anhelos de los personajes constituirá el horizonte de conocimiento del film y también la esperanza y la desesperación tendrán en ella su crisol. Ninguna voluntad de ofrecernos, como es habitual en el cine de esos años, una perspectiva a vista de águila, de conjunto y omnisciente, en la que la voz narrativa se funde y confunde con la del historiador. Lo exterior a la reducida comunidad representada (la invasión de maquis por la frontera, la toma de pueblos, incluso la equívoca información que contienen las falsas cartas que recibe Jenaro –Joan Dalmau– de un hijo suyo que lucha en la resistencia francesa)[4] sólo nos alcanza por medio de alguna noticia de radio, algún comentario de los personajes, pero sin que la película asuma discurso totalizador alguno.

Ahora bien, si la guerrilla entraña también las ilusiones y desilusiones del pueblo, las opciones forzosas y el último gesto de insubordinación de los antiguos republicanos, también ella es objeto de conflicto entre las directrices políticas emanadas del extranjero y la realidad palpable de quienes exponen su vida en los bosques de España.

Ninguna idealización se practica: homenaje, quizá, idealización, no. Las represalias y las zonas grises enturbian también al maquis.

## Peso del paisaje, convenciones narrativas

Ciertamente, Armendáriz supo dotar al paisaje agreste de un protagonismo especial y dio al silencio un intenso papel dramático, la latencia de una espera rota por periódicas explosiones. En cualquier caso, el impulso realista se vio obstruido por las convenciones narrativas de las que Armendáriz no supo o no pudo desprenderse: una historia de amor fuertemente codificada en las convenciones fílmicas (la que une con todos los énfasis previsibles a Lucía y Manuel), un montaje dramatizado por métodos enfáticos hasta la asfixia (valga como ejemplo la secuencia en la que el teniente de la Guardia Civil obliga al 'Ovejero' a ingerir una botella entera de aceite de ricino en el café del pueblo, subrayando mediante primeros planos y otros de reacción la tensión de la situación vivida por los numerosos asistentes), el uso de una música de sabor a menudo crepuscular e incluso melodramático que realza artificiosamente los hitos del drama conduciendo sin ambigüedad algunas los afectos que el espectador está llamado a sentir en cada momento, la sumisión al *star system...*

Es muy posible también que los límites de la película de Armendáriz tengan una causa histórica y se desprendan de las exigencias de verosimilitud que los nuevos tiempos imponían a cualquier ficción sobre la Guerra Civil y el Primer Franquismo acometida a comienzos del tercer milenio: un realismo de sesgo testimonial, apoyado o no en documentos de archivo, pero en todo caso sustentado abierta y directamente en la presencia de testigos y víctimas y no sólo inspirado en contactos con los protagonistas del pasado y en una literatura a caballo entre la narración y la historia. En otros términos, un relato clásico y lineal, unos actores de reparto, un montaje dramatizado y una música enfática iban a contracorriente. El mismo Armendáriz debió de percibir esta falla cuando emprendió la producción, junto a Puy Oria, del documental *La guerrilla de la memoria* (2002), cuya realización fue confiada a Javier Corcuera, el autor de *La espalda del mundo* (2000).

## De Silencio roto a La guerrilla de la memoria: un itinerario simbólico

El reto de *La guerrilla de la memoria* consistió en construir un auténtico documental sobre el maquis que partía de un reto: la ausencia de documentos audiovisuales disponibles. Teniendo limitadísimo el material de archivo utilizable, que se reducía a algunas fotos excepcionales y a las de guerrilleros muertos tomadas por la Guardia Civil después de alguna operación de castigo, el interés y la columna vertebral de la película se desplaza a los testimonios de los supervivientes, quienes intentan recrear la clandestina vida de la guerrilla. Resulta muy significativo que el dramatismo de los hechos históricos (las acciones militares, los suministros, la represión, la muerte, etc.) conviva con la evocación por los protagonistas de los días de la montaña: los parajes, la lectura, la organización de escuelas, las ediciones de periódicos, en ocasiones llevando a los testigos a los mismos escenarios en los que vivieron aquella historia que fue lucha política, sufrimiento, pero también una suerte de educación sentimental. La voz de los testigos abre, así, la puerta al conocimiento de una vivencia humana insuficientemente difundida y, paralelamente, la dimensión humana del tiempo compensa la dramatización de los hechos históricos.

Al ser iniciativa de los mismos autores que *Silencio roto* y, en realidad, su consecuencia, *La guerrilla de la memoria* es elocuente de un estado verosímil de los films sobre la Guerra Civil y el Primer Franquismo. Si en el preciso año 2001, la obra de Cercas *Soldados de Salamina* revelaba el interés de dichos temas bajo la fórmula de la novela *in fieri*, es decir, un estilo heredado de los procedimientos del periodismo actual, que cuenta su proceso mismo de creación; si, apenas unos meses más tarde, su adaptación a la pantalla ponía de relieve la forma postmoderna del pastiche que combina, en caótico amasijo, testimonios orales, documentos audiovisuales, cine familiar, archivos escritos, etc., el itinerario que conduce de *Silencio roto* a *La guerrilla de la memoria* ilustra un aspecto no menos sustancial de nuestros tiempos, a saber: el desplazamiento en los códigos de verosimilitud de la representación histórica desde la ficción al ámbito documental, apuntalado por el testimonio filmado. Nos hallamos, pues, ante una política de la memoria. La memoria (y su apoyatura hoy inevitable, el testimonio filmado) constituye el índice por excelencia de credibilidad en nuestra época. Sus abusos, por retomar la célebre denuncia formulada hace ya años por Tzvetan Todorov (1995), nace de una doble perversión: la presuposición de verdad histórica que se otorga al testimonio sin cotejar con la documentación de archivo y, correlativamente, la coloración afectiva que se impone al documento visual o audiovisual perteneciente al pasado. Pero esto –en realidad de vital importancia para nuestras políticas de la memoria– es ya harina de otro costal.

## Notas

[1]    El presente texto ha sido concebido en el marco de un proyecto de investigación del Ministerio de Educación y Ciencia 'Función de la imagen mecánica en la memoria de la Guerra Civil española' (HUM2005-02010/ARTE).

[2]    El libro de conjunto, posterior, de Fernanda Romeu (2002) trata sobre la Agrupación Guerrillera de Levante.

[3]    Los encuentros de Santa Cruz de Moya se convirtieron en una institución del estudio de la guerrilla y en sus distintas ediciones han colaborado la Universidad de Castilla-La Mancha, el Ayuntamiento de la localidad y multitud de asociaciones, archivos y centros de investigación. Además de un monumento de homenaje al guerrillero y una excursión a un lugar de memoria, *La gavilla verde* propone unos Senderos de la Memoria por lugares simbólicamente relevantes de la lucha guerrillera. En línea en: <http://www.lagavillaverde.org.>. Hoy los conflictos entre instituciones amenazan su continuidad.

[4]    Y que, como pronto se revela, murió durante la guerra, si bien la piedad de don Hilario mantiene el recuerdo y la ilusión viva en su extraviado padre escribiendo estas cartas.

## Bibliografía

Cervera, Alfons. 1997. *Maquis*. Barcelona: Montesinos.

Llamazares, Julio. 1985. *Luna de lobos*. Barcelona: Seix Barral.

Romeu, Fernanda. 2002. *Más allá de la utopía: Agrupación guerrillera de Levante*. Cuenca: Universidad de Castilla-La Mancha.

Sánchez-Biosca, Vicente. 2006. *Cine y Guerra Civil española. Del mito a la memoria*. Madrid: Alianza.

Serrano, Secundino. 2001. *Maquis. Historia de la guerrilla antifranquista*. Madrid: Temas de Hoy.

Todorov, Tzvetan. 1995. *Les abus de la mémoire*. París: Arléa.

# Lenguajes de la memoria en
## *El grito del sur: Casas Viejas* de Basilio Martín Patino

### Pilar García Jiménez

En este film Patino recupera los trágicos sucesos ocurridos en Casas Viejas en 1933. Desde el presente de la narración, diferentes personas aportan su visión sobre los hechos, mientras en la pantalla se alternan con imágenes de documentos del pasado. Característica tanto de las personas como de los documentos, será la mezcla de auténticos con inventados o creados para la ocasión. Patino utiliza la ficción con una apariencia de realidad. ¿Cómo interpretar ese 'juego con los hechos'? En el artículo se analiza la construcción del film como 'texto' y, siguiendo ideas de Lotman acerca de la memoria (*La Semiosfera*), se examina un 'diálogo' central: el que tiene lugar entre el presente y el pasado en ese terreno fronterizo que es la memoria.

*El grito del sur: Casas Viejas* (1995) es un buen ejemplo de la obra de Patino ya que sigue pautas que han estado presentes a lo largo de toda su obra: la utilización de materiales heterogéneos, la mezcla de documental y ficción y la indagación constante experimentando con nuevas formas de expresión. Con esta película, retoma el tema de la historia y la memoria –otra de sus constantes– y lo hace de tal manera que, al mismo tiempo que desmonta tópicos, construye un espacio abierto al diálogo, al juego y a la reflexión.

Por lo que se refiere a los trágicos sucesos que conforman el trasfondo histórico, éstos son los que tuvieron como escenario la pequeña localidad gaditana de Casas Viejas en enero de 1933, y cuyo balance final fue la muerte de 24 personas: Un grupo de campesinos, empujados por el hambre y el desempleo, declararan el comunismo libertario y toman el ayuntamiento. En los enfrentamientos mueren dos guardias y un campesino. Una vez llegados los refuerzos de la Guardia de Asalto de la República al mando del capitán Rojas, se lleva a cabo una sangrienta represión. No sólo aniquilan al pequeño grupo que se había hecho fuerte en la choza de uno de los sublevados, sino que hacen una redada en el pueblo y fusilan a campesinos sin ningún tipo de juicio. Estos sucesos –que tendrán graves consecuencias políticas– nunca fueron bien aclarados. Tampoco hay documentos visuales más allá de algunas fotografías que permitan tener un testimonio en imágenes de lo que allí realmente ocurrió. Lo cierto es que los sucesos de Casas Viejas han quedado en la memoria histórica especialmente por la deriva política que tuvieron. En su momento acapararon la atención de los medios de comunicación y causaron gran revuelo político, favoreciendo toda una campaña de desprestigio contra la República (Preston 2000: 47-50), de la que la explotación estratégica no estuvo ausente: fue utilizado como ejemplo del sadismo de la República y permitió lanzar graves acusaciones contra Azaña (adjudicándole las órdenes de "no hacer prisioneros" y la famosa frase de "tiros a la barriga") que le colocaron por dos veces ante investigaciones parlamentarias. Después de la Guerra Civil, Casas Viejas se convirtió en un capítulo de la leyenda negra creada sobre la República (Jackson 1999: 444-445), y así, conformada en mito y en tópico, es la imagen que se ha conservado hasta nuestros días, especialmente en sectores de la derecha que utilizan Casas Viejas como ejemplo con el que evidenciar el caos y la falta de control que, en su opinión, caracterizaron a la República, y finalmente, como uno de los hechos que justificarían el levantamiento militar de 1936.

El acercamiento a los hechos que lleva a cabo Patino huye de la versión única al hacer que los hechos sean comentados desde distintas perspectivas y ofrecer una serie de materiales muy variados. Y al igual que ya había hecho antes, utilizando materiales de archivo y dándoles un sentido propio, aquí también se permite determinadas 'licencias' con la historia. A falta de filmaciones sobre los sucesos que trata, no duda en fabricarlas él mismo y ponerles el disfraz de auténticos documentos de la época en la que sucedieron los hechos. En ese sentido, no cabe duda que en el film de Patino hay 'juego con los hechos', especialmente por lo que se refiere a las imágenes –inventadas– del documental inglés y la película rusa. El que exista 'invención' presentada como algo 'auténtico', ¿lo desautoriza como aproximación a los hechos históricos o, por el contrario, ello no impide que pueda considerarse una reflexión 'seria' acerca de la historia? Eso que denominamos 'juego con los hechos' bien puede interpretarse como un artificio –frecuente no sólo en cine, sino también en literatura y en todos los terrenos del arte– y si así lo admitimos, ¿cuál es el objetivo que con él busca Patino en *Casas Viejas*? ¿Cuál es la relación invención, memoria e historia?

## Estructura: Elementos, materiales y organización

Analizaremos la película como si se tratara de un 'texto'[1] siguiendo las ideas de Lotman (Lozano 1999: IV) y cuyas funciones son las de "transmitir mensajes","generar" nuevos significados o nuevos sentidos y "ser memoria de la cultura". (Lotman 1996e: 86-89) Para analizar la estructura, empezaremos por una clasificación de los elementos. Por un lado, las diferentes versiones de las personas que participan – las voces– que, desde el presente de la narración, valoran los sucesos del pasado; por otro, materiales heterogéneos que se instalan en la narración como documentos del pasado:

'Voces' que corresponden al momento del presente de la narración:
a) Interpretaciones llamémoslas 'serias' en el sentido de 'académicas' que analizan los hechos históricos desde un momento presente. José Luís García Rúa, militante de CNT; Antonio Miguel Bernal, catedrático de Historia Económica de la universidad de Sevilla y Antonio Elorza, historiador. (Duración total de unos 10 minutos)
b) Declaraciones de los testigos 'directos' de los hechos. Juan Pérez Silva, hijo de la Libertaria y vecinos del pueblo. Sabemos que tanto él como el resto de los vecinos, e incluso el escenario, no corresponden al escenario real ni a personas que tuvieran que ver con los hechos. (Català 2000: 34) (Duración total :+/-6 minutos)
c) Testimonios del cine: el documentalista británico Cameron con sus grabaciones (14m.32") y Muñoz Suay que presenta la película rusa *Andalucía Heroica* (30'12"). Cameron es un personaje inventado y Suay, en la realidad el entonces director de la Filmoteca Valenciana y amigo de Patino, aquí se representa irónicamente a sí mismo en el papel de director de una filmoteca dadaísta.

Materiales heterogéneos (presentados como pertenecientes al pasado):
d) Diversas noticias aparecidas en los periódicos; el libro de R. J. Sender *Viaje a la aldea del crimen*; fragmentos de las actas ofi-

ciales de La Comisión Parlamentaria de Investigación sobre los sucesos de Casas Viejas.

e) Fotografías auténticas de las gentes y de los hechos de Casas Viejas realizadas por aquellos días[2]; 'fotografías' que en realidad pertenecen a planos de las películas 'inventadas'; fragmentos de documentales; carteles y caricaturas de la época.

f) Documental grabado por Cameron (en realidad una reconstrucción de Patino, pero en la narración cumple el papel de documental auténtico fabricado en el pasado) y película soviética que se muestra como grabación histórica de unos cineastas rusos, 'supuestamente' realizada en aquel momento histórico. Ambos creaciones de Patino y cuya función podríamos decir que es la de 'recrear' los hechos ocurridos 'tal y como pudieron pasar'.

Característica tanto de las 'voces' como de los 'materiales' es la alternancia entre auténticos (a, d y parte de e), e inventados (b, c, f), aunque dentro del espacio de la narración todos ellos parezcan auténticos. Con respecto al tiempo que cada participante (a, b y c) ocupa en la pantalla, se da prioridad a los comentarios e imágenes introducidas por Cameron y por Suay. Podríamos decir que la película, en su conjunto, es una ficción a la que se incorporan elementos auténticos. En este sentido, Lotman señalaba que "un documento auténtico, al ser insertado en un texto artístico, se vuelve un signo artístico de documentalidad y una imitación de un documento auténtico". (Lotman, 1996b: 137)

En cuanto al cómo se van integrando y organizando todos los elementos –voces y materiales–, por un lado, es una película compleja debido a la enorme fragmentación que contiene, por otro, todo adopta una apariencia ligera y simple gracias a las voces de los participantes y al apoyo de recursos como el color de la imagen. Las intervenciones de los participantes (en imágenes en color que se asocian con el presente de la narración), forman las columnas sobre las que se apoya el resto del edificio de la película. Esas voces, alternándose a lo largo del film, actúan como el hilo que hilvana las imágenes de la pantalla –compuestas de numerosos fragmentos. Éstos, considerados de manera independiente tienen su propia identidad y pueden formar textos 'internos' o 'subtextos', con códigos propios, enmarcados en otros fragmentos que los contienen. Toda la película en sí está construida con esa idea de 'collage', de fragmento, de yuxtaposición y de interrupción. La imagen final que se obtiene del film en su conjunto es la de un cuadro que contiene numerosos cuadros en su interior.

El esquema que podríamos dibujar de la película y su contexto (fig. 1) estaría organizado a modo de cajas chinas en varios niveles. Entre ellos se establece una complicada red de relaciones, que podríamos llamar 'juegos dialógicos'.[3] De entre ellos destacarían dos que recorren toda la película: el diálogo-juego entre elementos 'auténticos' y elementos 'ficcionados' en la frontera de la verosimilitud; y el juego entre el presente y el pasado que se da en otro terreno fronterizo: la memoria. A este último dedicaremos en adelante la atención.

Figura 1

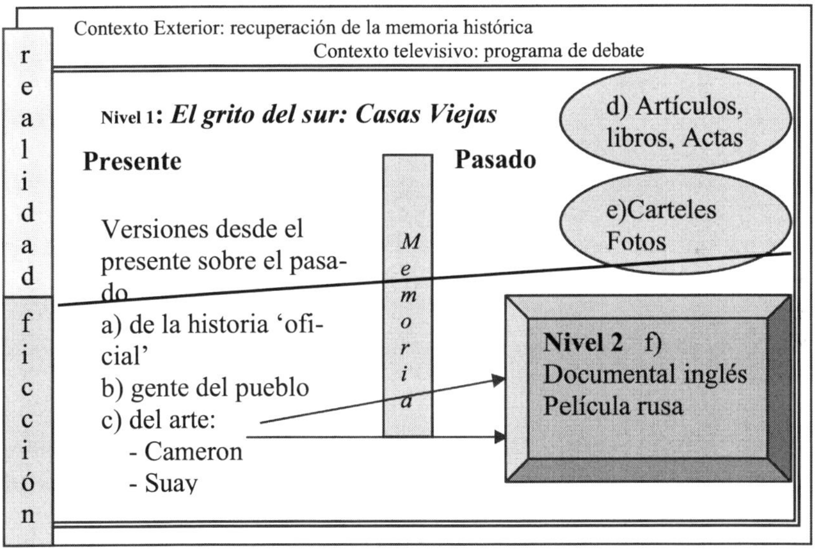

Contexto Exterior: recuperación de la memoria histórica
Contexto televisivo: programa de debate

r e a l i d a d   f i c c i ó n

Nivel 1: *El grito del sur: Casas Viejas*

**Presente**                                        **Pasado**

Versiones desde el presente sobre el pasado

a) de la historia 'oficial'
b) gente del pueblo
c) del arte:
     - Cameron
     - Suay

M e m o r i a

d) Artículos, libros, Actas

e)Carteles Fotos

**Nivel 2**   f)
Documental inglés
Película rusa

**Diálogo entre el pasado y el presente: la frontera de la 'memoria'**

El juego que se establece entre presente y pasado recorre toda la película organizándola en dos bloques que se van intercalando y que es fácil diferenciar gracias al color de la imagen: en color para el presente de la narración desde el que los participantes emiten sus juicios y valoraciones sobre el pasado; en blanco y negro para mostrar los documentos pertenecientes al pasado. A medida que avanza el film, la presencia de éste va dominando la pantalla, hasta hacerlo casi por completo. Las últimas imágenes de la película, –que coinciden con la última entrega de la película soviética–, producen un efecto de interrupción brusca, de algo abierto e inconcluso que nos deja instalados en ese momento de enero del 33, sin camino de retorno al presente. Como espectadores, hemos realizado un viaje de introspección en el pasado. De este modo, el espectador se ve de repente casi expulsado, confrontado, con la realidad fuera de la pantalla, lo que nos obliga a considerar también lo que no se ve, pero se sugiere: la larga elipsis de tiempo –cuyos acontecimientos son por todos conocidos– que comienza con la Guerra Civil.

La clave de ese diálogo entre presente y pasado se nos da desde las primeras imágenes de la película. Una foto antigua del pueblo, en blanco y negro, se va transponiendo en la imagen en color del pueblo en la actualidad[4]. Entre ellas hay diferencias y coincidencias. Se insinúan los lazos existentes entre pasado y presente, y la idea de que el presente guarda vestigios, huellas del pasado, aunque no siempre sean apreciables a simple vista. Así, cada fragmento del pasado –un libro, un artículo de prensa, un cartel, una simple foto–, puede guardar el recuerdo de lo acontecido, ser –en palabras de Lotman- "semillas que conservan y reproducen" capaces de reconstruir, de restaurar el recuerdo. (Lotman, 1996e: 89) Y de 'reconstruir' fragmentos del pasado se trata en esta película. "Conocer sus antecedentes; reconstruir las imágenes de lo que desapareció en el tiempo" "Traspasar las apariencias... Sugerir".[5]

En *El grito del sur: Casas Viejas*, las imágenes del 'ahora' y del 'antes' se alternan y se mezclan en una suerte de juego-diálogo entre presente y pasado que se establece en un terreno fronterizo que los dos comparten: la memoria. Luego, la memoria es el 'puente' (o 'frontera' en términos de Lotman) que, sirviéndose de elementos de recordación del pasado, (fuentes históricas, recuerdos, fotos, libros, artículos, películas), consigue importar ese pasado e instalarlo en el presente de la narración, punto desde el que se contemplan los sucesos. Esto implica que el pasado se observa –y se 'reconstruye'– bajo la mirada del presente. 'Reconstrucción', porque no se trata de una simple transmisión de información o enumeración de datos: se construye un armazón que lo soporta y se ofrece en una composición. Memoria como mecanismo de creación y generación de nuevos textos y nuevos sentidos, que Lotman explicará así:

> La memoria no es un depósito de información, sino un mecanismo de regeneración de la misma. En particular, por una parte, los símbolos que se guardan en la cultura, llevan en sí información sobre los contextos (o también los lenguajes), y, por otra, para que esa información 'se despierte', el símbolo debe ser colocado en algún contexto contemporáneo, lo que inevitablemente transforma su significado. Así pues la información que se reconstruye se realiza siempre en el contexto del juego entre los lenguajes del pasado y del presente. (Lotman 1998: 157)

Por otra parte, en *El grito del Sur: Casas Viejas*, la manera misma en que la narración va desplegándose ante nosotros como espectadores, reproduce mecanismos típicos de la memoria. Es como si asistiéramos a una materialización del funcionamiento de la memoria humana: Unas veces, las imágenes del pasado son traídas de la mano de la narración de los hechos del pasado, ilustrando el discurso oral y haciéndolo más concreto y creíble. Estas imágenes, por breves que sean, son el soporte capaz de condensar y materializar los datos que se nos van dando. Otras veces son las propias imágenes del pasado, – como ocurre con las fotografías que circulan de mano en mano–, las que resucitan la memoria de la gente; en otros casos son los lugares (un rincón, una plaza, una calle, lo que antes fue el cuartel, o el solar donde antes estuviera la choza de Seisdedos) los que tienen la capacidad de convocar en los participantes el recuerdo de lo que allí ocurrió.

Para el acercamiento a los sucesos ocurridos en Casas Viejas, Patino elige a unos interlocutores que pertenecen a mundos distintos, lo cual implica una manera diferente de encarar los sucesos y una forma peculiar de memoria.

> La memoria de la cultura no sólo es una, sino también internamente variada. Esto significa que su unidad sólo existe en cierto nivel y supone la presencia de 'dialectos de la memoria' parciales que corresponden a la organización interna de las colectividades que constituyen el mundo de la cultura dada. (Lotman 1996d: 157)

Patino reproduce un determinado dialecto de cada uno de los grupos, mostrando sus maneras, su forma de hablar, el tipo de textos que producen y los códigos a los están sujetos:

a) El político, el catedrático y el historiador, aun haciendo hincapié en puntos distintos, tienen en común que se centran en el análisis histórico de los hechos. Se trata de una memoria más 'oficial' de los hechos, que repasa y conserva las causas y los resultados. A lo largo de sus intervenciones se dibuja una línea ordenada de pensamientos. En la primera se centran principalmente en las causas; en la segunda intervención (22:55- 26:11) el centro del discurso se sitúa en las características del levantamiento anarcosindicalista de Casas Viejas para perfilar más las peculiaridades del anarquismo andaluz dentro del contexto de huelgas y revueltas campesinas y de las actuaciones de la FAI y la CNT en los años 30. La tercera ronda de intervenciones, más breves, vendrá casi al final de la película (m. 56:28-57:39) y mencionan las consecuencias más inmediatas y el eco que tuvieron los sucesos. Sus intervenciones, –grabadas desde despachos repletos de libros, archivos y carteles que reflejan espacios cerrados propios de esos profesionales de la historia– se alternan con imágenes que forman una especie de 'collage': fotos, titulares de periódicos, títulos de libros, crónicas, carteles y viñetas.

Por lo que a la selección de datos históricos se refiere, Elorza, Bernal y García Rúa representan posturas entre las que no se da realmente una contradicción. Son datos que pueden encontrarse en historiadores como Jackson, Tuñon de Lara y Preston. La versión que da Patino, a través de estos historiadores, no contradice la de historiadores liberales y progresistas en las que existe un amplio consenso. Sí ocurre que en la película se guarda distancia en cuanto a señalar culpables. Se toma así distancia de algo que en su momento fue objeto de gran controversia. No se entra en la discusión de quiénes fueron realmente los responsables ni en las implicaciones 'directas' del gobierno, y menos la acusación directa contra Azaña. Podemos decir que Patino, al abordar uno de los temas de la 'leyenda negra de la República' (Jackson) lo hace huyendo del tópico y no presta oídos a esa versión culpabilizante de la derecha que mencionábamos antes, y que constituyó lo que sería la versión oficial de la dictadura. En cuanto a la postura del director con respecto al testimonio de los historiadores, es una postura respetuosa. Eso sí, seleccionando las visiones le merecen más crédito. No puede achacársele la 'falsificación'. Es interesante apuntar que en el espacio de la película reservado a ellos, no se utiliza la invención, lo que ocurre es que su testimonio no ocupa el lugar primordial. Es una voz más, pero ni la única, ni a la que se le concede mayor importancia.

b) Para los vecinos del pueblo y los descendientes de personas impli-cadas en la matanza de Casas Viejas, la conexión con el pasado se lleva a cabo a partir de la contemplación de algo: fotografías que comentan juntos y a partir de las cuales identifican a personas; el cartel en honor a María la Libertaria que da nombre a una calle o la contemplación de determinados lugares que hacen revivir en ellos el recuerdo de vivencias ("Allí había un guardia..."). Es una memoria que fluye con la ayuda de un objeto (foto, calle, lugares) que cataliza los recuerdos de lo oído o las vivencias personales. Fotos y lugares forman el vehículo de la memoria de este grupo. Esta memoria tiene otro carácter, no analiza las causas ni las consecuencias políticas, es mucho menos organizada como menos organizadas son las interven-ciones de los vecinos que se interrumpen unos a otros, que se corrigen o que pueden contradecirse. En realidad, se trata de una memoria más personal con un fuerte carácter oral y deíctico, que se centra en los detalles más personales, en lo que ocurrió a unas personas y cómo ellos lo vivieron. De ahí también la caracterización de los personajes y de los espacios que ocupan. Es la gente común del pueblo, su manera de hablar y sus espacios: la calle, la plaza, sus casas. Patino da así cabida a la participación de la gente común y descendientes de las víctimas. Sabemos que en su mayor parte no corresponden a las per-sonas reales, pero más allá, cumplen la función de 'representar' lo que serían testimonios de primera mano, de los testigos de los hechos. Recogen el testimonio de las vivencias personales o colectivas.

c) Cameron y Suay representan la voz de personas relacionadas con el mundo de la imagen, del cine y, como tales, manejan un lenguaje propio, del mismo modo que los materiales de los que se sirven, las imágenes –ya sean documentales o de ficción– son las herramientas propias de su mundo. Como agentes del arte y la representación, no es extraño que el juego, la invención y la recreación o 'falsificación' sean elementos de su lenguaje. Estamos ante el mundo de la creación. Sus intervenciones están llenas de guiños cómplices que parecen decir 'quien tiene que entender, entenderá'.

Cameron, el documentalista inglés, explica su trayectoria profesional, narra las circunstancias que le llevaron a aquel lugar y en aquel momento, y muestra imágenes que consiguió grabar. Aparece en escena sentado en una terraza o discurriendo por los lugares mismos en los que sucedieron los hechos, lugares que han cambiado a lo largo del tiempo, pero de los que él sabe extraer el recuerdo de lo que allí sucedió. Es el hombre de acción, el cámara que se desplaza al lugar mismo donde tienen lugar los acontecimientos. Las imágenes que muestra, de un estilo de verismo documental, no forman una película sino fragmentos sueltos que corresponden a los momentos que consiguió grabar. Así nos ofrece imágenes de la llegada de los guardias de Asalto a la plaza del pueblo y las declaraciones de familiares de las víctimas posteriores al asesinato de los campesinos. Todo ello 'aliñado' con sus comentarios de cómo vivió personalmente los sucesos. El segundo personaje, Muñoz Suay, aparece en escena en la sala de un cine. Suay, como director de una 'Filmoteca Dadaísta', nos cuenta una historia inverosímil –pero que bien podría ser cierta– de una película –*Andalucía heroica*– hecha por tres rusos que se encontraban en el lugar en el momento de los sucesos de Casas Viejas y que, rescatada por un divisionario azul, ha llegado a sus manos. Muestra el primer fragmento de la película rusa y lo contextualiza con explicaciones acerca del llamado Cine Ojo, movimiento en el que supuestamente se enmarcaría esta película.

La inclusión de Cameron y Suay como voces participantes es de suma importancia, no sólo por el tiempo que ellos –o sus 'aportaciones'– ocupan en la pantalla (tres cuartas partes), sino porque funcionan como 'marcos' [6] dentro de los cuales se insertan y concentran toda una serie de juegos del director. Representan el lenguaje del cine, del arte en general, lenguaje-dialecto al que pertenece el mismo director, en cuanto cineasta, y que sin duda comparte con otros artistas a la hora de abordar la historia.

En el lenguaje del arte, el juego entre ficción y realidad es una de sus características. El uso de determinados recursos artísticos (incorporación de documento auténticos o 'supuestamente' auténticos, creación de personajes que toman prestadas características de otros existentes, composiciones como las del 'cuadro dentro del cuadro') aportan a una ficción la sensación de realidad, de verosimilitud. En la película que nos ocupa se dan todos los recursos mencionados, especialmente por lo que respecta a Cameron y Suay y las películas que introducen, composiciones que funcionan como 'cuadros dentro del cuadro'.

Cameron y Suay son personajes inventados pero verosímiles, en primer lugar por compartir con los demás el estatus de ser voces elegidas para hablar sobre los sucesos y, en segundo, por ser los portadores de 'documentos' que presentan como 'auténticos'. Patino irá dejando caer guiños que despiertan la sospecha sobre la autenticidad de lo que se presenta, una sospecha que poco a poco se va convirtiendo en juego: En el espacio ocupado con los testimonios orales, que parece responder al mundo de lo cotidiano y de lo 'real', aparecen Cameron y Suay, bajo las mismas señales que los anteriores. Y Ahí es donde empieza el juego de Patino con el espectador después de que éste ha entrado en una especie de automatismo. (No hay que perder de vista que Patino está jugando con un formato reconocible de documental televisivo que consigue poner en entredicho). Justo en esa normalidad en la que nos hemos instalado, el mundo 'real' y cotidiano empieza a llenarse de datos dudosos, fallos de memoria, mezcla de momentos distintos, desajustes con la realidad en definitiva. Aquí sólo enumeraremos algunos de esos juegos (ver nota 3): Cameron menciona el conflicto de Abisinia (1935) como anterior a los sucesos de Casas Viejas; dice pertenecer a la escuela de Grierson cuando ésta ni siquiera se interesó en la Guerra Civil –lo que Patino siempre ha lamentado– (Gubern 1986: 60); las fotos que se muestran de cineastas, escritores e intelectuales pertenecen al momento de la Guerra Civil. En cuanto a Muñoz Suay, sus comentarios no son menos jugosos: la historia en sí de la película, los nombres de cineastas rusos que la rodaron (Shumiatski, Arvatov[7] y Peruchov); la mención al Cine Ojo de Dziga Vertov, cuando en realidad, las imágenes de *Andalucía heroica* tienen más que ver con el estilo del realismo soviético (Martín Morán 2005: 78-79) a la manera de Eisenstein y, además, más que una ideología comunista, representa un anarquismo libertario; la música elegida para acompañar las imágenes es soviética sí, de Shostakóvitch, pero de dos obras bastante posteriores, de 1942 y 1957. (Gutiérrez Molina 2005: 54)

Pero no todo es invención. Por detrás de esos guiños y juegos del autor se van destilando otras verdades más ocultas: Cameron, el *cameraman*, se convierte en un personaje híbrido, un 'doble' de otros que sí existieron. Su invención representa un homenaje a todos esos extranjeros que, desafiando el riesgo en un territorio español en guerra, tomaron posición y lucharon a su manera, cámara en mano para denunciar, conseguir fondos de ayuda, y dar testimonio con sus imágenes. El estilo de sus grabaciones representa una manera peculiar de filmar: un estilo desnudo, cercano al verismo documental, en el que la cámara registra objetivamente lo que sucede en la realidad exterior. El acento de las imágenes está puesto en el acercamiento a lo humano y al sufrimiento –que consigue transmitir con un grado de verosimilitud increíble– de todas esas gentes humildes, todas ellas víctimas. Por lo que respecta a la película rusa, *Andalucía heroica*, representa un estilo diferente: juega con lo que fue el realismo soviético, un estilo más retórico y con fines propagandísticos. Pero más allá de ser invención de Patino, no se puede negar su acercamiento a la verdad de los hechos. La parte final de *Andalucía heroica*, constituye una premonición del futuro que esperaba a la República. Tres poderes se reúnen en la última escena de la película: el militar encabezado por el capitán Rojas, el eclesiástico y el político en la persona del representante del gobierno que da las gracias por el cumplimiento del deber: "Vuestro valor ha salvado a la República de un grave peligro". Las últimas palabras establecen un grotesco y trágico contrapunto con lo que el espectador conoce del amargo futuro que no tardaría en llegar. La ficción de Patino, en este punto, sabe transmitir la trágica verdad que se prolonga mucho más allá de las imágenes y que resumen bien las palabras que antes dijera Suay: "España, donde las utopías finalizan siempre en tragedias y donde los represores de entonces, en nombre de la República, terminan por ser los sublevados en 1936."

Ficción y realidad se entretejen y juegan de una manera fascinante. Lo que toma 'apariencia de realidad' es una 'ficción disfrazada'; tras la ficción se esconden elementos de la realidad, y esa 'ficción verosímil' que se forma puede revelar una verdad oculta y más profunda. En definitiva, verdad y ficción no necesariamente se excluyen: La Verdad –como diría Foucault– no es algo previamente dado, sino un producto parcial y abierto del entrecruzamiento de multitud de prácticas, de discursos y de relaciones de poder. Podríamos decir que aquello que conocemos acerca de Casas Viejas son fragmentos diseminados, la Historia de 'unos', las ficciones de 'unos' y las trasmisiones de 'unos', construcciones en todo caso que datan de cierto momento de la historia, pero construcciones, en definitiva, ya que para que los fragmentos existentes puedan expresarse y adquirir un significado, necesitan de la 'construcción' de un relato (que puede diferir en cuanto a carácter y a códigos, lenguaje que maneje).

Patino utiliza materiales heterogéneos sobre los que construye un entramado capaz de reflejar distintos tipos de discurso y al mismo tiempo distintos tipos de memoria. Cada uno de los grupos sociales que hemos señalado lleva a cabo la creación de un tipo de relato, de variante en cuanto a forma y contenidos, pero comparten el servir como ejemplo de lo que señalaba Lotman a cerca de la memoria: que la memoria "no es un depósito de información, sino un mecanismo de regeneración de la misma". (Lotman 1998b: 157) En cuanto a los tipos de memoria, por un lado tendríamos una memoria escrita: la aportación de los historiadores (Bernal, García Rúa y Elorza) vendría a representar una memoria que conserva los "hechos excepcionales", "una memoria orientada a la conservación de los excesos y acontecimientos", que se caracteriza por la atención a causas y efectos y para la que "la escritura es imprescindible". (Lotman 1998c: 83) En segundo lugar, una memoria más oral, representada en los recuerdos de los vecinos del pueblo, el hijo de la Libertaria y también Cameron, que apoyándose en fotos, objetos y lugares (una memoria en imágenes) os vinculan a lo allí acontecido, resaltando en este caso, los actos y las emociones. Por último, la memoria que representan Cameron y Suay como personajes –y Patino como director– que es la memoria protagonista especial del film. Constituyen un ejemplo magnífico de lo que Lotman llamaría 'memoria creativa' que es, en particular, la memoria del arte. En ella –señala Lotman– todo el grueso de los textos resulta potencialmente activo. Tiene un carácter 'sinusoidal', es decir, se alternan períodos de ascenso y períodos de descenso de la actualidad de determinados textos, lo que es "la forma más simple de relevo del 'olvido' y la 'recordación' culturales". (Lotman 1996d:159) Este tipo de memoria se opone al tiempo, conservando lo pasado como algo que está. (Ibídem) Patino, al crear esas dos películas, supuestamente a modo del documentalismo inglés y del cine soviético de los 20 y 30, rescata un cine relegado en el olvido, aunque presente en la memoria del arte. Suay, Cameron y la invención de esas películas dentro de la película, no sólo sirven para reivindicar el papel del cine como medio apto para hablar de la historia, sino que resucitan el recuerdo de lo que ha sido la propia historia del cine, especialmente del un cine comprometido con la historia, y rinden homenaje a cuantos profesionales de la imagen lucharon, cámara en mano, para dar testimonio, influir y concienciar a la población mundial.

Los admitidos como 'aptos' para opinar sobre la historia no son sólo las versiones institucionales que implican grupos de un determinado poder, sino la gente corriente a través de sus recuerdos y el arte a través de sus creaciones. Así, para acercarnos al pasado no sólo contamos la historia escrita, sino con la oral, con el testimonio de las imágenes y los testimonios de la ficción. Patino rompe con un esquema de valores tradicional y estático en el que realidad y ficción son comúnmente irreconciliables, en el que la Historia, recogida en textos escritos y transmitidos por diversos organismos de poder, es la 'Historia' que se identifica con la 'Verdad' y el resto, junto con la ficción, se desprecia o se identifica con 'mentira'. Frente a este esquema de valores, se da el de otra 'cultura' que no considera la verdad como algo previamente dado ni las certezas como castillos intocables. La verdad única no existe, en su lugar se instalan aproximaciones, más o menos parciales, inacabadas, que desde distintos ángulos persiguen una verdad escurridiza o imposible de reflejar. Son reconstrucciones de trozos de un gran puzzle difícil de completar. Y la Verdad es una búsqueda constante.

## Notas

[1] Para Lotman, en su período más tardío, el texto se coloca en una maraña de relaciones entre el autor y el público. (Jorge Lozano 1999: IV) Para un resumen de la trayectoria de Lotman, ver artículo de Zylko (2005).

[2] Algunas de las fotos utilizadas pertenecen a fotos auténticas que se conservan sobre Casas Viejas. En el año 2000 se presentaron 42 fotografías en una exposición sobre 'los Sucesos de Casas Viejas'. Dos fotógrafos eran los artífices: Cecilio Sánchez del Pando y Serrano Gómez. Las fotos habían aparecido en el *ABC*, *La Unión*, *El Liberal* y en las revistas *Nuevo Mundo*, *Mundo Gráfico* y *Blanco y Negro* (Datos sacados de Diputación Provincial de Cádiz. En línea en: <www. infocadiz.com>, consultado en febrero de 2006).

[3] Un análisis más amplio de todos estos aspectos se ha desarrollado en otro artículo 'Juegos, diálogos e invenciones en *El grito del Sur: Casas Viejas*' que se publicará en 2007 en una obra conjunta sobre Patino con motivo de su exposición, *Paraisos*, en el Centro Guerrero de Granada (del 18 de octubre de 2006 a enero de 2007).

4 No importa si se trata o no de Casas Viejas como escenario real. Puede tratarse de Cazalla de la Sierra o El Pedroso, pero lo importante es lo se sugiere con este recurso.

[5]   Voz en off de Hans, protagonista de *Madrid* (1987), al observar la maqueta de la ciudad y al comparar fotos antiguas y actuales de ésta. En esta película, Patino desarrolla recursos similares a los que utilizará en Casas Viejas.

[6]   Para Lotman, el marco de una composición es un recurso esencial y tradicional de combinación retórica de los textos codificados de distinta manera. Este tipo de construcción, "intensifica el elemento del juego en el texto (...) Al mismo tiempo, se acentúa el papel de las fronteras del texto, tanto las externas, que lo separan del no-texto, como la internas, que separan los sectores de diferente codificación". (Lotman 1996b: 103)

[7]   En realidad, Boris Shumiatski, era el jefe de la administración del cine soviético en los años 30, conocido por el decreto de 1935 en el que recomendaba a los cineastas hacer películas populares, 'películas para millones'. Arvatov era un importante teórico del productivismo, que publicó sus obras más importantes entre 1926 y 1930.

## Bibliografía

Català, Josep María. 2000. 'La crisis de la realidad en el documental español contemporáneo'. En: *Imagen, memoria y fascinación. Notas sobre el documental en España*. Madrid: Ocho y Medio (Libros de cine): 27-44.

Foucault, Michel. 1992. *Microfísica del poder*. Madrid: La piqueta: 162

Gubern, Roman. 1986. *1936-1939: La guerra de España en la pantalla*. Madrid: Filmoteca Española.

Gutiérrez Molina, José Luis. 2006. 'A propósito de *El grito del sur: Casas Viejas*'. En línea en: <www.cgt-andalucia.org/documentos/memoria/casas_viejas/casas_viejas_dossier_completo.pdf> (Consultado en enero de 2006).

Jackson, Gabriel. 1999. *La República Española y la Guerra Civil*. [1965]. Trad. Enrique de Obregón. Barcelona: Editorial Crítica: 444-45.

Lotman, Iuri M. 1996a. *La semiosfera I. Semiótica de la cultura y del texto*. Trad. y editor Desiderio Navarro. Madrid: Ediciones Cátedra, S.A.

—. 1996b. 'La retórica'. [1981]. En: Lotman 1996a: 137

—. 1996c. 'El texto en el texto'. [1981]. En: Lotman 1996a: 91-109.

—. 1996d. 'La memoria a la luz de la cultorología'. [1985]. En: Lotman 1996a: 157-161.

—. 1996e. 'Texto y poliglotismo de la cultura'. [1992]. En: Lotman 1996a: 83-90.

—. 1998a. *La semiosfera II. Semiótica de la cultura, del texto, de la conducta y del espacio*. Ed. y trad. Desiderio Navarro. Madrid: Ediciones Cátedra, S.A..

—. 1998b. 'La memoria de la cultura'. [1986]. En: Lotman 1998a: 152-162.

—. 1998c. 'Algunas ideas sobre la tipología de las culturas'. [1987]. En: Lotman 1998a: 81-92.

Lozano, Jorge. 1999. 'Prólogo'. Yuri M.Lotman, *Cultura y explosión. Lo previsible y lo imprevisible en los procesos de cambio social*. Madrid: Editorial Gedisa: I-VIII.

Martín Moran, Ana. 2001 'La reescritura del pasado en *El grito del sur: Casas Viejas* de Basilio Martín Patino'. En: *La herida de las sombras. El cine español en los años 40*. Madrid: *Cuadernos de la Academia* 9: 493-509.

*Pilar García Jiménez*

—. 2005. 'La inocencia subversiva. Pistas falsas y alguna certeza sobre la producción audiovisual de Basilio Martín Patino'. En: *Nada es lo que parece*. Madrid: Ocho y Medio, Libros de cine: 47-82.

Preston, Paul. 2000. *Concise History of the Spanish Civil War*. 1999 Trad. María Borrás. *La Guerra Civil española*. Barcelona: Plaza & Janés Editores: 44-50.

Tuñon de Lara. 2000. *La España del siglo XX. Vol. I I. De la Segunda República a la Guerra Civil (1931-1936)*. 1966. Madrid: Ediciones Akal: 349-352.

Zylko, Boguslaw. 2005. 'La cultura y la semiótica: Notas sobre la concepción de la cultura de Lotman'. [2001]. En: *Entretextos* 5, Granada (Mayo). <http://www.ugr.es/~mcaceres/Entretextos/entre5/zylko.htm> (Consultado en septiembre de 2006).

# Jaime Camino, *Los niños de Rusia* (2001): siguiendo el camino de la memoria

## Bénédicte Brémard

Con *Los niños de Rusia*, Jaime Camino sigue la trayectoria que siempre lo llevó, mediante la ficción o el documental, a indagar las circunstancias de la Guerra Civil española. "Que las cosas se conozcan y nuestro pueblo no pierda la memoria. Una de las funciones del documental es recuperar la memoria (...) y contarla de una forma que sea amena y emocionante y que llegue al espectador", éste es el objetivo cívico que se propone en *Los niños de Rusia*. Borrando las huellas de su presencia, utilizando imágenes de archivo, creando un diálogo entre los testigos y recuperando con el montaje la sagrada trinidad del cine nacionalista (niño-madre-padre), consigue, pese a la ausencia en la pantalla de los niños –convertidos en las personas mayores entrevistadas– hacer presente y colectivo el dolor del niño exiliado de su país y de su familia. Obtiene además un éxito de público y de crítica que, sin duda, ha contribuido a la reciente vuelta del género documental a las pantallas españolas.

"Durante la Guerra Civil española (1936-1939), 3000 niños fueron evacuados temporalmente desde España a la Unión Soviética, huyendo de las penalidades de la contienda." Con este cartón se abre el documental *Los niños de Rusia*. (Jaime Camino 2001) Con *Los niños de Rusia*, Jaime Camino sigue una trayectoria que siempre llevó a este director nacido en 1936 en el seno de una familia republicana (E. B. 2004), mediante la ficción (*Las largas vacaciones del 36*, 1975, *España otra vez*, 1968) o el documental (*La vieja memoria*, 1977), a indagar las circunstancias de la Guerra Civil española. Hasta en las películas suyas cuyo argumento parece más alejado de dicha época podemos encontrar ecos del contexto de este trágico acontecimiento histórico. Así, por ejemplo, en la recreación de un episodio de la vida de George Sand y Chopin en *Un invierno en Mallorca* (1969), la secuencia en que la escritora le explica a su hijo la historia de la I República francesa podría perfectamente ser un análisis de la II República española. O en su primer largometraje, *Los felices 60* (1963), la relación entre Mónica, una mujer casada, y Víctor, un médico famoso amigo suyo, durante el veraneo en Cadaqués de unas familias de clase acomodada, no excluye una reflexión sobre el lugar y la libertad dejados a la mujer bajo la dictadura. Este interés por la Guerra Civil que da coherencia a su obra viene aquí reforzado por el hecho de que tres primos hermanos vascos de Jaime Camino (dos gemelos y una hermana) forman parte de los *niños de Rusia*.

El objetivo "cívico más que ético" que se propone Camino en *Los niños de Rusia* es "que las cosas se conozcan y nuestro pueblo no pierda la memoria. Una de las funciones del documental es recuperar la memoria (...) y contarla de una forma que sea amena y emocionante y que llegue al espectador", como declara en una entrevista incluida en el dvd de su decimotercero largometraje. Objetivo muy distinto entonces del de otra película que trató el mismo tema bajo la forma de una ficción. En *Murió hace 15 años* (Rafael Gil 1954), estrenada en plena guerra fría, se denunciaba el carácter inhumano del comunismo inculcado a los *niños de Rusia*, siendo el protagonista uno de estos, manipulado por el PC para volver a España y matar a su padre, alto funcionario del gobierno franquista. Es más bien entonces un trabajo de historiador lo que se propone emprender Jaime Camino, trabajo tanto más necesario cuanto que parece que al día de hoy ningún libro se ha dedicado por entero a recoger los testimonios o narrar la historia de *Los niños de Rusia*. (Fraile 2006) Borrando las huellas de la presencia del entrevistador, utilizando imágenes de archivo, creando un diálogo entre los testigos y recuperando con el montaje la sagrada trinidad del cine nacionalista (niño-madre-padre), Jaime Camino consigue, pues, pese a la ausencia en la pantalla de dichos niños del título –por cierto, ya convertidos en las personas mayores entrevistadas– hacer presente y colectivo el dolor del niño exiliado de su país y de su familia. Obtuvo además un éxito de público y de crítica (Premio en el Festival Internacional de Cine de Valladolid, Nominación al Goya al Mejor Documental, Selección del Festival de Berlin, etc., y acogida favorable de la prensa –Gómez López-Quiñones 2003) que sin duda ha contribuido a la reciente vuelta del género documental a las pantallas españolas (celebrada en las estadísticas de la web del Ministerio de Cultura).[1]

## La ética del director: desaparecer

*Los niños de Rusia* se presenta como una immersión en el pasado. Si dejamos aparte la conclusión de la película, a la cual volveremos, todas las huellas del presente están borradas, silenciadas. Así, el director es invisible e inaudible salvo cuando acompaña a uno de los testigos con su canto ("Desde Santurce a Bilbao..."), o sea, cuando comparte algo con él, compadece. Del mismo modo, *Los niños de Rusia* rompe con la presentación tradicional del documental ya que los distintos testigos no están presentados por un procedimiento tan habitual como su nombre escrito en la pantalla. Hasta en este tipo de detalles el director se ausenta como para dejar al testigo solo frente al espectador. Podemos destacar las constantes y las evoluciones del arte cinematográfico de Camino comparando estas elecciones con las que hizo en 1977 en la realización del documental *La vieja memoria*, también elaborado como un montaje de entrevistas. Ya entonces había elegido suprimir del montaje sus preguntas, salvo una, que cobraba por consiguiente fuerza por este tratamiento excepcional. Era cuando reaccionaba a la declaración de Ricardo Sanz, obrero anarquista: "Nosotros no podíamos establecer la dictadura anarquista", preguntándole: "¿Dictadura y anarquismo son dos palabras que se pelean entre sí, no?". Sin embargo, una voz en off nunca identificable evocaba sobre imágenes de archivo las principales etapas de la República y la Guerra Civil. Y los títulos de crédito avisaban al espectador de que la imagen de los entrevistados vendría acompañada de un subtítulo indicando su nombre y función durante la Guerra Civil. Por una parte, se percibe en estos detalles la ética de documentalista de Camino. A nuestra pregunta sobre esta ausencia suya de la pantalla, nos contestó que había ocupado el lugar debido. Este lugar imperceptible es tradicional del cine documental según su guionista Román Gubern, y es lo que lo diferencia del reportaje televisivo. Pero esta voluntad de borrar las más evidentes huellas de su presencia también aleja a Camino de la ética de otros realizadores de cine documental como el argentino Fernando Solanas, que aparece en sus obras, o Julio Medem, quien en *La pelota vasca* prefirió dejar visibles los cortes por honestidad. Por otra, notamos así cómo estas pequeñas diferencias colocan *La vieja memoria* dentro del género del testimonio histórico, de la investigación sobre la historia colectiva, mientras que *Los niños de Rusia* se definen más bien como testimonio sobre la historia individual, búsqueda de lo genuinamente humano en estos destinos modificados por su tropiezo con la guerra. Antoine Fraile demuestra (Fraile 2006), en efecto, cómo el decorado común a todos los testigos (un fondo negro) hace de ellos el mismo testigo que está contando la misma historia. Al mismo tiempo, se da una importancia desmesurada a su voz, que, según contabilizó A. Fraile, sólo deja 18 minutos de los 90 que dura la película a los comentarios de época de los documentos de archivo.

**El fantasma de la santa trinidad: padre, madre, niño**

El principal problema para realizar esta immersión en el pasado es evidentemente que los niños ya no lo son, sino personas mayores. Sin embargo, vamos a ver cómo Camino consigue resucitar el pasado bajo los ojos del espectador. El primer tema abordado por los testigos es el de la familia: cada uno empieza por situar el bando y el papel de su padre en la Guerra Civil española. El montaje paralelo de los testimonios logra crear una anáfora de la palabra 'mi padre' en boca de los distintos testigos. Más tarde, también aparecerán comentarios sobre la madre, sobre su sufrimiento por la muerte del padre y la ausencia de sus hijos, en boca de varios testigos. El más emocionante de dichos testimonios consiste en el plano-secuencia de la lectura por parte de una hija de una carta de su padre redactada en la víspera de su fusilamiento, carta en que se dirige a sus hijos y alude a su madre pidiéndoles "que la adoréis porque es vuestra madre, santa madre". La expresión teñida de religiosidad puede sorprender en boca de un combatiente republicano. Sin embargo, Marcel Oms (1986) ya notó cómo *La vieja memoria* enseñaba la mitología comunista española basada en el doloroso destino de las madres. Este montaje tiene varias funciones: presenta al testigo como niño, hijo, miembro de una familia, o sea, hace revivir el pasado en la pantalla. Le hace miembro al mismo tiempo de otra familia, la gran familia de los niños exiliados creada por este diálogo virtual entre los testigos instaurado por el montaje, que es una de las marcas de fábrica de Camino en sus documentales y se manifiesta varias veces en la película (otro ejemplo tendremos cuando sobre las palabras de un testigo aparezca a modo de falso contracampo la cara de otro asintiendo con la cabeza).

Otro procedimiento recurrente para hacer presente el pasado es el uso de documentos de la época narrada. Aparecen imágenes de archivo de los bombardeos, de los adioses de los niños a sus padres, de su llegada a Rusia, de la educación que recibieron allí... La música que suele acompañar estas imágenes contribuye a crear la emoción. La imagen parada de niños andando en el momento en que se relata su salida traduce visualmente la idea de un antes y un después del exilio, de una imposibilidad de volver atrás, de un destino parado antes de cumplirse (varios testigos se preguntan lo que hubiera sido de ellos de haberse quedado en España).

Foto 1: Imagen parada de niños en el momento de la evacuación.

La imagen de archivo también ilustra los propósitos de los testigos cuando aparecen niños en un dormitorio mientras cuenta una mujer cómo se acordaba de sus padres cada noche antes de dormir: Camino recurre así a la imagen de archivo para construir una ficción a partir de un testimonio real. A un nivel más individual, los testimonios están acompañados por insertos de fotografías de los testigos niños o jóvenes, hasta las hay que aparecen al lado de la cara del testigo mayor, en fundido encadenado, desafiando el fluir del tiempo.

Foto 2: Fugaz fundido encadenado de la foto de un testigo niño al lado del mismo, mayor.

Este motivo recurrente hace eco a otras formas de expresión del desdoblamiento entre adulto y niño que podemos encontrar en otras películas sobre el exilio, como explicó José Luis Castro de Paz a propósito de *En el balcón vacío*, película realizada por Jomi García Ascot en 1962. (Castro de Paz 2004: 26)

**Referentes concretos y reconocibles**

Notamos también que si la mayor parte de los testigos aparecen filmados en plano medio en un interior que parece ser el suyo pero que no ofrece más pistas para su identificación, uno de ellos cuenta su experiencia desde el puerto de Bilbao en que embarcó para otra vida. Evidentemente, esta elección tiene como meta crear un efecto de reconocimiento de este lugar real y todavía existente, y, por ende, un efecto de identificación. Esto ha pasado en este puerto que conocemos, que reconocemos, esto ha pasado a gente de nuestro entorno, su experiencia se está convirtiendo en nuestra experiencia; su pasado, su historia, mediante el relato fílmico, son nuestra historia, nuestro presente.

Foto 3: Un mismo decorado, ayer y hoy: el testigo delante del puerto de Bilbao.

Una segunda parte del documental está dedicada al relato de lo que fue de los niños a partir de la entrada de Rusia en la Segunda Guerra Mundial y de su invasión por las tropas alemanas. Concretamente, relatan su evacuación hacia Siberia en condiciones de frío a las que no estaban acostumbrados, y su contribución al esfuerzo de guerra.

Por fin, la última parte del documental presenta los relatos de los regresos de los testigos a España después de la muerte de Stalin. Fue porque los niños se habían quejado a la ONU de que no les dejaban irse por lo que dio su autorización Kroutchev, entonces secretario del Partido Comunista. Se desprenden de sus testimonios sus dificultades de integración en una familia a la que ya no conocían, y con un Estado que sospechaba de ellos por el tiempo pasado en un país comunista. Curiosamente, varios testimonios coinciden en aludir a personalidades políticas importantes del régimen franquista. Uno de los testigos cuenta cómo fue obligado a casarse de nuevo religiosamente con la que era ya su mujer en Rusia, siendo el sacerdote que los casó confesor de Franco. Otro relata que, trabajando como taxista, solía llevar a Carrero Blanco al Palacio de la Moncloa, donde se entrevistaba con el entonces Príncipe, cada jueves. Por fin, la primera en intervenir narra cómo fue interrogada por Arias Navarro. Parece que todos quieren subrayar que, a pesar de la desconfianza que inspiraban, se codeaban con personajes importantes, como si fuese un consuelo o una revancha, o un modo de tener un puesto en la gran historia.

Los mismos procedimientos presentes desde el inicio de la película siguen vigentes con una evolución lógica. Así, por ejemplo, la inclusión de fotografías de los testigos de jóvenes sustituye sus fotografías de niños.

Foto 4: El paso del tiempo: fotos de jóvenes y ya no de niños.

Del mismo modo, poco a poco, la imagen refuerza el giro de los testimonios del pasado al porvenir. Así, en unos planos de exteriores rodados en la Rusia actual, aparece un grupo de niños andando, como para recordar al espectador la existencia de otra generación de niños a los que informar y proteger de los horrores de la guerra.

Foto 5: Una imagen del futuro en la Rusia actual.

También en la secuencia en que dos hermanos discuten del reencuentro con su madre, uno de los dos está filmado de tal modo que se distingue nítidamente detrás de él la foto en color de un niño en una mesilla justo al lado de una muñeca rusa.

Foto 6: Contar el pasado para dar una oportunidad al futuro: el testigo, entre la muñeca rusa y su nieto.

El pasado del testigo y su porvenir están perfectamente concentrados en estos sencillos objetos que sin duda forman parte de su decorado cotidiano pero que contrastan con el fondo negro ante el que se encontraban los mismos testigos en anteriores secuencias. (Sánchez-Biosca 2005) Mientras habla de su madre, ya divisamos a su nieto; mientras habla de su vuelta a España, todavía está presente Rusia. La división de opiniones de los dos hermanos expresada en dicha secuencia es, en el fondo, consecuencia de la división de las familias que provocó esta evacuación y de la división de los mismos seres que la aprovecharon –o la sufrieron. Muy bien resume esta honda división una de las entrevistadas cuando afirma, al final de la película, no sólo su desarraigo intrínseco sino el que crea la mirada de los demás: "Ahora somos electrones libres. No somos de nadie. Nunca fuimos de nadie. En la URSS eras español. En Cuba eres hispanosoviético. A España, yo cuando iba era '¡Vino la rusa!'. Ahora, cuando voy '¡Vino la cubana!'. Española, nunca fui, vaya." Notamos que en sus palabras la nacionalidad cobra carácter humano, se confunde con la ascendencia familiar, ya que no dice "no somos de ninguna parte", como sería lógico según su posterior argumentación, sino "no somos de nadie". La película se concluye sobre unos planos de los testigos privados del sonido de las palabras que les vemos pronunciar y sólo acompañados por la música. Unos de ellos aparecen con sus nietos, lo cual vuelve a confirmar esta preocupación del director por transmitir su testimonio a las futuras generaciones, como subraya la dedicatoria final: "A todos ellos, 'los niños de Rusia', cuyo generoso testimonio nos habla de sus vidas y de nuestra propia historia."

Foto 7: Niños que ya son abuelos.

## Conclusión

La recuperación de la memoria llevada a cabo por el documental de Jaime Camino *Los niños de Rusia* se inscribe en la obra de este director como una continuación lógica por su tema, vinculado con la Guerra Civil española, y su tratamiento. Hemos notado una progresión en el deseo del director de desaparecer de la pantalla, aunque siempre se notará la firma de este autor en el montaje entre las distintas entrevistas y dentro del plano merced a los elementos simbólicos del decorado que aparecen en la profundidad de campo. También cabe señalar que dicha ausencia aparente del director puede sublevar un problema: la voz de los testigos se convierte en única autoridad, a veces con ausencia de contrapunto o matiz. Antonio Gómez López-Quiñones (2003) discute por ejemplo la victimización de Euskadi hecha por la primera entrevistada a la que oímos en voz en off sobre un plano-secuencia del *Guernica* de Picasso al inicio de la película.

Por otra parte, *Los niños de Rusia* se inscribe en una compleja red de películas sobre la Guerra Civil española y el exilio. La importancia que confiere a la trinidad niño-madre-padre no puede sino recordar esta obsesión de la iconografía nacionalista. Pero las fugaces apariciones en la pantalla de fotografías, huellas de los niños que les asemejan a fantasmas, es más bien un eco del cine de los vencidos y exiliados. A propósito del personaje del joven republicano que se enrola voluntariamente en el ejército republicano y morirá como un mártir en *Las largas vacaciones del 36*, una crítica francesa señalaba su impresión de cierta ambigüedad con las siguientes palabras: "Uno nunca se desprende realmente de los valores que reniega. Creyendo hacer una película revolucionaria, uno puede hacer el juego de la reacción." (Pascaud 1981; la traducción de la cita es nuestra) Huelga reconocer que *Los niños de Rusia* podría inspirar parecida reflexión. Sin embargo, nos parece que no se puede olvidar que casi dos generaciones de cineastas españoles ahora en actividad se criaron bajo la dictadura y son frutos de la educación e iconografía nacional-católica. A lo mejor eso es mucho más difícil de olvidar de lo que uno cree. Cabe tener presente en la memoria este dato a la hora de analizar el modo cómo estas obras presentes nos hablan del pasado. Sólo así podremos entender lo que a primera vista puede parecer paradójico, o sea, que una película que intenta recuperar la memoria de parte del pueblo, exiliada o silenciada por las instancias del poder, utilice un lenguaje, unos símbolos, que recuerdan los del enemigo de ayer. También nos puede enseñar que, en el fondo, en cualquier conflicto y seguramente más en un conflicto civil, los bandos que se enfrentan no son tan opuestos como podría parecer a primera vista. Ambos están hechos de hombres, de mujeres, convencidos de saber lo que es mejor para su patria. Pero, sobre todo, y ésta es la gran lección del documental de Jaime Camino, ambos bandos están compuestos por niños, que demasiado a menudo pagan el caro precio de su futuro, cuando era precisamente esto lo que sus padres pretendían defender.

## Notas

[1] El propio director reconoce que esta buena recepción ha podido favorecer la producción de otros documentales, aunque cabe reconocer que los 21 386 espectadores y 100 573 euros de recaudación de *Los niños de Rusia* quedan muy lejos de las cifras de la película española de ficción con mayor recaudación aquel año, *Los otros* de Alejandro Amenábar, que superó los 6 millones de espectadores y 26 millones de euros. Obras anteriores de Jaime Camino, tanto documentales como de ficción, también reunieron a más espectadores que *Los niños*... Nos gustaría aprovechar la ocasión para dar las gracias a Jaime Camino y Román Gubern, quien ha colaborado en muchas de las películas de Camino además de *Los niños de Rusia*, por sus respuestas a nuestras preguntas sobre la película.

## Bibliografía

Castro de Paz, José Luis. 2004. *Cine y exilio. Forma(s) de la Ausencia.* A Coruña: Vía Láctea.

E.B. 2004. 'Les hommes de nulle part'. En: *L'Humanité*, <www.humanite.fr>, 27 de octubre.

Fraile, Antoine. 2007. 'Du document à l'oeuvre cinématographique dans *Los niños de Rusia* de Jaime Camino'. En: Antoine Fraile (ed.) *Cinéma documentaire. La mémoire en perspective.* Actes de la Journée d'Études du Groupe de Recherche Inter-Langues de l'Université d'Angers (GRILUA), 19/05/2006. Angers: Université d'Angers: 43-58.

Gómez López-Quiñones, Antonio. 2003. 'Identidad y memoria colectiva en *Los niños de Rusia*'. En: *Colorado Review of Hispanic Studies* 1, 1: 129-157.

Pascaud, Fabienne. 1981. '*Les Longues Vacances de 36*'. En: *Télérama*, 25 de febrero.

Oms, Marcel. 1986. *La Guerre d'Espagne au cinéma.* París: Éditions du Cerf (Collection 7è art): 269.

Sánchez-Biosca, Vicente. 2005. 'Políticas de la memoria. La guerra civil española en el cine y el reportaje televisivo'. En: *Archivos de la Filmoteca. El último cine español en perspectiva* 49 (febrero): 32-53.

# El silencio llevado al cine:
## Cercas, Trueba y los *Soldados de Salamina*

## Hub. Hermans

Comparando la novela *Soldados de Salamina* (2001) de Javier Cercas con la película homónima de David Trueba (2002) resulta curiosa la diferencia entre la acogida favorable de la novela (que se convirtió en un *mega seller*) y la acogida menos favorable de la película. Esta diferencia se vuelve paradójica ya que los escasos puntos de crítica de la novela (el supuesto partidismo y el sexismo del narrador Cercas) han desaparecido en la película. Hermans argumenta que el relativo fracaso de la película radica, más que en su mensaje, ahora 'políticamente correcto', en un uso limitado de las posibilidades fílmicas. Justamente por haber querido seguir fielmente el curso de la novela, mejorándola, tienden a desparecer la polivalencia y la universalidad que de la novela habían hecho una pequeña obra maestra.

En su libro políticamente poco correcto *Literatura fascista española* Julio Rodríguez Puértolas cita un artículo de Rafael Sánchez Mazas, publicado en el diario *Arriba* (10-9-1943):

> Hay muchas naciones, tantas como fronteras, y muchos estados: pero Patrias hay pocas. Una de ellas la nuestra: España. Nuestra grandeza en el orden conceptual de la política consiste en haber alumbrado la teoría divina de la comunidad de destino en lo universal […] ¿Qué otra Patria puede alegar semejante razón de pervivencia histórica? […] No otro es el sentido de la consigna mágica que movió a tanto camarada al holocausto: "Por el Imperio –esto es: por la Patria, por España– hacia Dios". A esta meta postrer –suprema unidad de destino en lo universal– marchamos motorizados por la Providencia. (Rodríguez Puértolas 1986: 337-338)

En la novela *Soldados de Salamina* (2001) de Javier Cercas un tal Rafael Sánchez Mazas logra escapar de un fusilamiento colectivo por parte de las tropas republicanas en Cataluña, pocos meses antes de finalizar la Guerra Civil. Otro personaje, un tal Javier Cercas, es periodista y busca reconstruir lo sucedido alrededor de la escapada milagrosa del escritor y político (entre otros fue fundador e ideólogo de

Falange) Rafael Sánchez Mazas. En su intento de formarse una imagen de cómo fue esta persona el periodista habla con conocidos suyos, entre ellos su hijo, el escritor Rafael Sánchez Ferlosio, y otro escritor, Andrés Trapiello, para llegar a una especie de conclusión:

> Dice Andrés Trapiello que, como tantos escritores falangistas, Sánchez Mazas ganó la guerra y perdió la historia de la literatura. La frase es brillante, y en parte, cierta, por lo menos lo fue, porque durante un tiempo Sánchez Mazas pagó con el olvido su brutal responsabilidad en una matanza brutal; pero también es cierto que, al ganar la guerra, quizá Sánchez Mazas se perdió a sí mismo como escritor: romántico al fin, acaso íntimamente juzgaba que toda victoria está contaminada de indignidad, […] Hoy poca gente se acuerda de él, y quizá lo merece. Hay en Bilbao una calle que lleva su nombre. (Cercas 2001: 140)

Una de las cosas que llaman la atención al comparar estas dos citas (de Sánchez Mazas y de Cercas) es el gran papel del tiempo: los ganadores de algún tiempo pasado pueden convertirse en los perdedores de otros tiempos; o lo que aún parece peor: ser condenados al olvido. Tan sólo el recuerdo hace 'viva' a una persona o una batalla (la de Salamina, por ejemplo). Esto es lo que parece decir el lema que encabeza la novela, sacado de *Los trabajos y los días* de Hesíodo: "Los dioses han ocultado lo que hace vivir a los hombres." Vista desde esta perspectiva *Soldados de Salamina* es una novela que no sólo reinterpreta la Guerra Civil española, sino que también aspira a más: ofrecernos una reflexión sobre los valores de la vida. En los dos casos la memoria ocupa un lugar central.

## La memoria histórica

Una de las hipótesis de Maurice Halbwachs en su estudio sobre la memoria colectiva (publicado póstumamente en 1950) gira alrededor del hecho de que la memoria deriva su fuerza y su valor duradero de la colectividad. Sucesos del pasado se convierten en recuerdos (in)directos de una colectividad gracias a la ayuda y la confirmación de otros miembros de esta colectividad. Según Halbwachs, inspirándose para ello en los conceptos bergsonianos de *temps* y *durée*, los ámbitos colectivos en los que se halla implicada la memoria colectiva, serán la familia, la religión y la clase social; y, aunque se trate de determinados individuos que creen recordar ciertas cosas, esto lo harán en tanto que miembros de un grupo social. (Halbwachs 1991:

11) Acentúa Halbwachs que recordar implica la asunción del papel de tiempo, espacio y lenguaje. Siendo el lenguaje el marco elemental y más estable de la memoria, el espacio y el tiempo sirven para situar en su sitio adecuado los procesos de rememorización. Para ello distingue entre 'historia' y 'memoria colectiva', siendo la historia, en tanto que registro del pasado, la expresión de la memoria universal (de una parte) del género humano, mientras que la memoria colectiva, en tanto que corriente de pensamiento continuo, retiene del pasado aquello que todavía está vivo o es capaz de permanecer vivo en la conciencia del grupo que la mantiene. Esto implica que, como también observa el propio Halbwachs, hablar de 'memoria histórica', es una especie de contradicción en los términos, ya que la memoria colectiva y la historia son, en función de su condición, dos fuerzas complementarias: la historia no comienza sino donde termina la memoria social. Este estudioso francés subraya también que convendría distinguir entre memoria colectiva por una parte, y memoria personal, autobiográfica, social o histórica por otra. Los miembros de un grupo social no pueden apenas poseer recuerdos idénticos ya que cada uno se dejará guiar por otro tipo de imágenes, documentos u objetos del pasado. Tan sólo el compartir determinados puntos de referencia con otros individuos puede impulsar a una persona a sentirse vinculada a un grupo social y a expresar su sentido de identidad. Por ello están presentes en la memoria colectiva tanto lo personal como lo universal, pero característica de la memoria colectiva será su concentración en determinados recuerdos que le proporcionen cohesión social, identidad. Esto implica lógicamente la existencia paralela (a veces conflictiva) de visiones diferentes de un mismo acontecimiento histórico dentro de una sociedad.

Pierre Nora puede ser considerado como uno de los continuadores del pensamiento de Halbwachs. En su frecuentemente citado artículo 'Between Memory and History' (1989) Nora subraya que existen tantos recuerdos como que existen grupos, y que éstos, aunque múltiples, también son específicos, y aunque colectivos, también individuales. Añade a ello que la memoria es absoluta y que echa raíces en asuntos concretos: espacios, gestos, imágenes objetos etc., mientras que la historia siempre es relativa y enfocada en relaciones entre hechos, en progreso y en continuidad lineal en el tiempo. La debilidad de la memoria es la causa de que la historia oficial suele desconfiar de ella, y también de *Les lieux de mémoire*, porque estos lugares de memoria son imágenes, documentos u objetos del pasado que generalmente son recuerdos débiles, antes que pruebas duras. (Nora 1989: 9) A pesar de todo ello son importantes estos lugares de memoria, con todos sus aspectos materiales, simbólicos y funcionales, según Nora. En casos en que exista la voluntad de recordar tales lugares de memoria, éstos se convierten de asuntos olvidados o encubiertos del pasado, en vivos recuerdos actuales. Refrescando y alimentando la memoria, tales lugares en tanto que nudos de recuerdos, pueden llegar a ser importantes. Gracias a la voluntad humana o gracias a la labor del tiempo hasta pueden convertirse en el patrimonio memoratísimo de determinada colectividad. Una reflexión pormenorizada acerca de esta doble identidad de los lugares de memoria sería de gran interés ya que obliga al investigador a detenerse en la relación cambiada entre memoria e historia en tiempos de la modernidad.

Debido al hecho de que en la época de entreguerras la antes señalada oposición entre la memoria y la historia iba a tomar forma de manera cada vez más clara, la memoria tan sólo podía legitimarse de dos maneras: a través de la historia o a través de la literatura. Estas dos disciplinas, tajantemente separadas durante la época del modernismo llegan según Nora a confluir de nuevo durante la época del postmodernismo para alimentar consiguientemente nuevos relatos históricos. (Ibídem: 24) La supuesta muerte de 'la ideología', 'la verdad' y 'la historia' abrirá nuevos horizontes. Es por ello que, a diferencia de Halbwachs, consideraremos la memoria colectiva una parte integrante del discurso histórico, que a su vez implica tanto la historia universal como la ficción literaria (en concreto subgéneros como la novela histórica y la literatura de la memoria histórica). Esto implica también que el término 'memoria histórica', en cuanto memoria individual, biográfica, familiar o colectiva, suele ser parcial o partidista y a menudo tendrá un componente (rei)vindicativo. La memoria es individual y subjetiva, pero nunca será 'histórica' o 'colectiva' como tal. Siempre se trata del esfuerzo de un individuo o de un grupo por entroncar con su pasado, sea éste real o imaginado. En el caso de España cabe referir aquí a los debates que surgieron en los años noventa alrededor de una reconstrucción de la historia de la Guerra Civil, del Franquismo y de la Transición. Estos debates forman parte de una etapa necesaria que a lo largo llevará a la integración de muchos elementos ocultos, enterrados en la memoria histórica, dentro de la nueva historia universal que todavía queda por escribir.

Cada colectividad y cada pueblo poseen este tipo de nudos de la memoria histórica (nacional o regional), pero cada colectividad también se da cuenta de que tales lugares de memoria o íconos, que posibilitan tanto la identificación interna como externa de una comunidad, en parte no son sino construcciones. Hasta ahora nada nuevo: lo que intento aclarar con lo que antecede es que la manera en que en España, durante y después de la Guerra Civil española, se crearon unos lugares de memoria que en lugar de dar cohesión a la población, dificultaron la identificación. Tanto en el bando de los vencedores como en el campo de los perdedores de la Guerra Civil se manejó la memoria para legitimar y aclarar determinados sucesos del pasado, creando así una versión cerrada de la historia. Autores de libros de memoria o cineastas que se ocupan de temas históricos siempre tienden a pensar que son ellos los conocedores de lo que son nudos de historia y que son ellos los dominadores de los procesos que llegan a crear nuevas tradiciones y nuevos lugares de memoria. No es este el lugar para negarles ese 'derecho', pero sí quisiera subrayar que en el caso de la Guerra Civil española muchos historiadores y artistas españoles superaron a sus antecesores románticos de los tiempos en que se formaron las naciones-estado europeas, en su afán de apropiarse la historia. Desdibujando la realidad y creando mitos de buenos y malos, se comportan a menudo más como políticos interesados que como historiadores o artistas independientes. Incluso en el caso en que estos historiadores o artistas tienen la intención de dar una imagen objetiva de la historia, no es osado suponer que sus representaciones de la historia y de la cultura tengan matices ideológicos. También podríamos, siguiendo a Stuart Hall en su 'Circuit of culture', añadir que en tal caso estas representaciones, en tanto que parte de un proceso dinámico, tendrán un impacto fuerte sobre lo que suele considerarse la identidad cultural dominante de la nación. (Hall 1997: 15-28) En lo que refiere a la situación de España, sin embargo, cabría observar que esta identidad cultural dominante, a pesar de su posición hegemónica, tenía cierta dificultad a la hora de manifestar y defender esa identidad. Sin embargo, en los primeros años de la posguerra la visión del pasado se limitaba a la postura partidista de los vencedores.

Tomando en consideración primero la manera en que los seguidores triunfantes de Franco construyeron su memoria colectiva y cómo intentaron establecer a base de ello su identidad cultural, llama la atención que parecían dar prioridad a una restauración de los valores heredados de aquellos tiempos lejanos en los que España todavía era 'una, grande y libre', o sea, los tiempos de los Reyes Católicos y del gran Siglo de Oro. Para ello se fundamentaron en algunos ideólogos de derechas que ya en los años treinta habían fulminado contra los ideólogos izquierdistas de la Segunda República que habían querido terminar con toda tradición, dando preferencia a otras ideologías renovadoras y a las vanguardias internacionales. Aunque convendría observar aquí que tal visión de los hechos no sólo es maniquea, cuando no falsa (ya que la izquierda no siempre era progresista mientras que la derecha mantenía también lazos con movimientos sociales renovadores, a la vez que con movimientos de vanguardia artísticos), en los tiempos de la posguerra iba predominando la oposición entre buenos (los defensores de los valores nacionales) y malos (los traidores de estos ideales). Gracias a la guerra fría y a la postura consecuentemente anticomunista del Franquismo, el aislamiento del nuevo régimen autoritario no sería total. Pero en los libros de escuela y en la literatura oficial se ofrecía todavía la imagen de una España cerrada, con héroes y heroínas como el Cid, Cortés, Felipe Segundo, Teresa de Ávila, acompañados de héroes contemporáneos como Francisco Franco y el capitán Moscardó. Se glorificaron los tiempos de la Reconquista, la conquista de América y de la Cruzada nacional, mientras que se desprestigiaron a los enemigos, que siempre habían llegado de fuera (los moros, los anglosajones, los comunistas y masones) siendo los peores de todos ellos aquellos españoles que con ellos simpatizaron.

**La memoria visual**

Un papel importante en la formación de esta imagen de una España que, rodeada de enemigos fundamentaba un nuevo país, lo desempeñaba el *NO-DO*, que a partir de 1943 ofrecía su visión de los hechos diariamente en todos los cines. Aunque en el fondo el *NO-DO* no traía noticias importantes (excepción hecha de fútbol y toros, las actividades ceremoniosas del Caudillo y sucesos de la alta sociedad) también mostraba interés por algunos héroes del Primer Franquismo. (Rodríguez Tranche y Sánchez-Biosca 2001) Así adquirieron estos nuevos héroes un lugar estacado, no sólo en los libros escolares sino también en el dominio público, a través de nombres de calles y de plazas o a través de estatuas, convirtiéndose así en lugares de memoria apropiados. Ejemplo máximo de tal lugar de memoria será el Valle de los

caídos, un monumento gigantesco de corte fascista, que por el uso de
material (mármol, granito, hierro) emana cierta frialdad, acentuada
más todavía por sus formas rígidas y simétricas, herencia directa del
estilo renacentista y monumental de los tiempos del Imperio. En tanto
que monumento nacional conmemorativo de la Guerra Civil, y sepul-
cro de José Antonio Primo de Rivera y Francisco Franco, el Valle de
los caídos ha llegado a ser el lugar de memoria por excelencia para la
derecha española, pero, sin querer, también para la izquierda (aunque
negativamente: sólo cabría referir a los republicanos y a otros presos
políticos que fueron obligados a trabajar en su construcción). Además
de su significado polivalente, lo que quedará de este monumento para
la posteridad es su forma monumental, que no sólo alude a tiempos
clásicos, sino también al estilo fascista y nacional-socialista (heroico,
impresionante, geométrico, frío) de otros edificios franquistas. Este
estilo, que también podría denominarse jerárquico, nacional-católico y
monumental, no sólo caracterizará la arquitectura, sino también la
pintura y la literatura de aquella época.[1]

Durante los años cuarenta, sin embargo, los perdedores harían uso
de su posición de marginados para dar expresión a determinada superioridad intelectual y cultural. Aunque en un principio podían manifestar su propia identidad cultural tan sólo dentro de circuitos limitados
(exiliados, maquis y simpatizantes), con el tiempo irían conquistando
de manera progresiva una posición hegemónica. Esta nueva posición
hegemónica le permitía a la izquierda española, que había llegado al
poder durante los tiempos de la Transición, para no cederlo hasta
1996, propagar una total libertad artística, sin siquiera sentir la necesidad de criticar estilos ya caducados. La nueva identidad cultural española, tal como se empezó a manifestar durante los años de la Movida,
ya no se dirigía en contra de algo, sino que propagaba un eclecticismo
de corte posmoderno. También en la política a partir de 1975 apenas
se sentía la necesidad de remover el pasado doloroso ni de reclamar
justicia, castigando a los culpables de la dictadura o memorizando a
los desaparecidos, los muertos anónimos y todas las otras víctimas del
Franquismo. Como es sabido, tan solo a finales de los años noventa
nacería un movimiento reivindicativo, impulsado sobre todo por los
nietos de los que habían sufrido las consecuencias de la Guerra Civil.
La reacción de la derecha española, que se manifestó en un principio a
través de ultraderechistas como Pío Moa, criticando los mitos y los
dogmas de la izquierda, dominantes en la política cultural española de

aquel entonces, sería difundida por un gran sector de la prensa española a partir de 2004, reabriendo con ello de nuevo la brecha que había dividido al pueblo español en los años treinta.

## *Soldados de Salamina*

El estilo dominante de los años cuarenta y cincuenta, propagado ya desde los años treinta por escritores e ideólogos como Eugenio D'Ors, Ernesto Jiménez Caballero, Eugenio Montes y Gonzalo Torrente Ballester caracteriza también los escritos periodísticos y en menor medida los escritos literarios de Rafael Sánchez Mazas. Pero ninguno de sus libros (ni de ningún otro colega de generación) llegaría a ser una especie de 'lugar de memoria' como *La regenta* de Clarín o *La colmena* de Camilo José Cela. Nadie mejor que el propio Rafael Sánchez Mazas se habrá dado cuenta, al final de su vida, que la distancia que mide entre el triunfo y el fracaso, entre la vida y la muerte, es muy relativa. Al comparar las dos citas al comienzo de este artículo el lector podrá sacar la conclusión de que también la lucha por unos ideales es muy relativa. Esto parece ser también la conclusión a que llega al final de su vida Antoni Miralles, en tanto que republicano, el alter ego de Sánchez Mazas. Reflexionando sobre esta actitud, un tanto posmodernista y típica de los años noventa, concluye el narrador Javier Cercas al final de la novela:

> Pensé: "Se acuerda por lo mismo que yo me acuerdo de mi padre y Ferlosio del suyo y Miquel Aguirre del suyo y Jaume Figueras del suyo y Bolaño de sus amigos latinoamericanos, todos soldados muertos en guerras de antemano perdidas: se acuerda porque, aunque hace sesenta años que fallecieron, todavía no están muertos, precisamente porque él se acuerda de ellos. [...]" (Cercas 2001: 201)

Con otras palabras: lo que cuenta no es el triunfo o la pérdida, ni el heroísmo, sino la memoria (individual o colectiva) que en este caso ha sido confiada al papel.

Al parecer, la novela ha tenido gran éxito en España, aunque más por las ventas que por los premios recibidos. La prensa era casi unánime en sus elogios. Limitémonos a tan sólo un sector de la prensa española: "Una novela, en fin, realmente memorable y escrita con ambición de perdurar" (Luis García Jambrina en Abc Cultural); "Una novela que figurará entre las mejores publicadas en este comienzo de siglo"( Ricardo Senabre en El Mundo); "De entre las emociones más profundas que un lector puede tener, y que este crítico ha tenido en los últimos años" (José María Pozuelo Yvancos en Abc). Nunca sabremos si la acogida tres años más tarde hubiera sido igual de favorable, pero en marzo del año 2001 apenas había disonancia. Mi primera impresión de lector holandés, sin embargo, no era tan positiva y me extrañaba su éxito. No me gustaba el estilo ligero, entre periodístico y seudo reflexivo; no me parecía muy sincera la vindicación de Rafael Sánchez Mazas, y no me convencía para nada la escasa verosimilitud de la tercera parte: ¿Cómo va un viejo cínico cualquiera haber sido el miliciano anónimo de la mirada alegre que le salvaba la vida al escritor falangista? Tan sólo una segunda lectura, a que me 'obligaron' los estudiantes, ansiosos de comentar en clase precisamente esta novela, me convenció de su gran calidad. Después de esta segunda lectura comprendí que la ligereza de la novela es engañosa y que tanto la estructura como las partes reflexivas obedecen a un plan bien meditado y muy equilibrado.

En la primera parte, un joven periodista y frustrado escritor, Javier Cercas, escribe un artículo sobre el falangista Rafael Sánchez Mazas, escapado del pelotón de fusilamiento en 1939 y Antonio Machado, el poeta republicano muerto en el exilio, también en 1939. A través del historiador Aguirre conoce a los sobrevivientes de 'los amigos del bosque', que le ayudaron a Sánchez Mazas a mantenerse en vida. El personaje y (anti)héroe Javier Cercas alterna sus narraciones en primera persona con descripciones. El estilo es un relato real (periodismo más reflexiones metaliterarias). Así, por ejemplo, el periodista (y novelista) se defiende ante la crítica de querer dedicarle un libro a Sánchez Mazas:

> Algunos ingenuos, como algunos guardianes de la ortodoxia de izquierdas, y también algunos necios, denunciaron que vindicar a un escritor falangista era vindicar (o preparar el terreno para vindicar) el falangismo. La verdad era exactamente la contraria: vindicar a un escritor falangista era sólo vindicar a un escritor; o más exactamente: era vindicarse a sí mismos como escritores vindicando a un buen escritor. (Cercas 2001: 22)

El protagonista y (anti)héroe de la segunda parte es Rafael Sánchez Mazas. El narrador, Javier Cercas reconstruye en tercera persona la vida y obra de Sánchez Mazas y llega a la conclusión de que éste tres veces salvó el pellejo: primero escapando del pelotón de fusilamiento,

segundo al no ser delatado por el soldado republicano risueño, y terce-
ro al ser ayudado por 'los amigos del bosque'. En la cita que sigue a
continuación Sánchez Mazas éste le informa a Angelats, uno de 'los
amigos del bosque', sobre el miliciano que le salvó la vida:

> Era muy joven, oyó Angelats que decía Sánchez Mazas. De tu edad o quizá
> más joven, aunque tenía una expresión y unos rasgos de adulto. Por un
> momento, mientras me miraba, creí que sabía quién era; ahora estoy seguro de
> saberlo. [...] mientras nosotros paseábamos por el jardín él siempre estaba
> sentado en un banco y tarareando algo, canciones de moda y cosas así, y una
> tarde se levantó del banco y se puso a cantar *Suspiros de España*. (Cercas
> 2001: 120-121)

El estilo pasa de ser un relato real a un relato ficticio. En el fondo se
nos sugiere que estemos leyendo el libro *Soldados de Salamina* que
Sánchez Mazas les hubiera prometido escribir sobre lo sucedido a 'los
amigos del bosque'.

En la tercera parte el protagonista es Antoni Miralles. Este (anti)héroe por excelencia faltaba, por supuesto, en lo que iba a ser el
libro *Soldados de Salamina* de Sánchez Mazas, pero ocupa un lugar
preeminente en el *Soldados de Salamina* de Cercas. En la búsqueda de
éste del soldado republicano anónimo que le hubiera salvado la vida al
real Sánchez Mazas, el escritor chileno Roberto Bolaño le pone entre
muchas dudas en la pista del excombatiente Antoni Miralles: "El
Miralles real te decepcionaría: mejor invéntatelo: seguro que el inventado es más real que el real". (Cercas 2001: 170) Aunque Miralles
diga que no, Cercas hace intentos de hacernos creer que el joven miliciano de la mirada alegre y el viejo excombatiente sean la misma
persona: Sánchez Mazas había visto al primero bailar a solas el pasodoble *Suspiros de España*, mientras que Bolaño le había visto bailar al
segundo ese mismo pasodoble con una amiga suya (cfr. Cercas 2001:
204). En esta tercera parte Cercas hace de personaje (como en la primera parte) a la vez que de narrador (como en la segunda parte) osci-
lando el estilo entre un relato real y un relato ficticio.

Gracias a esta sucesión de estilos y de instancias narrativas la novela adquiere una estructura dialéctica, con dos protagonistas antagónicos, evocados y narrados por el personaje y protagonista Javier
Cercas. Mientras que en la primera parte había predominado el relato
real y en la segunda el relato ficticio, en la tercera confluyen estos dos
estilos, como si fuera para indicar con ello que los dos protagonistas

antagónicos no son sino un personaje desdoblado. De Sánchez Mazas, persona real, ideólogo falangista y escritor talentoso tan sólo nos quedan recuerdos vagos, mientras que de Antoni Miralles, personaje ficticio (¿reencarnación del joven miliciano?), ex soldado republicano y luego hombre de la resistencia sólo nos quedan vagas suposiciones. Tales vagas suposiciones parecen bastarle a Miralles: no le interesan la fama ni el heroísmo. A Cercas se le abren los ojos cuando Bolaño le cuenta que una de las películas favoritas de Miralles era *Fat City* de John Huston:

> Es curioso: en casi todas la películas de boxeadores lo que se cuenta es la ascensión y caída del protagonista, de cómo alcanza el éxito y luego llega al fracaso y al olvido; aquí no: en *Fat City* ninguno de los dos protagonistas – un viejo boxeador y un boxeador joven – vislumbra siquiera la posibilidad de éxito, ni ninguno de los que los rodean, [...] (Cercas 2001: 178).

Esta actitud cínica de Miralles le sirve a Cercas para comprender su papel, su tarea. Él tiene la posibilidad de rescatar a los que nunca parecían tener la posibilidad de éxito. Concediéndole el nombre de Antoni Miralles al miliciano anónimo (que le había salvado la vida a Sánchez Mazas) no caerá en el olvido. El narrador se da cuenta de que él dispone de las armas para evitar que el miliciano anónimo (¿Miralles?) y Sánchez Mazas terminen como los soldados (anónimos) de Salamina. En ambos casos es la memoria histórica la que les salva; es la palabra de la literatura la que les hace (re)vivir. Esta palabra, puesta en boca de un tercer personaje, el periodista Javier Cercas, nos concede a nosotros, lectores de la novela *Soldados de Salamina* del autor Javier Cercas, la posibilidad de emprender esta tarea de darles vida, de compararlas y de sacar conclusiones. Es como dice el periodista Cercas, llegado al final de la novela:

> [...] aunque en ningún lugar de ninguna ciudad de ninguna mierda de país fuera a haber nunca una calle que llevara el nombre de Miralles, mientras yo contase su historia Miralles seguiría de algún modo viviendo [...] hablaría de Miralles y de todos ellos, sin dejarme a ninguno, y por supuesto de los hermanos Figueras y de Angelats y de María Ferré, y también de mi padre y hasta de los jóvenes latinoamericanos de Bolaño, pero sobre todo de Sánchez Mazas y de ese pelotón de soldados que a ultima hora siempre ha salvado la civilización y en el que no mereció militar Sánchez Mazas y sí Miralles, de esos momento inconcebibles en que toda la civilización pende de un solo hombre y de ese hombre y de la paga que la civilización reserva a ese hombre. Vi mi libro entero y verdadero, mi relato real completo, y supe que ya sólo

tenía que escribirlo, pasarlo a limpio, porque estaba en mi cabeza desde el principio ("Fue en el verano de 1994, hace ahora más de seis años, cuando oí hablar de por primera vez del fusilamiento de Rafael Sánchez Mazas") hasta el final, [...] (Cercas 2001: 208-209.

Huelga añadir que las palabras entrecomilladas son las mismas palabras con las que inicia la novela, como si fuera para subrayar así una vez más el elemento cíclico de esta aventura novelesca, cuyo resultado tiene en sus manos el lector (dispuesto o no a releerla). A lo largo, y a nivel universal, puede que ya no importe la identidad individual de algún héroe, pero de momento sí que importa.

Estos comentarios nos llevan a tres conclusiones. La primera es que los protagonistas antagónicos de la novela (Sánchez Mazas y Miralles) son (anti)héroes desdoblados, rescatados del olvido por la memoria histórica. Lo mismo sirve para su creador, el periodista Javier Cercas, quien a otro nivel es también autor (implícito) de esta novela. Su protagonismo final le hace sacar la conclusión de que el conocido escritor y falangista Rafael Sánchez Mazas ha sido prácticamente olvidado, pero que el miliciano anónimo que le salvó la vida no se merece caer en un mismo olvido. El personaje Cercas, que al principio de la novela había sentido cierto desinterés por esa lejana Guerra Civil, se va interesando poco a poco por los personajes a los que da vida, teniendo al parecer una ligera preferencia por el personaje Miralles. En su estudio agudo y muy recomendado de esta novela, Ana Luengo va todavía más lejos al afirmar que el personaje de Miralles, admirado por Cercas, no es tan inconsciente, ya que en algún momento afirma que deberían haberlo fusilado a Sánchez Mazas mucho antes: "si lo hubieran liquidado a tiempo, a él y a unos cuantos como él, quizá nos hubiéramos ahorrado la guerra" (Cercas 2001: 192). Pero en este aspecto Luengo se equivoca, ya que a nuestro parecer el personaje de Miralles no es sino el aparente polo opuesto de Sánchez Mazas (en tanto que representantes de los dos bandos beligerantes). Tan sólo para el personaje Cercas existe una asimilación completa entre el personaje Miralles y el personaje del soldado anónimo que salva a Sánchez Mazas. (Luengo 2004: 251-252) Para el autor (real) Cercas y para el lector de su novela no existe tal confusión ya que el soldado anónimo tan sólo a nivel ficticio se asemeja a Miralles. El soldado anónimo –el que salva en lugar de quitar la vida– es el único verdadero héroe, ya que al actuar así éste se opone al soldado del que habían soñado José Antonio, Sánchez Mazas, y quizá también

Antoni Miralles: "A última hora siempre ha sido un pelotón de soldados el que ha salvado la civilización". (Cercas 2001: 38 y 195)

Las pérdidas que el personaje Cercas sufre al comienzo de la novela urgen la búsqueda de sustitutos: "Tres cosas acababan de ocurrirme por entonces: la primera es que mi padre había muerto; la segunda es que mi mujer me había abandonado; la tercera es que yo había abandonado mi carrera de escritor". (Ibídem: 17) Estos sustitutos serán respectivamente Sánchez Mazas/ Miralles (una especie de *Vatersucher Leit-motiv*); su novia Conchi y la novela que estamos leyendo. Pero son sustitutos falsos, ya que los dos protagonistas antagónicos no existen sino como recuerdos (Ibídem: 201 y 208) mientras que Conchi –la única mujer de alguna relevancia– es presentada como erotómana y cursi, cuando no tonta: piensa que un prehistoriador es alguien que no ha terminado la carrera (Ibídem: 46) o que sería más interesante escribir sobre un buenísimo escritor rojo como García Lorca que sobre un facha. (Ibídem: 69) Es evidente (pensemos nada más que en su nombre Conchi) que ella no corresponde a la mujer 'políticamente correcta', sino que a una mujer estereotipada, servil, sexy y fuerte a la vez, sueño de muchos hombres.[2] Por su actitud y profesión de pitonisa sirve de contrapunto cómico (adivinando el futuro) al personaje Cercas, que rastrea en el pasado y abusa de ella. En este sentido el novelista Cercas adopta una postura irónica y posmodernista ante su personaje Cercas (uno de esos muchos hombres...).[3] Una parecida actitud la adopta el novelista al intercalar referencias a dos novelas de Roberto Bolaño (a saber *La pista del hielo* (1993) y *Estrella distante* (1996) que distan mucho de ser plagio. No son sino citas intertextuales que sirven para completar el juego irónico que hacen ambos autores con la ficción y la realidad. Ambos están convencidos de que 'la realidad' no existe y que solo podrá ser encontrada o evocada a través de palabras, o sea en la ficción. Esto significa que al tercer sustituto buscado en esta novela (¡su realización!) también habrá que interpretarlo con mucha cautela, y quizá incluso con cinismo (un éxito inesperado).

La tercera conclusión a que hemos llegado es que la estructura tripartita de la novela es esencial para su comprensión. El personaje Cercas, es al igual que Sánchez Mazas y Miralles, un héroe de papel. La síntesis que se construye gracias a los dos personajes antagónicos, se prepara minuciosamente en la primera parte. El narrador Cercas necesita de los tres personajes para poder contar una historia coherente. En esta historia el número tres desempeña un papel especial. Así, después de haber emprendido su búsqueda de tres sustitutos hay tres escritores que le ayudan al periodista Cercas a reconstruir la vida de Sánchez Mazas: Jesús Pascual Aguilar, autor del libro *Yo fui asesinado por los rojos* (Cercas 2001: 27), Rafael Sánchez Ferlosio, hijo de Rafael Sánchez Mazas y autor de *El Jarama* (ibídem: 18) y, claro está, Roberto Bolaño (en la tercera parte). Pero hay también otros ejemplos: como reacción a su artículo sobre Machado y Sánchez Mazas recibe tres cartas (ibídem: 27); Conchi es la tercera novia después de la separación de su mujer (ibídem: 45); en Cataluña se encuentra con los tres 'amigos del bosque', etc. Gracias a esta estructura el personaje Cercas, hombre de la actualidad, se convierte en el verdadero protagonista de la novela. En realidad, esta novela no trata de la remota batalla de Salamina, sino de otra batalla del pasado, la Guerra Civil española, que como consecuencia de su reescritura, adquiere nuevas dimensiones para la memoria histórica actual.

## Cine y literatura

Desde los inicios del cine mudo, siempre han existido lazos íntimos entre la cinematografía y la literatura españolas. Pensemos en los datos aportados por Antonio Jaime en su *Literatura y cine en España* (2000) o en los muy variados estudios sobre la relación entre el cine y otros géneros como la novela, la poesía, el teatro o la pintura. A pesar de los muchos, y muy a menudo muy convincentes, intentos de parte del cine de deshacerse de esta vinculación con la literatura, especialmente con la novela y el teatro en tanto que 'padres naturales', siempre quedaron visibles estos lazos. Durante la época de las vanguardias tradicionales esta dependencia se transformó lentamente en una interdependencia, pero sin conseguir hacer desaparecer por completo la rivalidad entre estas dos formas de representación. Cosa lógica, porque a pesar de las diferencias más obvias (como el predominio de lo verbal en un caso, y lo visual en el otro) los dos discursos se asemejan en cuanto a la narratividad (generalmente la narración de una historia ficticia) y la psicología de unos personajes (que habitualmente entran en conflicto con su entorno o consigo mismos). No obstante, aunque tanto la literatura como el cine lleguen a representar una historia, será evidente que sus medios son bastante diferentes (el estudio de los elementos diegéticos: modo, voz y tiempo en un caso, y el estudio de las técnicas temporales y espaciales utilizadas en tomas, planos y secuencias en el otro).

Además, la identificación por parte del lector/espectador con los personajes ofrece diferencias. Mientras que en la novela o el cuento esta identificación se consigue a través del punto de vista presentado en la fábula (el narrador, el personaje, la voz); el estilo y el tono creados por su autor; en la película la identificación depende de la puesta en escena del texto original y del montaje, inclusive el sonido y la iluminación. Una comparación de los dos medios siempre es interesante, y gana en interés cuando se trata de la comparación entre una película y su fuente de inspiración literaria. Con el peligro de exagerar las diferencias se podría considerar en tal caso la interpretación de una novela o un cuento como una experiencia puramente individual: el lector ha de ser activo y casi 'omnisciente' a la hora de disfrutar de un relato. Aquí influye también el hecho de que en la literatura la reconstrucción de la fábula es lenta, compleja y simultánea: palabras, frases, párrafos y capítulos se presentan al lector, apelando a su memoria y su inteligencia para que éste construya sus propias imágenes a base de palabras y para que dé sentido al conjunto del texto. En el cine esta reconstrucción es más rápida, más simple y más directa, ya que ocurre consecutivamente: el espectador mira las tomas, los planos y las secuencias sin posibles pausas: las imágenes le llegan en directo, casi prefabricadas. La interpretación de lo que ve y escucha de manera consecutiva será por ello menos individualista y más pasiva, ya que la cámara y el montaje dirigen y determinan su atención. (Jaime 2000: 56-61) Por esta misma razón la identificación del espectador con un personaje será más intensa, tanto más porque el espectador está consciente del hecho de que detrás del personaje (su carácter) hay un papel (desempeñado por este personaje) y de que detrás de este papel hay un actor (de carne y hueso) que lo interpreta. Esta combinación de factores, si bien pensada y bien realizada, puede llevar a una identificación total con el héroe o la heroína de la pantalla. En la literatura, sin embargo, el escritor se dirige casi directamente al lector, apelando a su memoria, su inteligencia o su imaginación. El lector determina el grado de identificación. En el cine esto ocurre a través de la colaboración entre (a veces el escritor), el guionista y el director y los responsables del montaje. Es un ataque trilateral, del que el espectador difícilmente escapa.

## Una comparación

En el caso de *Soldados de Salamina* la colaboración entre el autor de
la novela (Cercas) y el responsable de su adaptación en forma de
guión y película (David Trueba) ha sido muy estrecha. Para un investigador la disponibilidad de material sobre el tema estudiado siempre
ayuda. Al hacer una comparación entre la novela *Soldados de Salamina* (2001) de Javier Cercas y la película homónima (2002) de David
Trueba abunda el material: de ambas versiones existen críticas y rese-
ñas, y hasta se publicaron en forma de libro el guión de Trueba, con
un prólogo de Cercas (Trueba 2003) y *Diálogos de Salamina*, una
extensa entrevista a ambos artistas realizada por Luis Alegre (2003).
En ambas publicaciones los artistas y amigos reconocen, dándose
cuenta de lo que se dice en el párrafo anterior, que el cine y la novela
se sirven de dos lenguajes diferentes y que solo traicionando la película podrá ser fiel a la novela. En lo que sigue no acentuaremos los
muchos detalles logrados, como por ejemplo la visualización inteligente de material textual; la a veces lúdica mezcla de ficción y realidad y la rica alternancia de material histórico con material contemporáneo, a través de colores, fundidos, enlaces temáticos o sonoros.
También muy impresionante es el recorrido de Cercas por el bosque
del Collell en busca de pistas del pasado: las imágenes de los lugares
donde tuvieron lugar los sucesos de 1939, descritos primero por la
novela y visualizados luego por las personas reales y ficticias que
salen en el film, producen además de escalofríos, nuevos lugares de
memoria. Para otros elementos logrados remito al lector al prólogo del
guión de Trueba y al hermosamente editado libro de Alegre. Aquí
convendría detenernos brevemente en algunos aspectos estrechamente
entrelazados, a mi modo de ver menos logrados, en la película.

    Tal como observa el propio David Trueba: "Hay que insistir en que
la adaptación es una de las muchas lecturas posibles." (Alegre 2003:
205) Pues, efectivamente, la lectura que ha hecho Trueba de la novela
parte de una identificación casi total del espectador con quien el director considera protagonista de la novela: Javier Cercas. Tanto la posición de la cámara como el punto de vista de la narración están enfoca-
dos en la manera de ver y hacer las cosas de este personaje. La consecuencia de esta actitud es que el espectador apenas podrá identificarse
con la manera de pensar de los otros protagonistas: Sánchez Mazas y
Miralles. Estos dos personajes, que antes habíamos llamado "protago-

nistas antagónicas" y "(anti)héroes desdoblados" siguen siendo hombres con opiniones políticas diferentes, pero ya no son los héroes sin salida de una tragedia griega. Se reducen a sobrevivientes de un lejano pasado que le sirven al verdadero protagonista (Cercas) para poder llevar a cabo su mensaje heroico de arreglar su vida personal y de terminar con los fantasmas del pasado. Para el desarrollo de la película Sánchez Mazas y Miralles no son más importantes que Gastón (interpretado en la película por el actor mexicano Diego Luna). Consecuencia de todo ello es que uno de los puntos más fuertes de la novela: su estructura tripartita, apenas será visible en la película. Con alguna buena voluntad se podría hacer iniciar la segunda parte con la secuencia en que Cercas llena de tinta el cargador de su pluma y se pone a escribir: "La primera vez que oí hablar del fusilamiento de Rafael Sánchez Mazas..." (0:39 min.) y la tercera parte con la secuencia en que Cercas y Conchi ven en la tele cómo un joven anónimo salva heroicamente a tres personas de un edifico en llamas (1:10 min.), pero en realidad los límites no quedan muy claros.

Un segundo aspecto menos logrado de la película nos parece la sustitución del protagonista masculino por una mujer, Lola Cercas (interpretada por Ariadna Gil). Claro, por el apellido el espectador podrá (hasta sin conocer la novela) seguir asociando a la protagonista con el escritor de la novela. Y también se podría justificar este cambio por la posibilidad que así se obtiene de explotar más a fondo el *Vatersucher Leit-motiv*. Lola se ocupa de su padre enfermo, como luego se ocupará de las necesidades de Miralles. En este segundo caso esto da lugar a una ligera tensión sexual que había faltado en la novela. También la búsqueda de una protagonista femenina, a solas por los bosques de el Collell, podría tener visual, gráfica y emocionalmente más valor que una misma búsqueda realizada por un protagonista masculino (cfr. Alegre 2003: 92-93). Pero también se podría argumentar en su contra que la introducción de una protagonista femenina no sirve a más que para meter más tensión en la película, haciéndola así más atractiva para un gran público. Además, así el director puede contrarrestar las críticas que había tenido la novela dentro de ciertos circuitos feministas por la ausencia de personajes femeninos, siendo la única mujer de alguna importancia, Conchi, una chica más bien tonta. En la película Conchi es lesbiana; una mujer fuerte y con un buen sentido de humor. Le confiesa su amor a Lola. En una secuencia entre Lola y Conchi (que no está en la novela, por supuesto) Lola se arrepiente de haberla rechazado, llamándola a su programa de televisión, fingiendo ser otra, le pide perdón y le ofrece su amistad. También falta en la novela la ligera tensión erótica entre el alumno mexicano Gastón y su profesora, Lola. Gastón hace en la película de Roberto Bolaño. La introducción de este escritor en la novela (bajo su real nombre) había sido para el autor de la novela el motivo para proporcionarle al narrador su propio apellido (Cercas). Así, los encuentros entre ambos escritores reales y sus comentarios metaliterarios parecerían más verosímiles. Es evidente que esta 'necesidad' desaparecía en la película, en la cual no podía figurar Roberto Bolaño. Su sustitución por un personaje ficticio (Gastón) abría la posibilidad de hacer también más ficticio al narrador, y hasta convertirlo en mujer. Pero lo que con este recurso se gane en tensión y en sentimentalidad, se pierde en profundidad. La mezcla complicada de ficción y realidad que tanto caracterizaba la novela y que permitía una lectura activa, llena de ironía posmodernista, se convierte en el film en una distinción casi unívoca entre lo ficticio y lo real. En el caso de Sánchez Mazas la reconstrucción de su vida y muerte va acompañada de material de archivo y de testimonios reales (entrevistas a tres sobrevivientes de 'los amigos del bosque' y a Chicho Sánchez Ferlosio); en el caso de Miralles el elemento 'real' se reduce al uso de algún material audiovisual (aparentemente falso).[4] La consecuencia de todo ello es que en la película la ficción, al final, triunfa definitivamente sobre la realidad, y la invención sobre la memoria, mientras que en la novela se había conseguido una progresiva ficcionalización de la historia (segunda parte) a la vez que una progresiva historización de la ficción (tercera parte).

Un tercer aspecto menos logrado me parece la falta de polivalencia en la película. Mientras que en la novela el lector se siente prácticamente obligado a reflexionar sobre su propia postura política (a raíz de la comparación entre los dos protagonistas antagónicos), en la película la protagonista femenina adopta una postura casi neutra. En la película, donde la voz del narrador prácticamente ha desaparecido, ya no se nota la antipatía que el narrador había expresado con respecto a las ideas políticas del escritor falangista, ni se nota la resignación, la falta de combatividad que caracteriza al viejo republicano. Los dos (anti)héroes desdoblados ya no son personajes polifacéticos, sino tipos. Sánchez Mazas es antes que nada el ideólogo y escritor ahora prácticamente olvidado, mientras que Miralles es un viejo resentido que se queja del olvido injusto en que ha caído su generación. A pesar del mucho y rico material utilizado para sacarles vida (documentos audio-visuales de la época; documentación textual, biográfica e histórica; testimonios orales; material visual de archivo, auténtico y adaptado) no pasan de ser personajes secundarios y planos. Todo el énfasis cae en la protagonista que en la última secuencia revisa su bolso y lee la tarjeta de Conchi, que decía: "Si quieres conocer tu futuro, llámame", para luego ponerse a escribir: "La primera vez que oí hablar del fusilamiento de Sánchez Mazas yo sólo era una escritora que no escribía". La película ofrece una imagen muy fresca de cómo la periodista Cercas rastrea el pasado y se reconcilia con su futuro, pero no ahonda en la verdadera tragedia de hombres como Sánchez Mazas o Miralles. Presenta cómo la protagonista 'resuelve' el tema tan en boga de la memoria histórica, pero no obliga a seguir reflexionando. La película acaricia, donde la novela hiere. Pequeña prueba de esta concesión a la comercialidad es que la película incluso ha tenido una acogida favorable en la prensa extrema derecha. Un autor anónimo escribe el Sitio Web de la Falange:

> Otro aspecto superado con maestría es la absurda tercera parte del libro. En las dos primeras, Cercas hacía una declaración de intenciones (se le plantea el tema de la investigación) y ponía los medios para lograr su objetivo (buscando y consiguiendo la información necesaria), mientras que en la tercera se inventaba a un miliciano con objeto de mostrar a un verdadero soldado frente al mediocre escritor, a la pusilánime persona y demás lindezas que, en forma de epítetos, acompañaban al autor de *Fundación, Hermandad y Destino*. En la película, el miliciano es un personaje más, no es el contrapunto de nadie y, simplemente, representa una de las caras de la contienda civil; cuando dice "no me diga que el mundo no iría mejor con unos cuantos falangistas menos", es la opinión de un comunista la que aflora; no hiere porque es lo que se espera de él. (Falange Española Independiente).

## Conclusión

La adaptación de Trueba de la novela de Cercas es el resultado de una lectura enfocada en la visualización de las peripecias del personaje Cercas, más que de los otros personajes. La sustitución de este personaje masculino por una protagonista femenina conlleva unos cambios que disminuyen la polivalencia que caracterizaba la novela, a favor de un mensaje unívoco, aunque con una tensión erótica ausente en la novela. La casi despolitización de los personajes de Sánchez Mazas y Miralles parece ser realizada como concesión al gusto de un público más amplio, pero su efecto es a la vez que la fuerza motriz de la novela (la revitalización de la memoria histórica) se vuelve anecdótica y políticamente demasiado correcta.

## Notas

[1]　En otro artículo trato de establecer una relación entre este estilo monumental y el estilo que caracteriza el auto sacramental *El casamiento engañoso* de Gonzalo Torrente Ballester (1941). (Hermans 2005)

[2]　Una lectura feminista, deconstructivista de esta novela es presentada por Eva Antón (2006).

[3]　Llama la atención que el propio autor declara que Conchi no sólo es el contrapunto cómico del personaje Cercas, y una persona generosísima, sino también "una persona muy inteligente, de ese tipo de personas que son inteligentísimas y no lo parecen". (Alegre 2003: 101-105) Pues, no lo parece.

[4]　Para un estudio pormenorizado de los límites entre ficción e historia y entre ficción y realidad remito al lector a un artículo de Pascale Thibaudeau (2006). Sobre todo interesa su análisis agudo de las (nueve) secuencias de testimonios reales al comienzo de la película.

## Bibliografía

Alegre, Luis. 2003. *Diálogos de Salamina. Un paseo por el cine y la literatura.* Edición a cargo de Luis Alegre. Fotografías de David Airob. Barcelona: Tusquets Editores.

Antón, Eva. 2006. '*Soldados de Salamina*. Guerra y sexismo: otro ejemplo narrativo de la reacción patriarcal'. En línea en: <http://www.nodo50.org/mujeresred/cultura/soldados_de_salamina.html> Consultado el 16 de marzo.

Armengou, Montse y Ricard Belis. 2004. *Las fosas del silencio. ¿Hay un Holocausto español?* Barcelona: Plaza & Janés.

Cercas, Javier. 2001. *Soldados de Salamina.* Barcelona: Tusquets Editores.

Collard, Patrick (ed.). 1997. *La memoria histórica en las letras hispánicas contemporáneas.* Ginebra: Librairie DROZ S.A.

Falange Española Independiente. 2006. 'Soldados de Salamina'. En línea en: <http://www.e-falange.com/fei/documentos/Soldados$20de%Salamina.html> Consultado el 16 de marzo.

García Jambrina, Luis. 2004. 'La recuperación de la memoria histórica en tres novelas españolas'. *Iberoamericana* IV, 15: 143-154.

Halbwachs, Maurice. 1991. *Het collectief geheugen.* Lovaina/Amersfoort: ACCO.

Hall, Stuart. 1997. *Representation. Cultural Representations and Signifying Practices.* London: SAGE Publications.

Hermans, Hub. 2005. 'Krieg, Gedächtnis und Geschichtsverfälschung. Der Spanische Bürgerkrieg'. En: Wara Wende (red.), *Krieg und Gedächtnis*. Würzburg: Königshausen & Neumann: 42-57.
Jaime, Antonio. 2000. *Literatura y cine en España (1975-1995)*. Madrid: Cátedra.
Juliá, Santos (coord.). 1999. *Víctimas de la guerra civil*. Madrid: Editorial Temas de hoy.
Juliá, Santos (coord.). 2006. *Memoria de la guerra y del franquismo*. Madrid: Taurus.
Luengo, Ana. 2004. *La encrucijada de la memoria. La memoria colectiva de la guerra civil española en la novela contemporánea*. Frankfurt: Vervuert.
Nora, Pierre. 1989. 'Between Memory and History: Les Lieux de Mémoire'. En: *Representations* 26: 7-25.
Preston, Paul. 1998. *Las tres Españas del 36*. Barcelona: Plaza & Janés.
Rodríguez Puértolas, Julio. 1986. *Literatura fascista española,* vol. I *Historia*. Madrid: Ediciones Akal.
Rodríguez Tranche, Rafael y Vicente Sánchez-Biosca. 2001. *NO-DO. El tiempo y la memoria*. Madrid: Cátedra/Filmoteca Española.
Sánchez-Biosca, Vicente. 2001. *NO-DO. El tiempo y la memoria*. Barcelona: Cátedra.
Satorras Pons, Alícia. 2003. '*Soldados de Salamina* de Javier Cercas, reflexiones sobre los héroes'. *Revista Hispánica Moderna* LVI, 1: 227-245.
Stepnisky, Jeffrey. 2005. 'Global Memory and the Rhytm of Life'. *American behavioral Scientist* 48, 10, 1338-1402.
Thibaudeau, Pascale. 2006. 'L'archive et la trace dans *Soldados de Salamina*'. En: Georges Tyras (red.), *La trace (2)*, revue *Tigre* , Grenoble: 81-94.
Trueba, David. 2002. *Soldados de Salamina*. DVD
—. 2003. *Soldados de Salamina. Basado en la novela de Javier Cercas*. Madrid: Plot Ediciones.
Winter, Ulrich. 2006. *Lugares de mmeoria de la Guerra Civil y el franquismo. Representaciones literarias y visuales*. Frankfurt am Main/Madrid: Vervuert/Iberoamericana.

# 'Coreografías-monumentales' en *La niña de tus ojos* (1998) de Fernando Trueba

## Pietsie Feenstra

La comedia *La niña de tus ojos* de Fernando Trueba se inspira en la versión de Carmen, la de Triana de 1938, dirigida por Florián Rey. Estamos ante la mirada de Fernando Trueba sobre los años treinta, con la Guerra Civil como telón de fondo, y ante una actualización del mito de Carmen con imágenes de los años noventa. Justamente, las figuras mitológicas permiten volver a los orígenes, para explicar el imaginario sobre tiempos pasados en períodos posteriores: esta Carmen representa el patrimonio cultural de España dentro de la memoria cinematográfica y permite conmemorar en el presente, acontecimientos fundamentales en un tono ligero. Trueba nos invita a acompañarle en este viaje histórico.

En la película *La niña de tus ojos,* las referencias a dos períodos históricos se mezclan creando de esta manera un 'acto-memorial' a través de las imágenes. La historia que recrea el mito de Carmen permite viajar por el tiempo. Para analizar este proceso, se deben plantear varias cuestiones. ¿De qué manera la actualización del mito de Carmen ilustra el lenguaje de la rememoración? ¿Y cómo precisamente esta figura mitológica 'española' permite resucitar el período de la Guerra Civil gracias a la memoria cinematográfica, inscribiendo además el conflicto español dentro de un contexto internacional?

### La Carmen de Fernando Trueba

El mito de Carmen ha sido adaptado ya muchas veces en los cines nacionales. La historia del mito cuyo origen se encuentra en la famosa novela francesa de Prosper Mérimée de 1845 es conocida en todo el mundo. El escritor francés descubre a Carmen en el sur de España a través de José quien recuerda la historia de amor que ha vivido con ella. Así la novela nos presenta a Carmen, gitana y andaluza. Con ella conocemos la vida amorosa de la *femme fatale*, que tiene varios amantes y los deja cuando a ella le apetece. La mirada francesa del siglo diecinueve ha creado el mito en 1845, pero ese mito ha sido engrandecido y popularizado en la famosa ópera de Bizet treinta años más tarde. Estas dos fuentes originales del siglo diecinueve sobre la mujer española han creado el fenómeno desde el interior de la cultura ancestral. Un fenómeno que se exporta más tarde y atraviesa fronteras, aterrizando en diversos imaginarios.

Foto 1: Penélope Cruz como Macarena Granada

Ya existen muchas investigaciones sobre este tema, pero, quizá precisamente por ello, sus diferentes interpretaciones y sus actualizaciones permiten analizar nuevas versiones culturales.[1] El proceso de crear nuevas adaptaciones nos explica al mismo tiempo el mito y la cultura en que esta historia se construye de nuevo. En las múltiples adaptaciones cinematográficas, el tema recurrente es la *femme fatale*, que destruye a sus amantes abandonándoles cuando se aburre de ellos. El nombre de la víctima es José, (el nombre más corriente que existe, para indicar que eso le suele pasar a cualquiera). Todos estos hombres se convierten en víctimas propiciatorias a causa de la fuerza diabólica de esta mujer, porque se vuelven casi siempre locos, pierden la razón, matan o terminan en la delincuencia, cuando Carmen se enamora de otro hombre: habitualmente un torero.

Pero en *La niña de tus ojos*, todo cambia. La hermosa Penélope Cruz interpreta a Macarena Granada, que llega a Alemania y ya tiene un ligue con el productor, Blas Fontiveros (Antonio Resines). Este hombre casado es quizá más *femme fatale* que ella, porque le promete que nunca va a vivir con Macarena, pero estando en el extranjero, la quiere muchísimo. Además también hay un cambio de papeles entre los dos personajes que interpretan al José de la versión alemana y española. El José-alemán se llama Heinrich Von Wermelskirchen (Heinrich es un nombre muy corriente en alemán, como José en español). Su aspecto físico también es típico: rubio, alto, prototipo de la raza aria, pero no se interesa para nada por Macarena, porque Heinrich es homosexual. Siendo el intérprete de José en la versión alemana, intenta ligar con el José español, Julián Torralba. Heinrich invita a su compañero al vestuario y se comporta como un verdadero seductor cuando acaricia la cara de Julián con una rosa y la coloca en su boca. Normalmente la rosa es el símbolo de la seducción utilizada por Carmen, pero este hombre tiene sus planes personales. Además, cuando Macarena canta, nuestro Heinrich se esfuerza para no mirar todo el tiempo al prisionero judío-ruso. Cuando la cámara filma su cara, pone empeño en fijar sus ojos en Macarena. En vez de tener una relación amorosa, Macarena y el José-alemán rivalizan para seducir al judío-ruso. Así ella descubre que los figurantes de esta secuencia son prisioneros de los campos de concentración (otra vuelta de tuerca que ironiza sobre el régimen nazi que exigía a todos los actores de una película que fueran alemanes y de raza aria). Otro seductor (en la película de Trueba y en la leyenda sobre Imperio Argentina, la protagonista de la antigua versión de Florián Rey) es Goebbels, que intenta ligar con Macarena: el hombre se muestra como un personaje patético, obsesionado por la belleza física de la protagonista, pero ella lo percibe como repugnante por sus miradas obsesivas. El conjunto de los cambios muestra que la protagonista es más una *femme fatale* de la Historia, una revolucionaria en contra de los nazis. No es la protagonista de una lucha por la libertad sexual, porque los múltiples ligues están en el menú del día para todo el equipo. Así vemos que las referencias tradicionales de las adaptaciones de Carmen se transforman completamente dentro de esta nueva versión de 1998 dirigida por Fernando Trueba.

## La mirada del realizador

Trueba ya es un director de cine reconocido en España en los años noventa. Nació en 1955, y empezó su carrera cinematográfica como crítico de cine. Para ilustrar unos cambios de mentalidad curiosos, hay que citar su texto polémico publicado en *El País* sobre la película *El diputado* de Eloy de la Iglesia. Este artículo es citado muchas veces por los investigadores. En él, Trueba denuncia el carácter comercial de *El diputado* bajo el título: *Sexo y político, un cóctel que vende* (*El País*, 1977).[2] Fernando Trueba escribe en 1977 sobre Eloy de la Iglesia: "lo único que le importa es vender su producto y poner en él aquello que, hoy por hoy, vende: sexo y política." Veinte años más tarde, las referencias a la homosexualidad, a lo político, y al sexo en general, explotan ahora en su película *La niña de tus ojos*. Esta vez también los críticos de cine reaccionan:

–Algunos han criticado las licencias cinematográficas que se toma con Goebbels.
–Hombre, hay que echarle valor para hacer eso pero ¿Por qué no? Sabíamos que Goebbels, aparte de ser el ministro de Propaganda de Hitler perseguía a las actrices y estaba muy implicado en los estudios de cine de la UFA. Imagínate que mañana se le ocurre a alguien contar que Hitler era homosexual y que su amante era su chófer. Creo que cualquiera tiene la libertad para hacerlo si con eso es capaz de hacer una buena historia.
–Ya, pero no negará que causa cierta perplejidad.
–Es que hay gente que se la coge con papel de fumar. Mira, la historia, la de verdad nunca viene en los grandes titulares ni en los libros de historia. Hasta los personajes más significativos tienen una vida cotidiana llena de detalles miserables y mezquinos. (*La Razón*, Madrid, 13 nov. 1998)

En la filmografía de Fernando Trueba domina un tono cómico desde el principio. Hay que pensar en sus películas anteriores: *Opera prima (*1980), *Mientras el cuerpo aguanta* (1982), *Sal gorda* (1983*), Sé infiel y no mires con quién* (1985*), El año de las luces* (1985*), El sueño del mono loco* (1989*), Belle époque* (1992), que ganó el Óscar (premio que sólo había ganado antes para el cine español. *Volver a empezar* (1982) de José Luis Garci. Luego realiza *Two much* (1993) con Antonio Banderas y Melanie Griffith, y en 1998*, La niña de tus ojos*. Siguió su carrera con *Calle 54* (2000*), El embrujo de Shanghai* (2002), *El milagro de Candeal* (2004). En los años ochenta también ha producido para la televisión española *La mujer de tu vida* (1988-1989).

Con un público fiel, varios premios Goya y un Óscar, el realizador Fernando Trueba ocupa una plaza importante dentro del panorama del cine español. Con *La niña de tus ojos* sigue con la comedia y recibe varios premios Goya en 1999 (mejor película, mejor interpretación femenina protagonista). Las estadísticas de la recepción en las salas de España son puramente indicativas (por la existencia de otros canales como el DVD, VHS,..), pero muestran el éxito de la película en 1998 comparado con otros títulos. (Ministerio de Cultura 1998) *La niña de tus ojos* se estrena el 11 de noviembre de 1998 en las pantallas, y consigue 1.234.242 espectadores en las estadísticas de ese año. Hay que compararlo con la primera película en la lista: *Torrente, el brazo tonto de la ley* (espectadores: 2.840.925, estrenada el 17-02-1998) y la segunda en la lista: *Abre los ojos* (con 1.297.686 espectadores, estrenada el 15-12-1997). No es pues difícil concluir que esta ficción de Trueba ha tenido un público importante además de varios premios Goya.

**Disfraces de la memoria**

La atención hacia los temas del pasado en sus películas se corresponde con una tendencia general en el cine español del Postfranquismo. Sin tener la ambición de dar una descripción completa de las últimas décadas, se puede constatar que la recuperación del pasado domina en las pantallas. (Jordan, Barry, Rikki Morgan-Tamosunas 1998) De una manera esquemática, y absolutamente reductora, se puede afirmar que los años setenta subrayan una presencia de películas que denuncian el silencio del Franquismo. Por su parte durante los ochenta se inventan nuevos lenguajes más ligeros sobre este período tan perturbador. Vicente Sánchez-Biosca lo analiza para el período que empieza con la película *La vaquilla* (1985) de Berlanga, hasta *Madregilda* (1994) de Francisco Regueiro. Estos títulos se inscriben dentro de una tendencia de re-escribir la Historia mediante imágenes más ligeras. (Sánchez-Biosca 1995) El hecho de que los realizadores españoles de diferentes generaciones crean regularmente nuevas imágenes sobre la Guerra Civil se explica por el peso traumático que ha tenido este evento. Es Walter Benjamin quien introduce el concepto de la ruptura sobre la Historia, causado por acontecimientos traumáticos. (Benjamin 2000: 427-443) La Guerra Civil ha provocado esta ruptura para la cultura española, lo que ha cambiado las visiones sobre el país. Muchas pelí-

culas de ficción crean nuevos lenguajes sobre los años treinta. Asimi-
larlo dentro de un lenguaje de musical, impone otras cuestiones sobre
el concepto de la Historia que ha provocado una ruptura, pero también
muestra una transformación.

En su artículo sobre la Movida madrileña, el historiador Thierry
Maurice, comenta el concepto de la Historia y de la memoria. Introduce un término importante sobre este período, definiéndolo por la conversión en un evento no-histórico por su "tranvestissement mémoriel",
lo que se puede traducir como un disfraz de la memoria. Thierry Maurice lo relaciona directamente con el carnaval.

> Mais le rapport au passé de la 'movida' est plus subtil qu'un refus brutal. On
> peut envisager la mouvance comme un moyen spontané d'évacuer
> temporairement le passé douloureux en le travestissant. En ce sens, elle
> emprunte beaucoup au carnaval. Celui-ci a pour fonction, entre autres,
> d'exorciser les peurs diffuses de la société en les théâtralisant. A son image, la
> 'movida' a recours à l'action, à la créativité populaire et à la ritualisation des
> affrontements. (Maurice 2000: 116)
> [Pero la relación con el pasado de la 'movida' no adquiere el carácter de una
> negación brutal. Se puede observar ese movimiento como un acto espontáneo
> para deshacerse de manera temporal del pasado doloroso disfrazándolo. En
> este sentido, toma mucho prestado del carnaval. Eso tiene por función, entre
> otras cosas, la de exorcizar los miedos difusos de la sociedad teatralizándolos.
> A su imagen, utiliza la acción, la creatividad popular y la ritualización de
> enfrentamientos.]

Su descripción es muy significativa, no solamente por su interpretación de la Movida, sino también porque permite interpretar la película
*La niña de tus ojos* como un musical folklórico. Este género puede
servir como 'disfrace-memorial', que elimina los fantasmas dolorosos
y los oculta bajo un lenguaje burlesco, que incita a reír, manteniendo
no obstante el telón de fondo dramático de la historia real. El musical
folklórico no es un nuevo lenguaje pero trae imágenes del pasado y
del presente, que se mezclan de una manera original, traduciendo el
deseo de disfrazar períodos cruciales mediante bailes, coplas, y espa-
ñoladas. Además, la película es coral, porque la protagonista representa todo el grupo. En primer lugar por su nombre, Macarena Granada.
Macarena refiere al barrio Macarena de Sevilla, y por supuesto Granada a la famosa ciudad andaluza. Así reúne dos ciudades andaluzas
en su nombre y apellido. En segundo lugar representa a todo el equipo
de la producción, un grupo de españoles, que viajan fuera del país. El
protagonismo coral se puede encontrar en otras películas como *La*

*vaquilla* de Berlanga o *¡Ay Carmela!* de Saura. Varios personajes se juntan, como un coro, y unen sus miradas sobre el pasado. Esta lectura del conjunto se hace fácilmente por unos estereotipos que refieren a su identidad española en representación de todo el grupo. (Feenstra 2005b)[3]

## El espectáculo de un fenómeno folklórico

La estructura narrativa de *La niña de tus ojos* revela también la mirada del director. Algunas especificidades de este tipo de musical, permiten ilustrar su punto de vista. ¿Cómo se puede definir este tipo de género? Rick Altman distingue tres tipos de subgénero: el cuento, el espectáculo y el folklórico. (Altman: 1987) Los protagonistas forman una pareja y por supuesto el subgénero (cuento) desvela una fábula en la que la música o la danza expresan sus sentimientos amorosos. El segundo subgénero muestra la creación de un espectáculo. En el centro de la narración también hay una relación amorosa: cuando la pareja se forma, se facilita la realización del espectáculo, basado sobre los talentos de los dos personajes. Seguimos dentro de los bastidores la historia de amor. Así el espacio tiene un peso importante. Este subgénero nació en los años treinta en los Estados Unidos durante la crisis económica. El subgénero simboliza la esperanza porque el ser humano puede transformar su vida cuando consigue el éxito. El tercer subgénero, el musical folklórico nació durante la Segunda Guerra Mundial y refleja la memoria. La pareja que protagoniza la historia, representa un grupo social o la familia dentro de un cierto espacio que simboliza la comunidad. Las expresiones musicales no sirven para crear un espectáculo pero expresan la emoción y forman parte de la vida diaria.

En *La niña de tus ojos* aperece el subgénero espectáculo, porque la historia cuenta la producción de una película. Reunir a la pareja Macarena con Fontiveros, implica realizar la película: explica también que al final no es seguro que puedan terminarla ya que Macarena huye hacia Paris con su amante. Como está siempre indicado en la puesta en escena, el espacio detrás de las cortinas revela además otra historia: la del nazismo y la de la Guerra Civil en España. Como dice Rick Altman, estos subgéneros no se pueden distinguir siempre de una manera esquemática, pero al analizarlos nos encontramos con unos parámetros que permiten plantear el problema del género. *La niña de tus ojos* combina el subgénero del espectáculo con el folklore por el regreso a los años treinta. Como la protagonista es Macarena, su personaje se refiere a la película de Florián Rey de 1938, *Carmen, la de Triana*. Por la presencia de esta protagonista y el retorno hacia los años treinta, este musical también representa las connotaciones de un musical folklórico.

Foto 2: La noche de los 'cristales rotos'.

Pero la adaptación de Trueba conlleva otra interpretación porque *Carmen, la de Triana* no era un espectáculo musical, sino folklórico. Al revés, *La niña de tus ojos* acentúa la creación, lo que por su estructura narrativa no nos permite perdernos en la Carmen andaluza, porque la dura realidad está presente detrás de las cortinas: esos son los lugares principales de la narración. Cortar las escenas, repetirlas, mostrar luego los prisioneros de los campos de concentración como figurantes de esta película, impone una mirada sobre una realidad de fondo, que *Carmen, la de Triana* o la versión alemana, no podían mostrar. El espacio de los bastidores impone una reflexión sobre la Historia en la que Carmen propone nuevas interpretaciones, más políticas que la adaptación del 1938. Por ejemplo cuando todo el grupo va a cenar, comiendo las lentejas en un restaurante, los nazis invaden el restaurante y destrozan todo. Es la famosa noche de los 'cristales rotos', históricamente bien conocida. Allí el equipo de la película observa con mucha angustia a los nazis su crueldad y su agresividad obsesiva.

Observan directamente la dura realidad. El traductor impone también su punto de vista sobre los acontecimientos durante el rodaje, porque no quiere traducir todo para evitar conflictos. Su papel conlleva otra mirada sobre esta versión de Carmen en Alemania, porque él siente la presión de los dos lados. Vemos que Macarena Granada es la protagonista de la Historia dentro de los disfraces del espectáculo de la producción de Carmen. Ella es protagonista detrás de las bambalinas de la otra historia. Su presencia funciona dentro de un conjunto de referencias cinematográficas, que permiten su inscripción histórica dentro de un contexto internacional.

## Cinefilia como memoria cinematográfica

Se consigue rememorar un período cuando la memoria logra reunir diferentes temporalidades, como lo explica Douwe Draaisma. El psicólogo holandés describe la existencia de una memoria fílmica dentro del cerebro humano que funciona a veces como un panorama que junta toda la vida. (Draaisma 2001: 283-315) Utilizar la metáfora del cine para la psicología humana es muy significativo porque ya en los años treinta Jean Epstein había mostrado cómo las imágenes fílmicas son capaces de pensar el tiempo. (Epstein 1975: 162-165) Las especificidades del cine permiten mostrar el tiempo, y poner diferentes tipos de tiempo dentro de una misma imagen. Los famosos libros de Gilles Deleuze (y en particular, *Image-temps*) introducen el concepto del tiempo con el término "imagen-cristal" qué implica combinar tiempos virtuales y actuales. (Deleuze 1985: 92-128) Justamente, permitir dentro de una misma imagen la existencia de varios tipos de tiempo crea una imagen de rememoración. El cine implica este gesto, es un 'acto-memorial', a través de las imágenes.

En esta película las diferentes connotaciones temporales que provocan la rememoración a través de las imágenes se pueden leer a través de la figura de Carmen que se inscribe dentro de un conjunto de referencias para cinéfilos. Pienso que esta relación de cinefilia puede existir por las características del aparato cinematográfico. Por su identidad es capaz de autorreferirse dentro de la misma imagen, pero además nuestra historia funciona dentro de un contexto internacional.

Belén Vidal analiza justamente las estrategias del uso de referencias cinéfilas dentro de un contexto transnacional. (Vidal 2005) Lo define como una manera de leer, que puede llevar a una confusión estratégica cuando se mezclan estas referencias. Describe las diferencias culturales asimiladas en el cine como 'pastiche post-nacional', que se revela como reacción a la crisis de cinefilia. Esta confusión transnacional se advierte en las identidades de los actores dentro de *La niña de tus ojos*. Hay que pensar en la actriz Hannah Schygulla, tan conocida por *Lily Marleen* (1977) de Fassbinder que aquí actúa como la mujer de Goebbels. Estos actores incorporan la memoria cinematográfica a través de las imágenes de sus cuerpos. Son más que personajes, porque sus papeles incorporan algo que les permite servir como referencia. Así la cinefilia crea una memoria cinematográfica dando nuevas plazas a actores alemanes que no pueden ser ignoradas en nuestro análisis. La segunda referencia de cinéfilia es de género: hay que pensar en las películas de Lubitsch o de Billy Wilder. Otro ejemplo se puede observar en el famoso musical *Cabaret* (1972), de Bob Fosse con Liza Minelli, que se sitúa también en la Alemania de los años treinta en plena emergencia del nazismo. En este mismo ambiente los artistas intentan montar un espectáculo. La similitud del género y el tono despiertan nuestra memoria cinéfila de manera que dirige nuestra lectura de la película. Las referencias están transformadas y asimiladas en la adaptación, lo que crea algo nuevo: así funciona la memoria cinematográfica.

Las referencias cinéfilas son múltiples y no pretendo darlas todas. Como otro ejemplo pienso en las referencias a las imágenes del NO-DO, el noticiario del Franquismo. Pero el contenido de los años treinta ha cambiado por la voz en off de los años noventa, que trae otras lecturas. En su origen la voz en off funcionaba como guía de interpretación, como lo han explicado Vicente Sánchez-Biosca y Rafael Rodríguez Tranche. (Rodríguez Tranche, Sánchez-Biosca 2002: 40-53) Pero en la nueva version, el sonido impone nuevas visiones. Además hay una referencia directa de las imágenes a los documentales de propaganda de Leni Riefenstahl, filmando al Führer, y la raza alemana como ejemplo de la raza aria. Estamos en el período de la Guerra Civil, y después de estas informaciones, el noticiario nos presenta a Macarena Granada con todo el equipo dispuesto a rodar la famosa versión alemana y española de Carmen. Cada espectador reconoce la referencia tan famosa a *Carmen, la de Triana* (1938) de Florián Rey.

El lugar y el período histórico están definidos, también lo que va a pasar por el hecho de traer al presente la famosa película. Por las connotaciones de cinefilia, el conjunto crea una memoria cinematográfica. Pero, por encima de eso, el mito de Carmen da un toque 'español' a la memoria. ¿Cúal es el valor del mito como figura de la memoria?

## Estatuas vivas del patrimonio cultural

Es importante analizar el papel del mito de Carmen, como figura del patrimonio cultural, para poder entender como ella sabe derribar esta historia. El mito de Carmen tiene sin duda sus referencias cinéfilas, que forman parte de una memoria cinematográfica. No hay muchas adaptaciones en España: en primer lugar, algunas versiones mudas, luego *Carmen, la de Triana*, de 1938, *Carmen de la Ronda* de 1959 de Tulio Demichelli y *La Carmen* de Julio Diamante de 1975, bien marcada por el período del destape. Durante la Transición democrática aparece *Carmen* (1983) dirigida por Carlos Saura, seguida por esta adaptación en 1998 de Fernando Trueba. La última adaptación se llama también *Carmen*, dirigida por Vicente Aranda en 2003. (Feenstra, 2006: 85) Todas estas películas españolas se refieren a la novela francesa de Mérimée, y sitúan a Carmen dentro de contextos españoles. La mirada francesa ha inspirado la creación de imágenes estereotipadas del cuerpo de Carmen con signos típicos de la 'españolada': la rosa, los vestidos rojos, el pelo negro.

Esta relación ambigua entre la mirada desde fuera o desde dentro la investiga Carlos Serrano en su libro: *El nacimiento de Carmen. Símbolos, mitos y nación.* (Serrano 1999) Por supuesto hay muchos estudios sobre el mito de Carmen, pero la originalidad de su publicación se funde en el análisis del tema dentro de los lugares de la memoria, un concepto introducido por Pierre Nora en el contexto francés. Serrano consigue un punto de vista muy original cuando analiza la tradición de los nombres relacionándolos con la religión. Carmen era un nombre corriente y el sentido religioso o laico, cambia en los diferentes períodos históricos. Ella ya estaba muy presente en su tierra y por eso Serrano consta que: "Prosper Merimée no inventó, pues, a su Carmen la encontró hecha, por así decirlo, tanto en los pasillos del palacio madrileño de su amiga (…)." (Serrano 1999: 45) Pero Carlos Serrano subraya también que este nombre se convierte en un fenómeno que se exporta hacia afuera. Así el autor demuestra que Mérimée reencuentra a un personaje que ya existía; el cine muestra la mayoría de las veces unas imágenes fijas y estereotipadas (la rosa, los vestidos rojos, el acento andaluz). La facilidad con la que se identifican, permite al mismo tiempo desplazarla: todo el mundo reconoce a Carmen cuando va de viaje. (Feenstra 2005) Ella puede destrozar canciones clásicas con expresiones alemanas mal pronunciadas y, sin embargo, nadie duda que 'eso' es Carmen. El cuerpo de Carmen es como una estatua[4] de la memoria española, como un fenómeno que eterniza la 'españolada' a modo de monumento atemporal, que es más español incluso de lo que un español puede ser (parafraseando la expresión 'más papista que el Papa'). Pero aunque Carmen representa el patrimonio cultural dentro del cine folklórico, siempre presenta dos caras: la externa y la interna. Como lo confirma Jo Labanyi, el cine folklórico es fabricado a menudo para gustar a los extranjeros, pero no deja de tener también su éxito dentro de España. En los años treinta había un cine que gustaba también a los españoles, y que luego, por su manera de estar tan reconocible, fue utilizado por el Franquismo para mostrar una imagen hacia afuera. (Labanyi 2003) También Terenci Moix ilustra la riqueza de este cine en su libro: *Suspiros de España. La copla y el cine de nuestro recuerdo*. Describe la larga historia que ha tenido este género dentro de su propia cultura. (Moix 1993)

Justamente el mito de Carmen, con su identidad de afuera y de adentro, forma parte del patrimonio cultural español. Cada película que adapta el famoso mito trae su definición. Dentro de *La niña de tus ojos*, ella representa el patrimonio cultural por las imágenes estereotipadas de su cuerpo. Es como una estatua viva que se convierte en héroe cuando renace de nuevo en la pantalla en las películas de ficción. Por las connotaciones típicas, representa la 'españolada', pero ella va más lejos. Tiene algo mágico, es una estatua que está viva por su cuerpo de sangre, de pasión y de fuego, ella se despierta en momentos en que nadie la espera, y sabe transformar la Historia. Carmen es un 'monumento-folklórico' porque, por sus expresiones folklóricas, sabe convertir en eterna la 'españolada'.

**Las 'coreografías-monumentales'**

La película *La niña de tus ojos* muestra unas coreografías de Carmen, unos rituales que traducen su rebeldía. Ya hemos dicho que es una película que representa el subgénero espectáculo, lo que significa que lo que se muestra dentro de los bastidores concita más la realidad que la pieza montada. Esta estructura narrativa permite que haya una mirada dentro de la ficción sobre la creación. Dentro de este proceso hay unas 'coreografías-monumentales' que son estos actos, estos rituales de Macarena que dan el toque de 1998. Varias escenas ilustran su renovación.

El momento típico de la 'españolada' se da por la referencia directa a *Carmen, la de Triana* de Florián Rey o la versión alemana, cuando canta 'los piconeros'. Como lo analiza Eduardo Rodríguez Merchán, estas dos adaptaciones se parecen por su estructura narrativa. (Rodríguez Merchán 2005) Compara la manera de filmar las tres películas y así ilustra que se crea un lenguaje reconocible que instaura una idea sobre la 'españolada'. También la propia manera de filmar la famosa canción convierte la secuencia en una escena de tipismo, de la que se espera algo eterno, lleno de referencias de cinefilia. La puesta en escena está muy marcada: el productor indica donde hay que cortar, y después de la version española, corta en la mitad del acto. Todo acentúa el acto de filmar: las grúas, las cámaras, la gente que observa, etc. Fontiveros critica a Macarena, pero ella no está nada contenta con los figurantes. Falta algo de 'español' y durante la pausa, el equipo se pone a hacer las palmas. Macarena practica con el judío-ruso, que se resiste al principio pero luego practica también.

Esta secuencia se empalma con la del rodaje de la película alemana: esta vez estamos más dentro de la verdadera película, y Macarena crea la escena típica de la referencia cinematográfica a *Carmen, la de Triana*. El conjunto se transforma en algo cómico, por el hecho de que Penélope Cruz ya es una actriz muy conocida, y bailando dos pasos de flamenco es más graciosa que auténtica. Además, su pronunciación del alemán con acento español convierte a Carmen en una interpretación burlesca, más que erótica. Acompañado por la mirada de Heinrich, el José-alemán, que se esfuerza por mirarla, se sienta al lado del prisionero, prefiere hacer un guiño al prisionero ruso. Después de esta canción de la copla, y el baile alegre, Macarena se pone triste porque los nazis vienen a recoger a los prisioneros. En este momento la verdadera *femme fatale* se despierta dándose cuenta de la realidad en los bastidores.

Foto 3: El papel del traductor

La *femme fatale* va a revolucionar el conjunto por sus acciones valientes. Saliendo del comedor, Macarena tiene que prepararse para una
cena con Goebbels. Afuera se encuentra con los prisioneros, que no
tienen comida. El prisionero explica que los gitanos y los judíos no
pueden entrar en el comedor. Su asistente trae a Macarena su comida,
y ella no duda ni un momento en darlo a esta gente tan hambrienta. El
prisionero judío-ruso lo comparte con sus compañeros y en seguida
aparece un nazi gritándole a Macarena que eso no se puede hacer.
Pero aquí la verdadera revolucionaria o *femme fatale* se presenta: le da
igual, y se pone a gritarle al soldado, teniendo la gran suerte de que él
no entiende su idioma. Macarena va a repetir esta acción, convidando
más tarde a los prisioneros a una paella. La *femme fatale* toma al
prisionero por la mano e invade el comedor con pasos decididos y
vertiginosos, coge la paella, y se la da a comer a todos.

Su patriotismo (hacia un régimen herido de muerte) se muestra
cuando llora por la muerte de su padre. Su autenticidad se revela por
el hecho de rodar esta parte en blanco y negro. Su padre, presentado
como anarquista, está en la cárcel en España y Macarena espera que le
liberen. El equipo recibe una llamada telefónica, el pobre hombre ha
muerto de una neumonía pero se lo ocultan a la hija: el productor
organiza todo, también las emociones de Macarena, porque sus inte-

reses son más estratégicos que humanos o políticos. Espera de nuevo a la ficción, a la representación, al espectáculo. Así, cuando Macarena tiene que interpretar la muerte de su amante Antonio, lo hace de una manera fría en la primera toma. El productor la critica y le espeta que parece que está leyendo una carta de su tía. Quiere más desgarro, más pasión. Hay que rodar la escena otra vez, y el productor aprovecha ese momento para decirle que su padre ha muerto. El diálogo de imágenes por el plano/contraplano entre Fontiveros y Macarena conlleva una lectura de autenticidad: ella es real, cuando llora por la muerte de su padre, aunque la puesta en escena la sitúa al lado del cuerpo de Antonio. El espectáculo y la vida o la vida y el espectáculo. Macarena dice: "Tú eres mi vida. El aire que respiro. Antonio, soy yo. Soy la niña de tus ojos. ¿Qué voy a hacer sin ti ahora? ¿Qué voy a hacer?" Y mira delante de ella con lágrimas en los ojos. Esta parte está filmada en blanco y negro, interrumpido por el montaje con las miradas de Fontiveros, y luego por las miradas de los miembros del equipo. Aquí hay verdadero dolor. Esta Macarena o Carmen es auténtica: más viva que nunca. En esta parte se oye el título: *la niña de tus ojos*, una expresión que se refiere aquí a la relación hacia su padre. Él tenía que protegerla y Macarena está desesperada por su muerte. Esta escena en blanco y negro revela su autenticidad: por su padre, por lo que pasa en su patria. Políticamente está con su pueblo aunque deba trabajar en producciones germano-españolas. Ella representa abiertamente su patria, a través de las lágrimas por la muerte de su padre.

Su último acto valiente es el momento en el que ayuda a escapar al prisionero judío-ruso. Cuando le toca al José-español tirarse por un decorado para darle un efecto heroico a su personaje –el José-alemán se había lastimado el cuello al hacerlo– él no quiere hacerlo. Julián Torralba se ha presentado al principio como alguien con heridas de guerra del bando nacional, para mostrarse políticamente correcto ante los alemanes y aprovecharse de las ventajas políticas dentro del ambiente de los nazis. Pero no se muestra nada valiente porque en este momento cogen al judío-ruso, como si fuera un objeto sin valor, pero gracias a su condición de atleta, escapa. Macarena le ayuda y por la intervención de la mujer de Goebbels (que prefiere tener sola a su marido), los amantes pueden escapar hacia París. Nuestra Carmen está poniendo en riesgo de muerte a todo el equipo cuando decide salvarle. No sabemos lo que va a pasar con el resto del equipo cuando descubran lo que ha pasado de verdad. Es un final abierto. Solamente se ha

mostrado la crueldad posible, cuando vuelve Julián Torralba, tortura-
do, porque los nazis creían que él era el judío-ruso y lo habían ence-
rrado en un campo de concentración. La imagen de su cuerpo parece
la de una verdadera víctima del sistema nazi. Pero Macarena Granada
ha transformado la versión de los años treinta de Florián Rey con unos
actos valientes: sus iniciativas peligrosas representan unas coreografías revolucionarias, que intentan cambiar la Historia. Sus actos han
transformado la versión de 1938 en una interpretación moderna, que
se corresponde más con las visiones políticas de los años noventa.

## Conclusión

Esta adaptación del mito de Carmen funciona dentro de una memoria
cinematográfica: las referencias a Carmen por medio del personaje de
Macarena permiten dar vida al pasado. La cinefilia impone su pasado.
Carmen se transforma en una estatua viva, que forma parte del patrimonio cultural, que trasplanta, acciones monumentales a un período
en que esta película hubiera sido imposible de rodar. La mirada del
director Trueba moderniza esta visión: la Historia de los años treinta
recibe un tratamiento burlesco, disfrazando así la memoria, para dar
lugar a unas interpretaciones más ligeras (con referencias al comunismo o la homosexualidad), que permiten clasificar esta versión dentro
de las tendencias del cine de los años noventa.

   El mito de Carmen representa el patrimonio cultural español, llevando en sí la mirada exterior e interior del estereotipo. Carmen regresa regularmente a las pantallas y siempre es revolucionaria, perturba-
dora del orden establecido del entorno. Sus adaptaciones dentro del
cine español y del cine internacional son múltiples: así, debido a la
imagen estereotipada de su cuerpo que simboliza muchas veces la
'españolada', Carmen forma parte de una memoria cinematográfica.
Al volver a realizarse, lo defino como 'un acto-memorial', por sus
'coreografías-monumentales', que marcan la Historia, y dan vida a
tiempos que forman parte de nuestro pasado. Carmen es una estatua
viva, un monumento del patrimonio cultural, una bandera nacional,
una 'españolada' que eterniza la hispanidad por sus referencias. Trueba nos ha invitado a este viaje, y espero que sigamos reencontrando a
Carmen en las pantallas, con nuevas coreografías, que marquen nuevos acontecimientos. Bajo su disfraz estereotipado, ella es auténtica,
es de carne y hueso, y sigue impresionándonos por su capacidad para

rememorar historias 'españolas' a través del tiempo y dentro de contextos internacionales.

## Notas

[1] Quiero mencionar unas publicaciones recientes, que han añadido puntos de vistas nuevos sobre el mito de Carmen en el cine: la tesis doctoral de Anita Leandro, *Le personnage mythique du cinéma. Etude des représentations de Carmen* (Leandro 1997), el libro editado por Chris Perriam y Ann Davies, *Carmen: From Silent Film to MTV* (Perriam y Davies 2006) y la tesis doctoral de Gloria F. Vilches, *La representación de Carmen en el cine norteamericano 1915-1954.* (Vilches 2007)

[2] En su libro *Las leyes del deseo. La homosexualidad en la literatura y el cine español 1960-1990*, Paul Julian Smith (1998) comenta este artículo provocativo de Fernando Trueba. Pietsie Feenstra (2006) lo sitúa dentro de las reacciones que aparecen en la prensa española sobre la homosexualidad cuando salió la película *El diputado*.

[3] En mi estudio sobre la historicidad de la imagen del cuerpo por los estereotipos, intenté demostrar signos típicos de la hispanidad a través de los personajes en la ficción *La vaquilla* (1985) de Luis García Berlanga. Por ejemplo, los personajes hacen referencia a un soldado republicano o un torero. Exagerar sus identidades por los estereotipos permite que la imagen del cuerpo se refiera a un período histórico y a la cultura española del período de la Guerra Civil. En esta ficción de Trueba, vemos el mismo proceso: los cuerpos están estereotipados por comportamientos típicos, lo que fija connotaciones del tiempo, de la cultura, y del conflicto vivido en la imagen del cuerpo.

[4] Dentro de la mitología de la Antigüedad, las estatuas tenían su vida propia: como algo mágico que suele salir de su perfección. Hay que pensar en el mito de Pygmalion, sobre una estatua que se transforma en vida. El escultor no estaba satisfecho con las mujeres en su vida, y se crea una estatua perfecta que se transforma en vida, bajo los ojos del creador. Las estatuas representan este deseo de perfección o de eternizar la vida.

## Bibliografía

Altman, Rick. 1987. *The American film musical*. Bloomington and Indianapolis: Indiana University Press.

Benjamin, Walter. 2000. 'Sur le concept d'histoire'. En: *Œuvres III*. París: Gallimard: 427-443.

Deleuze, Gilles. 1985. *L'image-temps*. París: Les éditions de minuit (Collection critique).

Draaisma, Douwe. 2001. *Waarom het leven sneller gaat als je ouder wordt. De geheimen van het geheugen*. Groningen: Historische Uitgeverij Amsterdam (Rainbow pockets*).* [En traducción: *Por qué 'el tiempo vuela' cuando nos hacemos mayores*. 1a ed. 2006. Madrid: Ed. Alianza.]

Epstein, Jean. 1975. *Ecrits sur le cinéma. Tome 2: 1946-1953*. París: Cinéma club/Seghers.

Maurice, Thierry. 2000. 'La movida ou l'impossible mémoire du franquisme'. En: *Les historiens et le travail de mémoire. Esprit* 266-267 (agosto septiembre): 103-118.

Feenstra, Pietsie. 2005a. 'Mitos 'españoles' y cuerpos exóticos: *Carmen Jones* (1954) y *Carmen: a Hip Hopera* (2001)'. En: Vicente Sánchez-Biosca y Gloria F. Vilches (dir.), *Carmen en Hollywood. Archivos. Revista de la Filmoteca de Valencia* 51 (octubre): 84-93.

—. 2005b. 'Le corps stéréotypé dans *la Vaquilla* (1985) de Luis García Berlanga'. En: Delphine Robic-Diaz y Elodie Dulac (dir.), *L'Autre en images, Idées reçues et stéréotypes*. París: L'Harmattan (Collection Champs Visuels) 139-154.

—. 2006. *Les nouvelles figures mythiques du cinéma espagnol (1975-1995). A corps perdus*. Prefacio de Michèle Lagny. París: Editions Harmattan (Collection Champs Visuels).

Jordan, Barry y Rikki Morgan-Tamosunas. 1998. *Contemporary Spanish Cinema*; Manchester: Manchester University Press.

Labanyi, Jo. 2003. *Lo andaluz en el cine del franquismo: los estereotipos como estrategia para manejar la contradicción,* Sevilla: Fundación Centro de Estudios Andaluces Ministerio de Cultura.

Leandro, Anita. 1997. *Le personnage mythique du cinéma. Etude des représentations de Carmen*. Tesis doctoral de la Universidad de Paris III.

Ministerio de cultura. 1998/1999. *Boletín informativo. Películas Recaudaciones Espectadores, Instituto de la Cinematografía y de las Artes Audiovisuales*. Madrid: Ministerio de cultura, 1998/1999.

Moix, Terenci. 1993. *Suspiros de Espana. La copla y el cine de nuestro recuerdo*; Madrid: Edición Plaza & Janes.

Perriam, Chris y Ann Davies. 2006. *Carmen: From Silent Film to MTV*. Rodopi: Amsterdam.

Rodríguez Merchán, Eduardo. 2007. 'De *Carmen, la de Triana* a *La niña de tus ojos*: la búsqueda de una armonía estilística de un modelo cinematográfico populista en el transcurso del tiemp'. En: Javier Marzal Felici y Francisco Javier Gómez Tarín (dir.) *Metodologías del Análisis del Film*. Madrid: Edipo S.A.: 57-73.

Rodríguez Tranche, Rafael y Vicente Sánchez-Biosca. 2002. *NO-DO El tiempo y la memoria*. 6a ed. Madrid: Cátedra (Filmoteca Española, Serie Mayor).

Sánchez-Biosca, Vicente. 1995. 'La Ficcionalización de la historia por el nuevo cine español: de *La vaquilla* (1985) a *Madregilda* (1994)'. En: *Revista Canadiense de Estudios Hispánicos* 20, 1 (otoño): 179-193.

Serrano, Carlos. 1999. *El nacimiento de Carmen. símbolos, mitos y nación*. Madrid: Taurus.

Smith, Paul Julian. 1998. *Las leyes del deseo. La homosexualidad en la literatura y el cine español 1960-1990*. Barcelona: Ediciones de Tempestad.

Vidal, Belén. 2006. 'The strategic uses of cinephilia. Formulating a transcultural imaginary in contemporary Spanish film'. Conferencia presentada en *International Conference on the Transnational in Iberian and Latin American Cinemas* (Roehampton University London, 31 de marzo-1 de abril 2006). Organizado por Peter W. Evans, Chris Perriam e Isabel Santaolalla.

Vilches, Gloria F. 2007. *La representación de Carmen en el cine norteamericano 1915-1954*. Tesis del 17 de diciembre 2007. Valencia: Universidad de Valencia.

# Carlos Saura o el arte de heredar

## Nancy Berthier

Uno de los elementos que le confieren una innegable coherencia al universo cinematográfico de Carlos Saura es su práctica de un 'arte de heredar' que lo vincula con un patrimonio cultural hispánico que resucita a la vez que lo interroga. Ponemos de realce la manera con la que el 'arte de heredar' se manifiesta dentro de su filmografía, en particular en la película *Goya en Burdeos* (1999), representativa de la manera con la cual el cineasta entabla un diálogo fecundo con el pasado, que ejemplificamos con el análisis de una secuencia clave que escenifica uno de los aspectos más famosos de la obra de Goya: las *Pinturas negras*.

En un libro de entrevistas con Antoine Robitaille, Alain Finkielkraut, al constatar que, en un mundo dominado por la ingratitud, "l'homme contemporain ne se pense plus comme un héritier" [el hombre contemporáneo ya no se piensa como heredero] y que el deber de memoria, tan difundido hoy en día, se presenta a menudo bajo la forma de una afirmación de "la supériorité de la conscience actuelle sur un passé ténébreux tissé de préjugés, d'exclusions et de crimes" [la superioridad de la conciencia actual respecto a un pasado tenebroso cargado de prejuicios, exclusiones y crímenes], señala sin embargo la existencia de algunas zonas de resistencia: "En certains lieux du monde, fragiles et menacés, l'homme se pense comme un héritier, au risque parfois de manquer de présence à la nouveauté du présent." [En ciertos lugares del mundo, frágiles y amenazados, el hombre se piensa como un heredero, corriendo a veces el riesgo de no presenciar lo novedoso del presente. (Finkielkraut 1999: 11) El cineasta Carlos Saura pertenece a esta categoría. Practica lo que Finkielkraut llama 'el arte de heredar' o, según precisa, "ce qu'il en reste à l'âge 'ingrat' de la démocratie radicale". (Finkielkraut 1999: 11) [lo que queda de él en la edad 'ingrata' de la democracia radical] Después de poner de realce la manera con la que éste se manifiesta dentro de su filmografía, nos detendremos en un ejemplo emblemático, el de su película *Goya en*

*Burdeos* (1999). A continuación, analizaremos una secuencia que escenifica uno de los aspectos más famosos hoy en día de la obra de Goya: las catorce *Pinturas negras* originalmente situadas en las paredes de su casa, la Quinta del Sordo.

## La obra de Carlos Saura: un cine de la 'solicitud'

En la actualidad, ningún libro da cuenta del conjunto de la filmografía de Carlos Saura. De hecho, la gran diversidad de su obra, en particular a lo largo de los diez últimos años, que incluye unos documentales musicales, películas históricas, *biopics*, ficciones ubicadas en el *contemporain vague*, etc., no incita, a primera vista, a una visión general que permitiría problematizarla sintéticamente. Esta variedad ha sido interpretada a menudo como la prueba de la incapacidad del cineasta para asumir estéticamente el Postfranquismo, a renovarse y encontrar unas formas y temáticas conformes con las nuevas determinaciones sociopolíticas de la España democrática. Sin embargo, la obra de Carlos Saura se caracteriza por una fuerte coherencia fundamentada en un cuestionamiento esencial, cuya esencia ya vislumbró Marvin D'Lugo en 1991, y que concierne "el estatuto del individuo a través de las tradiciones culturales y políticas de España". (D'Lugo 1991: 235) Pocas películas del cineasta se sustraen a esta problemática, que se presenta de manera frontal y explícita en sus films históricos (*¡Ay Carmela!*), sus biografías de figuras claves de la historia de España (*La noche oscura, El Dorado*), sus documentales (*Flamenco, Sevillanas*), o sus adaptaciones de obras literarias (*Bodas de sangre, Carmen*).

Toda creación es fundamentalmente intertextual, por el mero hecho de que "la voix individuelle ne peut se faire entendre qu'en s'intégrant au chœur complexe des autres voix déjà présentes." (Todorov 1981: 8) [la voz individual sólo se puede manifestar al integrarse en el coro complejo de otras voces ya presentes]. Pero Carlos Saura no se contenta con situarse respecto a unas referencias culturales y a la historia de su país ni le basta con utilizarlas como elementos constitutivos de su lenguaje cinematográfico. Las asume como un auténtico heredero, perfectamente consciente de que la cultura no es más que eso, precisamente, un entretejido de filiaciones, de la misma manera finalmente que el individuo no es sino una suma de herencias. La combinación de estas filiaciones, aleatoria, es lo que define el carácter irreductible de la identidad individual tanto como colectiva.

En el caso de Carlos Saura, este "sentido de la filiación" (Berthier: 2005b) se puede explicar de varias maneras. Se arraiga en una experiencia personal, familiar, que se ha desarrollado en un entorno cultural rico. Pero a esta razón se superpone otra, decisiva, de tipo generacional: Carlos Saura pertenece a la generación 'inocente' de los "niños de la Guerra Civil" (Angoustures 1999), cuya educación se desarrolló bajo el Franquismo y cuyo vínculo con la generación de la preguerra se cortó a causa del exilio o de la muerte de sus representantes más destacados. Para Carlos Saura, el "sentido de la filiación" colma un vacío generacional, debido a la necesidad de tener "que reinventarlo todo", según comentaba Luis Buñuel (Sánchez Vidal 1988: 21), que lo llevará, de película en película, a nutrirse de la historia y de la cultura de su país, y de la hispanidad, para alimentar su propia creación.

**El *biopic* como terreno privilegiado del arte de heredar**

En una parte de su obra el sentido de la filiación se presenta de manera privilegiada; las películas pertenecientes a un subgénero del cine histórico que los anglosajones designan con el término de *biopic*. El *biopic* es una representación de la historia articulada en torno a una figura emblemática cuya biografía es el hilo conductor de un relato que permite problematizar el pasado. El *biopic* se fundamenta en una doble interrogación, de índole histórico y biográfico, que, en el caso de Saura, es particularmente propicia para el desarrollo del sentido de la filiación. En efecto, cada figura individual ofrece al cineasta la posibilidad de una auténtica proyección que le permite nutrirse del pasado a la vez que lo interroga. El cineasta ha practicado dicho género temprana y regularmente, con *Llanto por un bandido* (1965), *Antonieta* (1982), *El Dorado (*1987), *La noche oscura (*1988*), Goya en Burdeos* (1999) y *Buñuel y la mesa del rey Salomón* (2001). El *biopic* ocupa un lugar privilegiado en su filmografía con seis títulos entre 1965 y 2001 (sobre 33 largometrajes), la mayor parte de ellos en el período del Postfranquismo. (Berthier 2005c)

La predilección de Carlos Saura por las biografías filmadas se caracteriza por una doble operación, de proyección-identificación respecto con el personaje retratado, y al mismo tiempo de puesta en evidencia de una ineluctable alteridad que procede de una voluntad de profundizar su conocimiento del otro. El *biopic* es, para Saura, el lugar privilegiado de un sentido de la filiación concebido como 'conocimiento' de un pasado recordado y como 'reconocimiento' de vínculos vitales para él mismo y para la colectividad en la que se sitúa: el mundo hispánico. Una relación dialéctica se establece entre lo que Paul Ricoeur bautiza el "Soi" [Sí mismo] y el "Autre" [Otro], que remite, para el filósofo, a las nociones de ipseidad y de alteridad. Éstas dejan de ser contradictorias cuando se conjugan en la "sollicitude" [solicitud], fundamentada en un principio de reciprocidad gracias al cual el otro puede llegar a ser "Sí mismo": "l'autre n'est pas condamné à rester un étranger, mais peut devenir mon semblable, c'est-à-dire quelqu'un qui, comme moi, dit 'je'." (Ricoeur 1990) [el otro no está condenado a seguir siendo un extranjero pero puede llegar a ser mi semejante, es decir, alguien que, como yo, dice 'yo'] El cine de Carlos Saura, en particular en su práctica del *biopic*, es, sin lugar a dudas, un cine de la 'solicitud'.

**Goya visto por Carlos pasando por Antonio**

En el conjunto de sus *biopics*, la biografía de Goya, *Goya en Burdeos*, estrenada en 1999, tiene un estatuto particular. Se inscribe plenamente en el marco del cuestionamiento identitario cuya importancia hemos subrayado anteriormente. La figura de Goya es el hilo conductor que le permite a Saura resucitar un período fundamental de la historia nacional mediante un testigo privilegiado de los trastornos sociopolíticos que marcaron la entrada de España en el siglo XIX. Concebida como una auténtica película histórica, *Goya en Burdeos* sumerge al espectador en el corazón de ciertos acontecimientos dramáticos, como la Guerra de la independencia cuyas consecuencias serían tan profundas para el porvenir del país. Al articular su ficción en torno a uno de los pintores más importantes de la historia del arte hispánico, Saura escoge al representante de todo un patrimonio cultural. A los dos valores, histórico y conmemorativo, comunes a todos los *biopics*, se añade otro, de índole más propiamente artístico, relacionado con el lugar específico que ocupa el pintor en el panteón personal del cineasta.

Comentando la actuación de Francisco Rabal en *Goya en Burdeos*, el director señalaba que el actor daba vida a un "Goya que tanto me recuerda a Luis Buñuel y a mi hermano Antonio por su fuerza, su

tesón y su curiosidad por las cosas". (Saura 2002: 15) Si esta comparación es motivada explícitamente aquí por la constatación –o, mejor
dicho, la hipótesis– de una supuesta semejanza psicológica entre los
tres artistas aragoneses, en realidad, la filiación entre su propio hermano y Goya va mucho más lejos. La visión dada por Carlos Saura de
Goya queda 'filtrada' por la mirada de su hermano a quien dedica su
película, estrenada poco después de su muerte acaecida en julio de
1998. Sus comentarios sobre la pintura de su hermano mayor aclaran
la comprensión de su propia obra: sitúa a éste en la categoría de los
"plagiarios geniales" que "vampirizan las obras de los demás y las
vuelven a inventar", práctica que aplaude. (Blanco Collado 1993: 119)

El sentido de la filiación, en la obra de Saura, se parece a ello: no
trata las obras de los demás con un respeto que haría de ellas objetos
muertos, "panteonizados". Su visión de Goya corresponde con este
acto de apropiación, de vampirización, perfectamente irrespetuoso,
descrito arriba. Al hacerlo, el cineasta lleva a cabo una doble tarea: la
de volver a dar vida al pintor (alteridad) creando al mismo tiempo su
propia obra cinematográfica (ipseidad). El sentido de la filiación que
concilia alteridad e ipseidad no es por consiguiente asimilable a
ningún conservadurismo. Reproduce el esquema vital de todo individuo, a medio camino entre las múltiples herencias que lo constituyen y
una voz propia que les da cuerpo sin renegar de ellas.

En la evolución de la percepción de la obra de Goya, el conjunto
pictórico conocido como las *Pinturas negras* ha desempeñado un
papel determinante hasta tal punto que funcionan hoy en día como
sinécdoques no solamente del arte de Goya sino también del arte
español. El conjunto de las catorce *Pinturas negras* ha sido durante
mucho tiempo inaccesible a la mirada, lo cual explica en parte el
carácter relativamente tardío de su valoración de la obra goyesca.
Entre los estudios que han contribuido a destacarlas, el ensayo de
André Malraux, *Saturne. Essai sur Goya* (Malraux: 1950), ha sido
determinante y ha marcado un rumbo irreversible en la percepción
general de la obra goyesca. La hipótesis del autor consiste en poner de
realce la auténtica ruptura estética llevada a cabo por Goya, tanto en el
plano estético y estilístico como respecto a la función del arte: "Il
métamorphose la fonction de la peinture, qui n'est plus de séduire
l'amateur, ni d'annexer en l'ornant son monde imaginaire. Il proclame
un nouveau droit du peintre." (Malraux 1950: 90) [Metamorfosea la
función de la pintura, que ya no ha de seducir al aficionado ni ha de

anexionar su mundo imaginario adornándolo. Proclama un nuevo derecho del pintor.]

Esto ha influenciado la visión que propone Saura del artista en *Goya en Burdeos*. Por cierto, la película termina con las palabras finales del libro de Malraux: "Después de Goya empieza la pintura moderna." Con este epígrafe, el cineasta sitúa claramente su película como una prolongación del ensayo del escritor (función de fianza del epígrafe según Genette, 1987: 145) y ofrece retrospectivamente al espectador una clave de lectura (función de comentario). En la extremidad opuesta de la película, justo después de los títulos de crédito, otro texto, en sobreimpresión sobre el primer plano, le hace eco: la dedicatoria "A mi hermano Antonio".

El hecho de dedicar *Goya en Burdeos* a Antonio Saura se puede explicar naturalmente por una mera razón biográfica: se trata de un homenaje al hermano mayor, recién fallecido, que le ha abierto, entre otras muchas puertas, la del cine. Este dato es todavía más pertinente tratándose de la biografía de un pintor, que, además, ha sido una de las mayores referencias de la pintura de Antonio Saura (por ejemplo, la serie de los *Perros* en Saura, Francisco Calvo Serraller 1992). Sin embargo, a ello se añade otro elemento, fundamental, que se vincula con el sistema de eco entre los dos textos liminares del film: la visión de Saura es 'filtrada' por la mirada de Antonio deudora a su vez de la de Malraux. Por la figura interpuesta de su hermano, Carlos Saura hereda toda una tradición interpretativa.

## Las *Pinturas negras* en *Goya en Burdeos*: un pivote

Este arte de heredar, que combina unas filiaciones múltiples, se evidencia en particular en una de las secuencias de la película, la que escenifica las *Pinturas negras*, céntrica, primero en un aspecto muy elemental, el de su ubicación, en el mismo centro del relato. Por otra parte, este pivote, en el sentido material de la palabra, lo es también al nivel del sentido que se le puede otorgar al conjunto de la película. Todo el relato es contagiado por él, imponiéndose como un principio explicativo para la totalidad del retrato propuesto por el cineasta. Las *Pinturas negras* explican al Goya visto por Saura. El segundo elemento que confirma el carácter céntrico de la secuencia radica en la importancia cuantitativa que se le otorga (9,17 min.), cuando estas catorce pinturas no representan más que una parte ínfima de la obra del pintor, realizadas además en un tiempo muy reducido (1820-1822) respecto a una carrera artística que se desarrolló a lo largo de unos sesenta años.

Foto 1: *Pinturas negras*. Las criaturas van saliendo del cuadro.

La secuencia presenta tres funciones principales del *biopic*:
- una función documental, a la vez histórica y biográfica, común a todos los *biopics*, cuyo papel es hacer revivir al pintor en su entorno propio,
- una función especular, propia del *biopic* de artistas, que consiste en demostrarle trabajando y por consiguiente revelar el secreto de su arte,
- una función interpretativa, por la cual el cineasta afirma su visión personal, propone su punto de vista que ha originado el proyecto fílmico.

Estas categorías no son impermeables, pero esta clasificación presenta la ventaja de poderse combinar con el principal eje de lectura de este trabajo, el arte de heredar, al situarse la primera función a nivel de la alteridad (el otro) y la última de la ipseidad (el sí mismo), ocupando la segunda un nivel intermediario. Saura evoluciona nítidamente, en esta parte de la película, desde lo documental hacia lo interpretativo que culmina en el momento final, privilegiado por el lugar que ocupa en la cronología interna del fragmento y por su duración.

## La función documental

La función documental no pertenece exclusivamente al *biopic* sino que concierne el conjunto de las películas históricas, cuya primera vocación es propiciar para el espectador un viaje espaciotemporal, que constituye un verdadero horizonte de espera. En francés la expresión *films à costumes* [películas con trajes de época] traduce esta realidad, al presentarse el aspecto indumentario como una especie de sinécdoque de la función documental.

Carlos Saura no lo elude en *Goya en Burdeos*, que es sin lugar a dudas un *film à costumes*, bien documentado, que sumerge al espectador en la atmósfera de finales del siglo XVIII y principios del XIX, con decorados, vestuario, pelucas, músicas apropiados. En nuestra secuencia, que trata de uno de los aspectos privados de la vida del pintor, en familia en la Quinta del Sordo, la función documental se concentra en la reconstitución de un espacio interior, el de su casa, y en este marco, en las relaciones con dos parientes suyas, una niña, Rosarito (presentada como su hija) y una mujer, Leocadia (presentada como su amante). A partir de elementos historiográficamente averiguados (la Quinta del Sordo, Rosarito y Leocadia han existido efectivamente), el cineasta ha concebido un episodio cuya elaboración pertenece al orden de lo verosímil ya que ninguna fuente lo atestigua, y en el cual combina libremente lo real, lo histórico y documentado, y lo imaginario.

Al nivel de espacio Carlos Saura sitúa la secuencia en los mismos lugares de la ejecución de las *Pinturas negras*, la Quinta del Sordo (o mejor dicho, en un decorado que lo representa). Dada la actual notoriedad de este conjunto pictórico y, sobre todo, su profunda originalidad, debida al hecho de que no se concibió para estar expuesto en el Prado sino para adornar la casa adquirida en 1819 por el artista en la cumbre de la fama como pintor oficial, la representación de la Quinta del Sordo formaba parte ineluctablemente del horizonte de espera de los espectadores de este film biográfico. Toda persona que haya visto en el Prado los lienzos (despegados y restaurados) se ha imaginado sin duda alguna el marco de la casa del pintor para las cuales se pintaron, en la misma pared. El hecho de representar cinematográficamente la Quinta del Sordo remite a una voluntad de ubicar el conjunto pictórico en su marco original, que formaba cuerpo con él: las paredes pintadas, y también el ambiente de los cuartos en los que se ubicaban, su ambiente, su conjunto de muebles, las proporciones de las salas, etc. En la tradición de la pintura decorativa, que Goya practicó para los demás (por ejemplo en los frescos de San Antonio de la Florida), las *Pinturas negras* no pueden concebirse fuera del lugar que las cobijaba, de lo cual no da ninguna cuenta su actual posición en el Prado, a pesar de unos evidentes esfuerzos de presentación.

En la secuencia, Carlos Saura se limita a una visión interior y nocturna de la casa y concentra su visión de la Quinta en un espacio limitado casi a un solo cuarto con el cual expresa su concepción muy personal de la morada del pintor. Notemos de entrada que de esta manera, se aleja voluntariamente de la realidad histórica. Se sabe en efecto que las catorce pinturas se repartían en dos grandes cuartos, respectivamente situados en la planta baja (6 pinturas) y primera planta (8). Pero el cineasta no se ha contentado con la representación de una sola planta. En una sala única, ha reunido una muestra representativa, cuyo objetivo es poner de realce unas pinturas en particular, 6 de las 14, pertenecientes a ambas plantas, que son, por el orden de su aparición en la secuencia: *La romería de San Isidro, El aquelarre, El Perro semihundido, Asmodea, Saturno, Duelo a garrotazos*.

## La función especular

La función documental permite enfocar el arte de heredar mediante un diálogo con el pasado (lo que de él se nos transmitió), en el cual el otro, por más reinterpretado –y asimilado– que sea, sigue siendo percibido como irreductible alteridad. En cambio, la función especular se caracteriza, como su nombre lo indica, por un fuerte espejismo: mirar al otro consiste en querer verse a sí mismo, de modo más o menos directo. En efecto, los *biopics* dedicados a artistas suponen naturalmente el encuentro entre dos creadores: el 'biógrafo' y el 'biografiado' en una situación de cara a cara desigual. Representar al 'biografiado' trabajando le permite al 'biógrafo' una reflexión sobre el arte. El cineasta puede profundizar, a partir de este principio –o decidir no hacerlo–, la dimensión metadiscursiva que se deriva de él.

Hemos visto que, desde un punto de vista topográfico, Carlos Saura concentra su representación del espacio de la Quinta del Sordo prácticamente en un solo cuarto, cuya naturaleza es mixta, a la vez marco de sus relaciones privadas con Leocadia y Rosarito y al mismo tiempo un verdadero taller. En realidad, este segundo aspecto es dominante. En la desnudez del decorado, lo que se pone de relieve, mediante ciertos encuadres, son los instrumentos del pintor en la mesa: en el plano 54, por ejemplo, su carácter invasor es subrayado por un leve contrapicado que acentúa un rápido travelín hacia atrás que les confiere un papel de primer orden. De modo que Goya se representa antes que nada como un pintor, cuyo espacio privado es contaminado por una actividad profesional que contagia las demás funciones vitales. Vivir es pintar y pintar es vivir.

En los planos anteriores, varias de las Pinturas negras aparecían, en el trasfondo de las paredes de la sala, más o menos perceptibles, en función de la profundidad de campo. Pero la cámara no se detenía en ellas, con lo que formaban parte del decorado; 'eran' el decorado. En cambio, en el plano 20, El perro se impone como un motivo mayor: visualmente aparece en su totalidad y ocupa un lugar destacado, en el centro de una imagen perfectamente compuesta, enmarcado por los dos protagonistas (Goya, Rosarito) cuyas miradas nos orientan hacia él. Es dominante también al nivel de los diálogos, porque se habla de él. Así que El perro es la primera pintura negra en la cual se para la secuencia, lo que no se debe al azar. Aquí opera el 'filtro' Antonio Saura. El hecho de otorgarle un lugar relevante a este cuadro califica-do por él como el "más bello del mundo" (Saura y Calvo Serraller 1992: 11) se ha de interpretar aquí como una de las manifestaciones del arte de heredar. En la película que Carlos Saura le dedica a su hermano, la presencia del cuadro que obsesionó a éste durante unos cuarenta años le permite un diálogo con él más allá de la muerte. Pero no se contenta con una mera alusión. Al incluir a El perro en su pelí-cula, reproduce la experiencia pictórica de la variación llevada a cabo por su hermano, ofreciendo una especie de última versión, pero con unos medios propiamente cinematográficos. Al igual que Antonio, Carlos 'trabaja' la pintura de Goya, se apropia de ella, la vampiriza, para utilizar sus propios términos, y la integra en su ficción.

El segundo aspecto de la función especular consiste en mostrar al artista trabajando y se desarrolla en la tercera parte de la secuencia. Cuando Leocadia sale del cuarto, éste ya no es más que taller y Carlos Saura va a mostrar al pintor ejecutando una de las obras de la serie, El peregrinaje a la fuente de San Isidro. La puesta en escena de su activi-dad pictórica es bastante breve (31 segundos para 10 planos). Después de una primera imagen que contrasta con la parte anterior, al tratarse de un primerísimo plano (del recipiente en el que moja su pincel), se

presenta bajo la forma de un campo/contracampo que alterna regularmente unos planos breves (entre 4 y 7 segundos). De manera que la
actividad pictórica se filma con la estructura clásica del diálogo y con
dicha forma, el cineasta subraya el enfrentamiento que supone, entre
el artista y su obra, aspecto subrayado por el hecho de que los fragmentos de la pintura son unos rostros, filmados en primer plano, al
igual que la cara del pintor. A partir de esta escenificación muy clásica, Saura intenta dar cuenta del misterio que preside a todo acto creador, mediante la fabricación del objeto estético. En el rostro de Goya,
leemos una tensión y una concentración extremas. Oímos su respiración que traduce el esfuerzo producido por esta intensa actividad, y el
eco sonoro de las pinceladas rápidas sobre la pared, en el profundo
silencio de la noche. En esta presentación del pintor trabajando, en la
intimidad de un acto creador visto desde lo más íntimo, en primer
plano, el Sí mismo (Saura) se sitúa muy cerca del Otro (Goya), forma
un sólo cuerpo con él: estamos en el corazón del cine de la solicitud.
El diálogo, que es una de las formas del arte de heredar, se manifiesta
aquí en un sobrecogedor efecto de espejo.

**La función interpretativa**

Pero la secuencia no termina con el plano 33 y Carlos Saura la prolonga con un modo de representación que remite a lo que llamo una
función interpretativa. Hasta el plano 33, la visión que nos proporcio-
naba del acto creador era exterior, limitada a la representación de la
superficie de las cosas (el rostro de Goya, la pintura mural). En la
última parte de la secuencia, el cineasta se adentra en la parte más
íntima del pintor revelando en la pantalla el resultado de los disturbios
psíquicos que su actividad ha generado.
    El fragmento (3,19 min.) se desarrolla en 26 planos, de duraciones
muy variables. Se ubica después del precedente, cronológicamente
(espacio-tiempo idéntico) y temáticamente (La romería de San Isidro
sigue siendo el motivo principal). La clave de interpretación se encuentra en medio del plano 35 que se presenta bajo la forma de lo que
Bonitzer designa como "plan tableau". (Bonitzer 1985: 29-42) [plano
cuadro]
    Esto evoca una de las imágenes más conocidas de la inmensa pro-
ducción goyesca, el Capricho 43, El sueño de la razón produce monstruos, que representa, según el texto manuscrito del dibujo preparato-

rio conservado en el Prado, a "el autor soñando". (Dieterich 1975: 22-23) En éste se ve al autor, acodado a una mesa, con la cabeza en brazos, mientras que en la parte derecha de la imagen, unas criaturas demoníacas, que parecen haber salido de su sueño, imponen su presencia amenazadora. Este dibujo (y el aguafuerte, levemente distinto, que se hizo a partir de él), al deber inicialmente utilizarse como portada para la serie de aguafuertes, ocupa un lugar especial en Los Caprichos y en el conjunto de la obra goyesca. Al igual que El perro, por un mismo carácter enigmático, ha suscitado numerosas interpretaciones de parte de los exegetas, la mayor parte de ellos subrayando su aspecto metadiscursivo: el aguafuerte sería una clave de lectura para la obra goyesca en su dimensión de pesadilla, aunque diverjan las interpretaciones sobre el sentido de ésta, a veces relacionada con el pensamiento de la Ilustración, a veces como señal del prerromanticismo del artista. Pero lo que aquí nos interesa es la visión que nos propone Carlos Saura.

Éste ha insertado este 'plano cuadro' en el corazón de la función interpretativa y pone en escena a Goya quien, después de una crisis, ha venido a sentarse a la mesa y ha puesto su cabeza en brazos. Lo citado es fácilmente identificable mediante esta posición, aunque la tarea del citador haya consistido en una re-actualización de éste, mediante su inserción en la materia fílmica (formato rectangular horizontal, colores, actuación del actor, música en off, sonidos, movimiento, narración, etc.). Bajo esta forma mixta, el "plano cuadro" cumple plenamente con la función que Bonitzer presenta como "oxymoron incarné", "monstre composite", "sphinx, qui pose des devinettes au spectateur-oedipe". (Bonitzer 1985: 37) [oxímoron encarnado, monstruo, esfinge que le propone adivinanzas al espectador-edipo]. Sólo hace falta descifrar su sentido en la secuencia.

La escenificación de Carlos Saura invita a identificar a los monstruos del Capricho 43 con unas imágenes mentales que corresponden con una variante del 'sueño', la del sueño despierto, en una especie de pesadilla alucinatoria. Ésta adopta varias formas. En un inicio (planos 36-47), se trata de una deformación de la realidad, a partir de una serie de pinturas muy conocidas por el espectador (las Pinturas negras pero también El Coloso, que, aunque no pertenece a la serie, se vincula estéticamente con ellas), que el cineasta va transformando (desaparición de personajes, sangre derramándose en el cuerpo del personaje devorado por Saturno) para reflejar el trastorno mental de Goya. A esta serie se añade la inserción de una especie de tableau vivant (planos 47-57): irrumpen en el cuarto los personajes de La romería de San Isidro interpretados por actores, e invaden el espacio en torno al pintor. Por fin, en el último plano de la secuencia (59), el espacio-tiempo se borra y el cuarto es recompuesto, vaciado de su mueblaje y de sus accesorios. El mismo Goya desaparece y la representación de la imagen mental se impone en la pantalla: la alucinación, con un ritmo in crescendo, alcanza un clímax, tanto visual como sonoro, antes de que el primer plano de la secuencia siguiente ponga un punto final a la tensión.

Se puede considerar el conjunto del fragmento como una expansión del grabado. Con unos medios propiamente cinematográficos (montaje, luz, música, juegos de campo/contracampo, actuación de los actores, efectos especiales), Carlos Saura ofrece al espectador una variación (en el sentido pictórico del término) del Capricho 43. Así propone su propia interpretación de la creación goyesca en cuyo centro otorga un lugar destacado a la enfermedad padecida por el pintor desde 1792, que lo llevó a las puertas de la muerte en 1819 (justo antes de realizar sus Pinturas negras dejando en él indudables secuelas. Es obviamente imposible pronunciarse sobre la naturaleza exacta de dicha enfermedad, dado el estado de la medicina de la época. Lo indudable, sin embargo, es que Saura la traduce fílmicamente bajo una doble forma, tanto física (el personaje padece en varios momentos violentos dolores de cabeza, hasta la pérdida del equilibrio) como psíquica (acarreando unas alucinaciones estrechamente vinculadas con su producción pictórica, en una relación ambigua de causa-efecto). Su interpretación no es clínica sino que se contenta con traducir en la pantalla unos síntomas que cada uno puede interpretar como quiera.

Al situar en el corazón de la función interpretativa la dolencia y la enfermedad, percibidas como indisociables del acto creador, Carlos Saura hace funcionar de nuevo el arte de heredar respecto con los dos aragoneses de los que hemos hablado ya. Luis Buñuel, primero, cuyo punto en común con Goya, una sordera que lo aisló del mundo, se ha subrayado a menudo. La sordera tardía se vive como pérdida y obliga a volver a definir su relación con el mundo a partir de bases nuevas, en particular a nivel de la comunicación, desprovista de su instrumento más natural: el oído. Buñuel se vanagloriaba de esta vinculación con Goya, como para valorar la insoportable enfermedad que padecía. La otra figura con la cual se relaciona la visión sauriana de un Goya marcado por la enfermedad es la de su hermano Antonio cuya vida ha sido atormentada por el sufrimiento físico debido al ataque de tuberculosis ósea del cual fue víctima con sólo 13 años. Bernard Bessière, analizando uno de los cuadros pertenecientes a la serie de las Crucifixiones, hace de la enfermedad un elemento explicativo de su estética:

> Les circonstances même de sa disparition en 1998 ne furent-elles pas empreintes de cette 'culture de la douleur' contre laquelle il s'emporte dans sa Crucifixion. Avec des moyens plastiques bien différents de ceux d'une Frida Kahlo mais avec la même constance, Saura hurle à notre oreille: 'que ma douleur est laide!', ou plutôt, 'que la douleur est laide'. (Bessière 2001: 346; [Las mismas circunstancias de su desaparición en 1998 se vieron impregnadas en esta 'cultura del dolor' contra la que se rebela en su Crucifixión. Con unos medios muy diferentes de los de una Frida Kahlo pero con una constancia idéntica, Saura nos grita al oído: '¡qué feo es mi dolor!', o mejor dicho, 'qué feo es el dolor'].

La fealdad, que se relaciona con el dolor, siendo una categoría estética que se opone a la belleza que ha imperado durante tanto tiempo en la historia del arte occidental, se impuso en una parte de la pintura contemporánea como consecuencia del hecho de que el hombre "a cessé d'être le reflet de Dieu". (Gagnebin 1994: 83) [ha dejado de ser el reflejo de Dios] Pero para Antonio Saura, como para Goya (en eso radica parte de su modernidad), así como para Carlos Saura, en Goya en Burdeos, la fealdad tiene una dimensión ontológica que remite a la misma condición humana: su inevitable mortalidad. Mostrando la manera con la cual, en Goya, la fealdad, asociada con la vejez, remite al paso de un tiempo destructor, Murielle Gagnebin subraya que "Tout individu est destiné à devenir laid, de même que tout individu, un jour, mourra. Laideur et mortalité font partie intégrantes du destin de l'homme." [Todo individuo está destinado a volverse feo, de la misma manera que todo individuo, un día, morirá. Fealdad y mortalidad forman parte del destino del hombre]. (Gagnebin 1994: 49) En su película, mediante el arte de heredar, Carlos Saura nos enfrenta con una angustia fundamental, la muerte, que la representación artística ha de conjurar...

Foto 2: El dolor. El sueño de la razón produce monstruos…

## Heredar…

Si, en Goya en Burdeos, Carlos Saura se presenta indudablemente como un 'heredero', practica ese arte de heredar sin ceder al 'riesgo' que señalaba el autor de "manquer de présence à la nouveauté du présent." (Finkielkraut 1999: 1) [no presenciar lo novedoso del presente], es decir, de limitarse a un acercamiento petrificado y 'monumentalizante' de los artistas con los cuales entabla un diálogo. Al contrario, se vale de las figuras en las cuales se proyecta como uno de los elementos de su propia creación que lo lleva a re-actualizar, a partir de su situación presente, unos cuestionamientos que atormentaron antes a los demás pero que no por ello quedan desprovistos de su pertinencia y su actualidad. Goya en Burdeos es, claro está, una reflexión sobre el pintor aragonés, pero también y sobre todo, el reflejo de las preocupaciones de un cineasta marcado por la desaparición de su hermano, de su amigo, de su maestro. La reflexión sobre la muerte, que hemos encontrado al final de una secuencia céntrica de la película, remite más ampliamente a una reflexión universal sobre el tiempo que la atraviesa de par en par.

# Bibliografía

Berthier, Nancy. 2005a. 'Carlos Saura ou l'art d'hériter'. En: J.-P. Castellani (ed.) *Goya en Burdeos*. París: Editions du temps: 191-239.

—. 2005b. 'Portrait d'artiste: Luis (Buñuel) vu par Carlos (Saura) –Tolède, 1962– ou le sens de la filiation'. En: *Hommage à Carlos Serrano*. París: Editions hispaniques: 389-396.

—. 2005c. 'Goya en Burdeos de Carlos Saura et le *biopic*: entre tradition et renouvellement'. En: *Les langues néo-latines* 336 (diciembre): 59-76.

Bessière, Bernard. 2001. 'D'une crucifixion apollinienne à un crucifiement dionysiaque...'. En: Jean-Claude Seguin (ed.), *Images et divinités*. Lyon: Grimh-Grimia: 335-347.

Blanco Jesús e Ignacio Collado. 1993. *De Saura (antología)*. Córdoba: Filmoteca de Andalucía.

Bonitzer, Pascal. 1985. *Peinture et cinéma. Décadrages*. París: Editions de l'Etoile.

Dieterich, Anton. 1975. *Goya. Dessins*. París: Editions du Chêne.

D'Lugo, Marvin. 1991. *The Films of Carlos Saura: The Practice of Seeing*. Princeton: Princeton University Press.

Finkielkraut, Alain. 1999. *L'ingratitude. Conversation sur notre temps*. París: Gallimard.

Gagnebin, Murielle. 1994. *Fascination de la laideur. L'en-deçà psychanalytique du laid*. Lausana: Champ Vallon.

Genette, Gérard. 1987. *Seuils*. París: Seuil.

Malraux, André. 1950. *Saturne. Essai sur Goya*. París: Galerie de la Pléiade.

Ricoeur, Paul. 1990. *Soi-même comme un autre*. París: Seuil.

Sánchez-Vidal, Agustín. 1988. *El cine de Carlos Saura*. Zaragoza: Caja de Ahorros de la Inmaculada.

Saura, Antonio, y Francisco Calvo Serraller. 1992. *Saura. El perro de Goya (1957-1992)*. Zaragoza: Gobierno de Aragón.

Saura, Carlos. 2002. *Goya en Burdeos*. Barcelona: Galaxia Gutenberg/Círculo de lectores.

Todorov, Tzvetan. 1981. *Michael Bakhtine. Le principe dialogique*. París: Seuil.

# EL PRESENTE FILMADO

## Ficción: discursos diversos sobre temas sociales

# 'La estética de lo híbrido' en *Hable con ella* de Pedro Almodóvar

## Isabel Maurer Queipo

El estudio presente sobre *Hable con ella* (2002) de Pedro Almodóvar se basa sobre todo en lo 'híbrido' que caracteriza toda la obra del director español. Con este concepto de una 'estética de lo híbrido' se muestra ilustrativamente la posición ambivalente del director español, sus combinaciónes sensibles y sutiles de un pasado oscuro y un presente colorido, de diferentes elementos culturales nacionales e internacionales y también las vinculaciones de los géneros literales y cinematográficos y sobre todo sexuales –representados aquí magistralmente por el tema de la corporalidad, el amalgamiento de cuerpos (viejos, en coma, fragmentados, heridos), de la corrida, de toreros y toreras (en este caso Rosario Flores).

En lo siguiente, para mostrar paradigmáticamente la estética de lo híbrido, se destacarán sobre todo la referencia intermedial de Pigmalión como mito de la pasividad femenina y la actividad masculina, la película muda *El amante menguante* como muestra de la fragmentación del cuerpo (femenino) y los juegos con la androginidad de la corrida de toros.

En 2002, *Hable con ella* gana el Óscar por el mejor guión –lo que significa algo muy importante considerando la obra cinematográfica como multiartística. Es decir, que al contrario de un texto, la película se considera un producto de varias personas: el guionista, el director, el productor ejecutivo, los técnicos, el director escénico, el director de producción, el camarógrafo, etc. Pocas veces, un director de cine está tan envuelto en la producción de su película como Pedro Almodóvar. Así, la película se convierte en una especie de 'hijo único' del director: Después de que *Matador* (1986) había llegado a una fama nacional e internacional, sostenida por la TVE y el Ministro de Cultura, Almodóvar fundó con su hermano su propia empresa de producción El Deseo. Se deshizo de la dependencia económica, pero sobre todo de la dependencia artística de las instituciones cinematográficas con la

intención de ser 'padre único' de sus 'hijos fílmicos'. Almodóvar
mismo declaró:

> Avec mes cinq premiers films, j'ai l'impression d'avoir eu cinq enfants et cinq
> pères différents et d'être toujours en litige avec chacun d'eux, d'autant que
> mes films leur appartiennent non seulement économiquement mais un peu
> aussi artistiquement, au niveau de leur conception. [Con mis cinco primeras
> películas he tenido la impresión de tener cinco hijos de cinco padres diferentes
> y de estar siempre en litigio con cada uno de ellos, sobre todo porque las
> películas les pertenecen no solo económicamente, sino también un poco
> artísticamente al nivel de su concepción]. (Seguin 1995: 70)

En este sentido, se podría aplicar a la obra del director español el
término de *la caméra-stylo*, creado a mediados del siglo veinte por
Alexandre Astruc –aunque muchos críticos lo consideran pasado de
moda, también a causa de los debates sobre la 'muerte del autor'
iniciados sobre todo por Roland Barthes (Barthes 1994: 491-495) y
Michel Foucault.[1] (Foucault 1969: 789-821)

> Le cinéma est en train tout simplement de devenir un moyen d'expression, ce
> qu'ont été tous les autres arts avant lui, ce qu'ont été en particulier la peinture
> et le roman. Après avoir été successivement une attraction foraine, un
> divertissement analogue au théâtre de boulevard et un moyen de conserver les
> images de l'époque, il devient peu à peu un langage. Un langage, c'est-à-dire
> une forme dans laquelle et par laquelle un artiste peut exprimer sa pensée,
> aussi abstraite soit-elle, ou traduire ses obsessions exactement comme il en est
> aujourd'hui de l'essai et du roman. C'est pourquoi j'appelle ce nouvel âge du
> cinéma celui de la caméra-stylo. [El cine está convirtiéndose simplemente en
> un medio de expresión, cosa que ya fueron antes las demás artes, y en
> particular, la pintura y la novela. Después de haber sido sucesivamente una
> atracción de feria, una diversión análoga al teatro de bulevar y un medio para
> conservar las imágenes de la época, se convierte poco a poco en lenguaje. Un
> lenguaje, o sea una forma en la cual y por la cual un artista puede expresar su
> pensamiento, por abstracto que sea, o traducir sus obsesiones exactamente
> como pasa hoy en día con el ensayo y la novela. Por eso denomino ese nuevo
> siglo del cine el de la cámara-pluma]. (Astruc 1948: 144)

Aludiendo al mismo tiempo a las tesis de Marshall McLuhan
(McLuhan 1965) sobre los medios comunicativos como extensión del
cuerpo, como prótesis artísticas, Almodóvar se inscribe en su obra.
Expresando allí sus pensamientos, traduciendo sus obsesiones, realiza
una combinación entre autobiografía, contexto histórico y obra. Pero
las fronteras entre realidad y ficción, entre su vida y el cine no se
disuelven. Es casi más que la idea de *la cámara como pluma del au-*

*tor*: Almodóvar va más allá de esta idea cuando retoma técnicas barrocas del engaño y desengaño dejándolas culminar en una reversión de la realidad y la ficción: Transforma el medio cinematográfico en espacio auténtico y real de sí mismo, mientras que la realidad funciona como construcción de su propia persona. En cuanto a *La flor de mi secreto* (1995) Almodóvar dijo:

> Le cinéma est pour moi de plus en plus un moyen pour m'ouvrir, pour me montrer tel comme je suis pendant que je peux me cacher dans la vie, m'isoler, transmettre une image totalement construite de moi; j'ai le temps. Dans le cinéma, je dois être ce que je suis. Comme le processus d'ouverture s'est effectué partiellement de façon inconsciente, cette fois il était moins douloureux. [El cine es para mí cada vez más un medio para abrirme, para presentarme tal como soy, mientras que en la vida me puedo esconder, aislarme, transmitir una imagen mía totalmente construida: tengo el tiempo. En el cine tengo que ser lo que soy. Como el proceso de apertura se efectúa parcialmente de manera inconsciente, esta vez no fue tan doloroso]. (Strauss 1998: 200)

El mismo Almodóvar se convierte en protagonista espectral e invisible de su universo artístico.

**La estética de lo híbrido**

Este universo está construido a través de una "estética de lo híbrido" (Maurer Queipo 1995) que incluye, en breve, los siguientes puntos:

- El uso de la intermedialidad[2] en analogía al concepto de la intertextualidad de Julia Kristeva: es decir, la mezcla e integración de otros medios como pintura, fotografía, ópera, literatura, radio, televisión, anuncios, etc., pero también la integración de las técnicas específicas de cada medio como la teatralidad de una película, lo fílmico de un texto, etc. (aquí en *Hable con ella*, por ejemplo, el teatro, la teatralidad);
- la autorreferencialidad: es decir, la recurrencia a sus propias obras (aquí la alusión, por ejemplo, a *La flor de mi secreto* y a *Todo sobre mi madre*, 1999) manteniendo un hilo conductor de su obra completa;
- la mezcla de géneros (el (melo)drama, la comedia, la tragedia, etc.)
- la mezcla cultural entre tradición y modernidad (aquí, por ejemplo, la tauromaquia, lo folclórico, el teatro moderno);

- la mezcla de géneros y sexos, es decir, el juego con las identidades y estereotipos, el travestismo y la transsexualidad (aquí, por ejemplo, la androginidad de la corrida, la efeminización de los protagonistas).

Así, por ejemplo, Gregor Schuhen en su artículo sobre *Hable con ella* enumera varios recursos intermediales y alusiones que se encuentran en la película: la pintura (*L'origine du monde* (Gustave Courbet 1866)), la literatura (el mito de Pigmalión Ovidio, *De l'Yvrognerie* (Montaigne, 1588), *Die Marquise von O...* (Heinrich von Kleist, 1808), *Alice's Adventures in Wonderland* (Lewis Caroll, 1865), *A la recherche du temps perdu* (Marcel Proust, 1913-1918)), el cine (*The incredible shrinking man* (Jack Arnold, 1957), *Some like it hot* (Billy Wilder, 1959)), el ballet (*Café Müller* y *Mazurca Fogo* (Pina Bausch, 1978/1986)), la televisión.

Se percibe, sobre todo, lo teatral de la película que se manifiesta también en casí toda la obra del director español conectado al mismo tiempo con recursos autorreferenciales: El telón al principio de *Hable con ella* parece continuar la secuencia final de *Todo sobre mi madre* (1999), película que al mismo tiempo está entrelazada con La flor de mi secreto (1995): Mientras que en *La flor de mi secreto* asistimos a una simulación de donaciónes de órganos, en *Todo sobre mi madre* se nos presenta el caso auténtico de una madre que dona el corazón de su hijo, muerto en un accidente de tráfico.[3]

La red de alusiones, el mosaíco de referencias[4] se refleja al mismo tiempo en la estructura misma de la película, en una estructura laberíntica de las historias trágicas (de amor), principalmente entre Benigno, Alicia, Marco y Lydia cuyas vidas "fluyen en todas las direcciones, pasado, presente y futuro, arrastrando a los cuatro a un destino insospechado".[5] Estas historias llenas de escenas retrospectivas, blancos y recursos intermediales, negándose a toda forma de linearidad (Schuhen 2004: 160) serán potenciadas por las obras de Bausch y la película muda *Amante menguante* –creada exclusivamente para esta película. La forma se pone magistralmente al servicio del fondo.

Al igual, hay que destacar las paralelizaciones y los engranajes de cuerpos como los de las sonámbulas (protagonistas del Café Müller al principio de la película) y Alicia (protagonista de Hable con ella en coma), los de Manolete (torero real, muerto en 1947) y Lydia (la segunda protagonista en coma), los de Marco y Benigno al final de la película. Según Schuhen, en este último caso, por un momento fugaz, los dos hombres se convierten en uno, alter y ego se entremezclan en una imagen-espejo que al mismo tiempo refleja cercanía y distancia. (Schuhen 2004: 172) Es sobre todo esta hibridación de cuerpos diferentes que fascina en la obra de Almodóvar.

Ya la primera escena nos lleva en un sentido barroco al escenario teatral. En esta escena –una "coreografía del destino en miniatura" (Ibídem: 161)– están prefigurados los grandes temas de la película cuando las dos sonámbulas anticipan de forma intermedial el destino de las dos protagonistas de la película (Alicia y Lydia). (Ibídem: 172) Se nos muestra a las actrices en una sala, bailando, mimetizando al son de la música de Henry Purcell, en trance. Poco después una de las sonámbulas (Pina Bausch) en su camisón se paraleliza con ella y se convierte en Alicia (Leonor Watling), la bailarina de ballet que por un accidente cayó en coma.

*Screenshot* de *Hable con ella* (Pina Bausch).

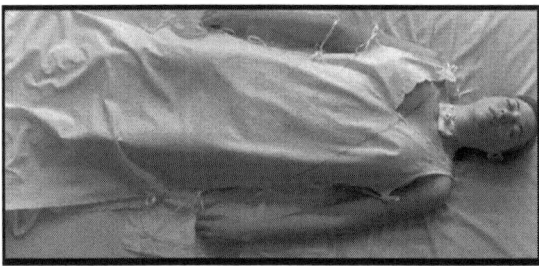

*Screenshot* de *Hable con ella* (Alicia).

Es una especie de metamorfosis de los cuerpos pasivos femeninos que se reflejan otra vez más en la danza final formando –con el baile inicial– el marco de la película. Almodóvar confirma en su página oficial que Pina Bausch había creado sin saberlo, las mejores puertas por las que entrar y salir en *Hable con ella.*

*Screenshot* de *Hable con ella.*

Foto de la obra de Pina Bausch[7], *Masurka Fogo*, 1998 hecha por Francisco Carbone.

## Pigmalión – el mito de la pasividad femenina

Esta pasividad alude a uno de los mitos omnipresentes, el de Pygmalión[6], donde el varón crea activamente su objeto del deseo: Benigno crea su proprio mundo, habitado por su paciente en coma, Alicia. En cuanto a la dualidad antigua –pasividad/mujer, actividad/hombre–, también Schuhen subraya que las dos mujeres, Alicia y Lydia, aparentemente se transforman en encarnaciones de esta pasividad femenina, en construcciones inconformistas y exagerados de feminidad occidental. En el contexto de este espectáculo visual de amoríos imposibles, las dos mujeres pueden ser entendidas consecuentemente como espacios de proyección erótica de sus amantes masculinos cuyos fantasmas ávidos se inscriben en los cuerpos de sus amantes en coma. (Ibídem) Con esta absoluta inmovilidad de la mujer, Almodóvar desvela la absurdidad del mito –como en la mayoría de sus películas. La película muda entrelaza y resume los temas de la película, potenciados por diversas repeticiones (intermediales): el sonambulismo, el suspirar sin palabras de la mujer al final de la película, el silencio, el coma, la incomunicación, el cuerpo mudo, la mujer materia, muda como Alicia al contrario del hablador Benigno. Ya que Benigno y Marco conversan continuamente, los acontecimientos expresan esa forma de incomunicación entre hablar y silenciar, entre hombre espíritu y mujer (materia), esa dicotomía tan antigua y persistente.[7] Es una lucha entre el silencio femenino y el poder de la palabra del hombre. Y si se quiere ir más allá, una lucha entre el órden simbólico atribuido al mundo masculino de la palabra y lo presimbólico atribuido al mundo femenino del suspiro, del sonido, de los tonos.[8]

## El amante menguante – la fragmentación del cuerpo femenino

La película muestra además la fragmentación del cuerpo femenino que se manifiesta en la focalización de diferentes partes corporales: pechos, caras extasiadas, una vagina gigantesca. Sabiendo que a Alicia le gustan las películas mudas, Benigno va al cine para ver el *Amante menguante* y para luego contárselo a ella, hablar con ella. La historia de amor entre Alfredo (el alter ego de Benigno) y la científica Amparo (el alter ego de Alicia) empieza como típica película muda llena de humor y astracanadas. Ella inventa un líquido que Alfredo se toma y empieza a menguar. Después de algún tiempo, Amparo se reune otra

vez con su *amante menguante* y pasan una noche juntos en un hotel.
Ahí Alfredo penetra en la bella durmiente transformándose enteramente en falo lo que alude irónicamente a los teoremas de Jacques
Lacan. (Lacan 1966: 685-695) Como subraya también Schuhen, se
podría destacar que Almodóvar invierte el modelo de Lacan donde, en
resumidas cuentas, el hombre *tiene* el falo mientras que la mujer *es* el
falo.[9]

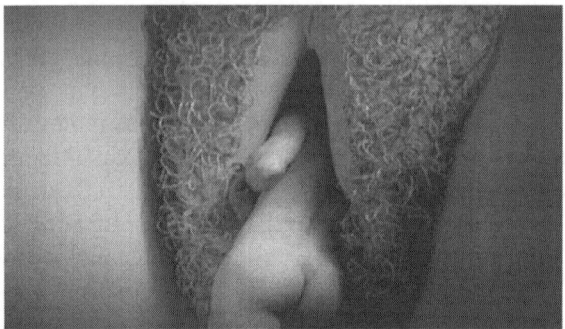

*Screenshot* de *Hable con ella.*

Durante la penetración, la cara extasiada de Amparo se enfoca y se
superpone la cara inmóvil de Alicia aludiendo así a un supuesto or-
gasmo de ella que va a ser violada por Benigno (aunque sea por amor,
más bien por un *amour fou*).

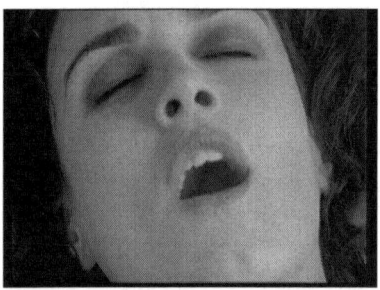
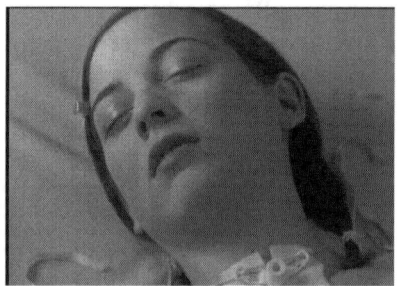

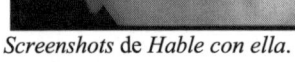
*Screenshots* de *Hable con ella.*

El acto de Benigno no se expone, se sustituye por la película muda,
se presiente por señales mudas, por la paralelización de las caras, por
imágenes de movimientos de líquidos: "Las lámparas de lava (como
los pasillos, y las copas de los árboles movidas por el viento) son una
metáfora del grumoso paso del tiempo. Sus densas burbujas, vagando

sin cesar en el seno de un líquido aceitoso, sugieren el misterioso limbo en el que mora la bella y yacente Alicia". (Almodóvar 2007b)

Así, Amante menguante sirve de tapadera, para tapar "lo que realmente está ocurriendo en la habitación de Alicia". Según Almodóvar, no quisó mostrárselo al espectador, y se inventó Amante Menguante para taparle los ojos. "De todos modos el espectador se enterará de lo que ha ocurrido al mismo tiempo que el resto de los personajes. Es un secreto, que me gustaría que nadie desvelara..." (Ibídem)

**El amante menguante – un dilema estético**

Pero, esta *mise-en-abyme* –la película dentro de la película– como "una opción narrativa, y no precisamente sencilla" (ibídem), no solamente refleja una sentencia de la película, el dilema sexual, sino también un dilema estético: se trata aquí de uno de esos casos delicados, ambivalentes, cuando se quiere mostrar algo que es tabú. Se puede sustituir estéticamente, cayendo en la trampa de ennoblecerlo y relativizarlo. Sería un dilema entre una idea de *l'art pour l'art* – teoretizada por Théophile Gautier y propagada tanto por los surrealistas– y un arte comprometido, en analogía a la literatura comprometida presentada y sostenida tan famosamente por Jean-Paul Sartre.[10] Según el filósofo francés, la literatura comprometida debería comprender y elaborar los componentes socio-históricos, la realidad de una sociedad para sublevarse contra injusticias sociales ya que las palabras son 'pistolas cargadas' –y cuando habla el autor dispara. Refiriéndose a la obra de Kleist, Schuhen subraya, que (igual que la violación de Alicia por Benigno) la violación por el marqués F... tampoco es descrita explícitamente sino expresada por el juego irónico de la ambivalencia de la palabra *Umstand* [circunstancia]. Así, Kleist quita el hierro a cierta problemática moral de esa violación escandalosa. (Schuhen 2004: 167/168) Pero (al contrario de la tesis de Schuhen) es justamente ese desactivar, esa relativización de un acto aparentemente inmoral a favor de una estética artística que no quiere cuadrar con una idea de compromiso artístico. Parece ser más bien una estrategia de escapismo, de capricho artístico. Schuhen, por ejemplo, rehusa valorar moralmente la violación de Alicia –que en su opinión casí está legitimizada por el despertar de Alicia a causa de ese acto.[11] Sigue diciendo que se trata de una empresa arriesgada, bien lograda entre misoginia y habilidad artística ya que *Hable con ella* es una obra completamente construida y que Benigno no es ni delincuente, ni construida y que Benigno no es ni delincuente, ni salvador, ni víctima, sino parte de una red artística. (Schuhen 2004: 171) Pero siguiendo estas ideas, nos confrontaríamos a una segunda forma de escapismo, esta vez de parte de la crítica que de cierta forma potencia la estrategia escapista lamentablemente siempre a favor de una estetización que parece dar carta blanca al autor. Seguirá siendo un dilema sin salidas.

De todas formas, tampoco la posible 'locura', la obsesión de Benigno le libera de su responsabilidad, que ya no diferencia entre realidad y ficción como subraya el diálogo siguiente:

| Benigno: | [...] Quiero casarme. |
|---|---|
| Marco: | ¿Casarte, con quién? |
| Benigno: | Con Alicia. ¡Con quién v a ser! |
| Marco: | ¡Benigno, estás loco! [...] |
| Benigno: | ¿Por qué es tan raro que un hombre enamorado de una mujer se quiera casar con ella? |
| Marco: | ¡Porque la mujer está en coma! Porque Alicia no puede decir con ninguna parte de su cuerpo: "Sí quiero". |

Finalmente, ella despierta por un malparto y Benigno se suicida, sin saber que ella sigue viva.

## La tauromaquia – la subversión del mito

El tema de la relación entre parejas, otra forma de posible incompatibilidad se prolonga en la comparación entre Manolete y Lydia[12], la torera que trás una cogida de toro cae en coma y muere. Con la intercalación intermedial de una foto del famoso torero Manolete de los años cuarenta, se alude a una forma de injusticia socio-cultural: la incompatibilidad entre feminidad y tauromaquia, todavía hoy en día dominada claramente por los hombres. Después de la cogida de toro en el año 1947, Manolete se convirtió en heroe nacional, en símbolo de masculinidad, fuerza y dominio sobre el animal. La paralelización de Lydia y Manolete muestra así por una parte una crítica del rechazo de la integración de toreras en el arte de lidiar, de las tradiciones rígidas del mito masculino y machista. Por otra parte, se trata de un requerimiento a la igualdad de los géneros sexuales, a dejar caer los prejuicios contra el así designado sexo débil y pasivo.

*Screenshot* de *Hable con ella.*

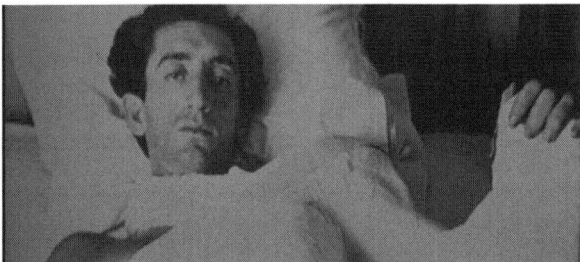

*Screenshot* de *Hable con ella.*

No es la primera vez que Almodóvar usa aquí uno de los mitos arquetípicos de la historia mundial y específicamente española: la lucha ancestral entre hombre y animal, amor y muerte. Ya en *Matador* (1986), Almodóvar mostró su fascinación por la corrida de toros (transformándola en una lucha entre géneros, destacando lo híbrido de este ritual. Suministra un homenaje al mito platónico de la androginidad.[13] Para él, el rito taurino, el baile seductivo funciona como alegoría, como representación teatral y dramatizada de la vida, en donde el hombre se feminiza con su traje de luces lidiando con el animal androginizado. La integración de la torera en su obra cinematográfica manifiesta el placer que siente Almodóvar al provocar constructivamente y al irritar al espectador mezclando tradición y modernidad que en toda su obra se pueden distinguir cromáticamente por los colores oscuros del pasado (franquista) y los colores vivos del presente. Esta dicotomía unida tiene su fuente de inspiración en un momemto clave de la vida del director español:

> Estábamos en el Corte Inglés, buscando el vestido que luciría en Mujeres…
> (ella interpretaba una locutora de telediario) cuando oigo que le dice a la
> dependienta que nos atendía y que insistía en los colores oscuros: „Deme algo

de color, no quiero vestidos oscuros, me he pasado la vida vistiendo de negro. Desde los tres años, que se murió mi padre, hasta que estuve embarazada de éste –me señalaba a mí– encadené un luto con otro. (Almodóvar 1995: 162)

El director español rompe continuamente con modelos e ideas corrientes tratando, por ejemplo, temas tan rígidamente masculinos –y todavía tan dominantes en la España de hoy. Este hecho se muestra sobre todo en los casos de las pocas toreras españolas. Aunque han mostrado un talento singular por el arte de lidiar, finalmente han sido víctimas "del innoble boicot con que les obstaculizaron y obstaculizan casi todos sus compañeros de profesión":

> Juanita Cruz fue, tal vez, la más grande, pero no la primera ni mucho menos la única mujer que se haya dedicado profesionalmente a la práctica del toreo. Otras dos han logrado ver cumplido su sueño de tomar la alternativa: Ambas [Maribel Atiénzar y Cristina Sánchez] han denunciado repetidamente el rancio machismo que domina casi todos los sectores de la Fiesta (y no sólo los más conservadores), y ambas han sido víctimas del innoble boicot con que les obstaculizaron y obstaculizan casi todos sus compañeros de profesión. Se cuenta que ya a finales del siglo pasado, Rafael Guerra Bejarano, 'Guerrita', se negó no solo a compartir cartel con una mujer, sino también a pisar aquel ruedo en el que hubiera toreado alguna de ellas. Por anacrónico y sexista que parezca, muchas figuras de la actualidad mantienen, cien años después, una actitud similar, lo que tal vez pueda explicar que Cristina Sánchez, Maribel Atiénzar y Juanita Cruz, las tres únicas toreras que han podido doctorarse, hayan tenido que tomar la alternativa en plazas extranjeras.[14]

Finalmente, Almodóvar representa con su estética de lo híbrido, sus temas universales y especiales, su constante crítica sútil contra injusticias sociales, contra reglas establecidas, una forma de cine lúdico y también comprometido como lo representa el cine actual español.[15] Invita a sus espectadores a entrar en su universo fílmico, entre pasado y presente, modernidad y tradición, presentando mitos antiguos con nuevos medios y mezclándolos con la actualidad, subvirtiendo tradiciones rígidas con conceptos tolerantes de la igualdad de sexos.

## Notas

[1]  Hay que pensar en las publicaciones de Barthes (1994), Foucault (1994), Jannidis et al. (1999).

[2] Para más información sobre la intermedialidad véase p.ej. las obras de Franz-Josef Albersmeier, Charles Grivel, Jürgen Müller, Beate Ochsner, Joachim Paech, Irina Rajewsky, Volker Roloff, Peter Zima.

[3] Otro caso de autoreferencia lo encontramos en su última película (*Volver*, 2006). Aqui, la protagonista Raimunda (Penélope) congela a su novio en el frigorífico del restaurante de su vecino para luego enterrarlo a las orillas de un lago de La Mancha, región natal de Almodóvar. Alude así magistralmente a un libro ficticio (*La cámara frigorífica*) escrito por Leo Macías alias Amanda Gris (la protagonista de *La flor de mi secreto*) que trata de un hombre que esconde un cadaver en el congelador de un restaurante.

[4] Es sobre todo Kristeva (1969) que crea la idea de los textos como mosaicos de referencias creando así el concepto de la intertextualidad que al igual sirve de base de la intermedialidad. Véase también: *Théorie d'ensemble* (Paris 1968) de Barthes, Derrida, Foucault, Sollers y Kristeva.

[5] Almodóvar, en la *Página oficial Pedro Almodóvar*, comenta también sobre *Hable con ella*: "Estoy habituado a la mezcla de tonos, de géneros, de universos, pero nunca había jugado tanto con el tiempo, algún flash-back kitsch (y hitchcockiano) en *Laberinto de pasiones* y poco más. Aquí el tiempo transcurre en varias direcciones, y la acción principal se ve interrumpida por la aparición de otras acciones con entidad propia, los bailes del principio y del final, la actuación de Caetano, la aparición de *Amante Menguante*, etc." (Almodóvar 2006b)

[6] Metamorfosis de Ovidio (libro décimo, versos 250-297). Cf. Bayer et. al. 1992: 371-373. Aquí Almodóvar convierte el mito, ya que el creador masculino (Benigno) se muere cuando la estátua, el cuerpo 'muerto' de la mujer vuelve a revivir (Alicia).

[7] Según Almodóvar, *Hable con ella* es una mezcla entre la incomunicación de las parejas, la comunicación y "el cine como tema de conversación", "una película sobre la alegría de narrar y sobre la palabra como arma para huir de la soledad, la enfermedad, la muerte y la locura". (Almodóvar 2007a)

[8] Cf. sobre el término 'chora' y el 'orden simbólico', Kristeva 1974.

[9] Cf. Schuhen (2004: 169-170) que se refiere a Lacan.

[10] Cf. sobre *L'art pour l'art* el prefacio a *Mademoiselle de Maupin* de Théophile Gautier y sobre la literatura comprometida Sartre 1948.

[11] Cf. Ibídem: 171. Almodóvar mismo lo tiene bien en cuenta, habiéndose inspirando en casos auténticos: "Como reacción al acoso amoroso, la muerta despierta a la vida... La joven padecía una enfermedad tipo catalepsia y su muerte era solo aparente. (No fui el único que tomó nota del acontecimiento, en Francia se hizo hace dos años una película inspirada en esto). A pesar de que la familia de la resucitada se mostró agradecida al violador no pudieron evitar que lo metieran en la cárcel. Le llevaban paquetes con comida y le buscaron un abogado. Lo insólito de la situación provocó un curioso dilema: para la justicia el chico era un simple violador, pero para la familia, que vivía la realidad según sus sentimientos, el chico le había devuelto la vida a su hija. La noticia no tiene desperdicio, toda ella me ha inspirado, incluido el "dilema moral", que también aparece en *Hable con ella*. (Almodóvar 2006c)

[12] "Vestida con la taleguilla delatora Rosario parece un torero de la estirpe de Manolete. Y embutida en un modelo de Dolce y Gabana es un cañón de mujer. [...] De todas las artistas que conozco Rosario es la única que vestida de torero parece un torero, le sienta bien hasta la montera." Finalmente, Almodóvar ha dado en el blanco escogiendo a la cantaora Rosario Flores como Lydia para este papel delicado con su

"cuerpo atlético y a la vez femenino", reuniendo además el arte del flamenco y el arte de lidiar –de ahí la elección lúdica del nombre 'Lydia'. (Almodóvar 2006d)
[13] Platon 1981: 49 ('Rede des Aristophanes': 47-59). Cf. También la figura del hermafrodita en la obra de Ovidio (IV, 93-97) como base mitológica.
[14] <http://www.geocities.com/Athens/Academy/3336/historia.htm> (Consultado el 14 de mayo de 2003). Cf. aquí sobre todo: 'La Mujer Torera' y 'La torera se va de la plaza' (*ECOS*, enero de 2000: 6).
[15] Véase también las actas del congreso de los hispanistas alemanes en Bremen (1-5 de marzo de 2005) de Burkhard Pohl y Jörg Türschmann sobre 'El cine español desde 1989' publicado bajo el título: *Miradas 'glocales'. Cine español en el cambio de milenio.* (Pohl y Türschmann 2007).

## Bibliografía

Almodóvar, Pedro. 1995. *La flor de mi secreto*. Barcelona: Plaza y Janés.
—. 2006a. *Página oficial Almodóvar*. En línea en:
<http://www.clubcultura.com/clubcine/clubcineastas/almodovar/index.htm>
Consultado el 12 de abril de 2006).
—. 2006b. 'Pepe y la narración'. En: *Página oficial Almodóvar* sobre *Hable con ella*.
En línea en:
<http://www.clubcultura.com/clubcine/clubcineastas/almodovar/hableconella/pep
e.htm> (Consultado el 12 de abril de 2006).
—. 2006c. 'Autoentrevista: Génesis'. En: *Página oficial Almodóvar* sobre *Hable con ella*. En línea en:
<http://www.clubcultura.com/clubcine/clubcineastas/almodovar/hableconella/auto
entrevista3.htm> (Consultado el 12 de abril de 2006).
—. 2006d. 'Lydia'. En: *Página oficial Almodóvar* sobre *Hable con ella*.
En línea en:
<http://www.clubcultura.com/clubcine/clubcineastas/almodovar/hableconella/lydi
o.htm> (Consultado el 12 de abril de 2006).
—. 2007a. 'Sinopsis'. En: *Página oficial Almodóvar* sobre *Hable con ella*.
En línea en:
<http://www.clubcultura.com/clubcine/clubcineastas/almodovar/hableconella/sino
psis.htm> (Consultado diciembre de 2007).
—. 2007b. 'Alicia'. En: *Página oficial Almodóvar* sobre *Hable con ella*.
<http://www.clubcultura.com/clubcine/clubcineastas/almodovar/hableconella/alici
a.htm> (Consultado diciembre de 2007).
Astruc, Alexandre. 1948. 'Naissance d'une nouvelle avant-garde: la caméra-stylo'.
En: *L'Ecran Français* 144.
—. 1994. 'La mort de l'auteur'. [1968]. En: *Oeuvres complètes*. Tomo II. París: Seuil: 491-495.
Foucault, Michel. 1994. 'Qu'est-ce qu'un auteur?' [1969]. En: *Dits et écrits 1954-1988*. Tomo I. París: Editions Gallimard: 789-821.
Jannidis, Fotis, Gerhard Lauer, Matias Martínez y Simone Winko. 1999. *Rückkehr des Autors. Zur Erneuerung eines umstrittenen Begriffs*. Tubinga: Niemeyer.
Kristeva, Julia. 1969. *Séméiotikè. Recherches pour une sémanalyse*. París: Seuil.

—. 1974. *La Revolution du langage poetique. L'avant garde a la fin fu XIXe siecle. Lautreamont et Mallarmé.* París: Seuil.

Lacan, Jacques. 1966. 'La signification du phallus'. En: *Ecrits.* París: Seuil.

Maurer Queipo, Isabel. 2005. *Die Ästhetik des Zwitters im filmischen Werk von Pedro Almodóvar.* Frankfurt a. M: Vervuert.

McLuhan, Marshall. 1965. *Understanding Media. The extensions of man.* Nueva York: Routledge.

Ovidius Naso; Publius. 1994. *Metamorphosen.* Ed. Michael von Albrecht. Stuttgart: Reclam.

Platon. 1981. *Das Gastmahl.* Hamburg: Meiner.

Pohl, Burkhard y Jörg Türschmann (ed.). 2007. *Miradas 'glocales'. Cine español en el cambio de milenio.* Frankfurt: Ediciones Vervuert.

Sartre, Jean Paul. 1948. *Qu'est-ce que la littérature?* París: Gallimard (Idées, N° 58).

Schuhen, Gregor. 2004. 'El amante menguante. Surrealität und Intermedialität in Pedro Almodóvars *Hable con ella*'. En: Uta Felten y Volker Roloff (ed.), *Spielformen der Intermedialität im spanischen und lateinamerikanischen Surrealismus.* Bielefeld: Transcript: 159-176.

Seguin, Jean Claude. 1995. 'La Flor d'Almodóvar'. En: *L'Avant-Scène Cinéma* 445 (octobre), Comptes rendus du Festival de Cannes.

Sin autor. 2000. 'La torera se va de la plaza'. En: ECOS (enero): 6.

—. 2003. 'La Mujer Torera.' En: <http://www.geocities.com/Athens/Academy/3336/historia.htm> (Consultado el 14 de mayo de 2003).

Strauss, Frédéric. 1998. *Filmen am Rande des Nervenzusammenbruches, Gespräche mit Frédéric Strauss.* Frankfurt: Verlag der Autoren.

# ¡Viva la diferencia (sexual)! o *El otro lado de la cama* (Emilio Martínez-Lázaro, 2002)

## Marina Díaz López

El éxito de la comedia musical *El otro lado de la cama* se atribuyó a la buena combinación de un grupo de actores de procedencia teatral con una excelente puesta en escena de los números musicales, que apelaban a la época dorada del pop español y a sus derivaciones más atractivas. El artículo busca explicar su configuración temática inscrita en una tradición bien trabajada en el cine español. La preocupación formal de la película de atender a la diferencia sexual como clave genérica le convierte en un pequeño tratado de las pasiones.

### Hombres y mujeres, o viceversa

Cuatro amigos se toman unas cañas en un bar madrileño. Es tarde a pesar de la luz caliente e intensa del bar. Están cansados. Además, han estado bebiendo y hablan sobre las mujeres, sobre aquello que las hace detestables, infames, imposibles… la búsqueda de la explicación a la lejanía de las mujeres se convierte en una charla sobre si el problema es que en España se practica suficientemente el sexo, o no. La discusión sigue avanzando y los comentarios se van haciendo más deplorables, inconsistentes y patéticos… La imagen se disuelve en un tránsito en el que van en el taxi de uno de ellos para, después, mostrar otro espacio, quizás el billar de otro bar noctámbulo, donde los cuatro amigos entonan como himno un clásico del pop de los ochenta, 'Las chicas son guerreras' del grupo Coz. La canción parece darle una vuelta de tuerca a esa desesperación de incomunicación y de desencuentro con una falsa mirada cándida hacia los eternos femeninos de control o de sumisión siempre bajo el punto de vista de los hombres. En el fondo, la vehemencia con la que la canción describe a las mujeres denota una admiración franca de lo más macarra; una nota característica de la cultura de la Movida madrileña.

Esta escena es una de las líneas de reflexión donde aviene *El otro lado de la cama* y que explica muy bien sus intenciones. De hecho, tendrá una escena de coda que repite el lugar para aumentar la desdicha, al contabilizarse dos nuevas infidelidades para el grupo de amigotes. En estas escenas se expresan varias tradiciones del cine español, actualizadas y renovadas por un espacio de compromiso con cierto sentido de comedia y de cine popular de la producción nacional más contemporánea (Fernández Labayen 2006), que busca un protagonismo juvenil. Así, la película cuenta las peripecias de varios amigos treintañeros, emparejados entre sí, que se son infieles de manera recíproca y desordenada, originando una comedia de enredo que pone de relieve los problemas de la fidelidad en la pareja, la curiosidad que plantean las relaciones sexuales abiertas, los límites de la amistad y la inconsistencia del amor (también del amor propio) cuando las reglas dejan de ser claras. El juego de mentiras y el dolor de las decepciones pasean como propuestas en un film, donde los personajes asumen la mascarada del flirteo, del asumir de manera enfática el deseo sexual, para comprender a una generación y sus horizontes. La escena del bar y la interpretación del himno desgarrado de identificación con el hecho de que 'las chicas *sean* guerreras' explican, como se verá, un punto de vista bastante simpatético con los problemas de hombres y mujeres para relacionarse. En resumen, estamos ante una historia que nos presentará a cuatro hombres y cuatro mujeres buscando la felicidad a través de una peculiar mirada sobre cómo el sexo construye el amor.

## Música

Pero la construcción de la parodia de sentimientos no se quedaba formalmente sólo en ese punto. Dirigida por Emilio Martínez-Lázaro, uno de los mentores de la comedia madrileña de los años ochenta y fiel al tratamiento de la diferencia sexual en todas sus películas, este proyecto de filmar le fue encargado por Telespan 2000, una productora joven, asociada a Impala y respaldada por la cadena de televisión Tele 5. El guión había sido escrito por el novel David Serrano y tenía la peculiaridad de ser un musical. Según una conversación con Serrano[1], no hubo opción a que él la dirigiera porque la cadena televisiva no quería producir otra opera prima, así que el mismo sugirió el nombre del mentado Martínez-Lázaro para llevar a cabo la película. Y éste aceptó, muy probablemente estimulado por un proyecto tan peculiar como éste.

En un principio, las canciones designadas iban a recuperar el pop sesentero español, que llenó el imaginario musical del país en pleno proceso de apertura y modernización, y cuyas canciones lograron hacer confluir la tradición coplera y lírica española con las influencias, todavía melifluas del desarrollo musical europeo, principalmente el repertorio italiano y francés. Esta idea se desechó para buscar en otro fondo musical, que pudiera entroncar mejor con la edad y el público joven al que, evidentemente, convocaba la película. Desde las apariciones más vinculadas a la Movida, con las piezas de Tequila o Coz, se añadían Nacho Mastretta, Kiko Veneno, o el rap melódico, escrito expresamente para la película, de Coque Malla, antiguo líder de Los Ronaldos. El aire de las intervenciones musicales mezclaba las letras de mayor apertura frente a lo lúdico y a lo romántico con los ritmos, ajustados por el experto Roque Baños, de una época dorada del pop y el rock español que ya poseía un evidente marco de nostalgia en su recurso.

Esta redefinición tuvo un excelente resultado, muy a pesar de todos los comentarios medidos de la cobertura mediática durante la preproducción y el rodaje que advertían de la normalidad con la que se acometía este peculiar proyecto. Se apostó desde el principio por hacer cantar a los actores, siguiendo la línea de la película *Everyone says I love you* (Woody Allen, 1996) y rechazando la vía de *On connaît la chançon* (Alain Resnais, 1997), dos ejemplos con los que *El otro lado de la cama* mantiene un claro diálogo genérico. Los espacios musicales traen a presencia la intensidad de un lugar de referencia que alude, a su vez, a los musicales cinematográficos clásicos. De ellos se extrae su forma enfática de desarrollar la dimensión de los sentimientos y de aclarar el ámbito de reflexión de los personajes. Además, la puesta en escena permite desarrollar visualmente la riqueza de la lírica escénica, que el cine ha venido en recuperar de las tradiciones musicales teatrales, siempre en mezcla virtuosa de modernidad y tradición.

Las piezas musicales de la película aparecen al final de las escenas, cuando los personajes que las interpretan se quedan solos, están solos, y la canción sirve, como es tradición, para adentrarnos en su mundo interior, en la expresión de aquello que rehuye la oralidad. Esta ubicación al final del desarrollo dramático del cuadro queda aun mejor desarrollada gracias al acompañamiento bastante sutil de coreografías dirigidas por Pedro Berdayes, director del grupo 10 & 10 junto a Mónica Runde, y Premio nacional de danza en el 2000. Estas escenas daban un fondo expresivo de danza contemporánea a dichos epílogos siempre emocionales. La sencillez íntima de estos números que acompañan a los protagonistas permitía dar una pulsión bastante cotidiana a su flujo de conciencia, donde todas las ocurrencias sucedían para estar evocando explícitamente al deseo, clave en la que son reinterpretadas las canciones. Con este fin, las piezas bailadas de *El otro lado de la cama* suman a la supuesta excentricidad de la expresión corporal de este tipo de danza, la facilidad pero también la agilidad, la viveza de sus movimientos para componer el cuadro expresivo. Así también los protagonistas intervienen y naturalizan el espacio con su intervención y sus pasos menos exactos. Estos personajes fantasmales que encarnan los bailarines establecen un cuerpo metafórico sobre el trasfondo de los sentimientos, a veces interaccionando directa y oralmente con los personajes 'reales'. El resultado es una manera hermosa y precisa de aludir deícticamente al flujo tan literario y rítmicamente musical como siempre es el de la conciencia.

Foto 1: La comedia de enredo a través del juego de miradas. © Telespan 2000

## Comedia

La película se estructura según varios espacios que permiten hacer funcionales las tipologías para vertebrar de una manera clásica la versión libertina de la comedia clásica de enredo. Así, el coro, los cómicos y los papeles principales se distribuyen en el espacio alternando distintos lugares de atribución de la realidad y de su juicio sobre ella. De esta manera se dispone la combinación que permite ejemplificar los valores deconstruidos del amor y de sus derivaciones emocionales. La trayectoria de la comedia española, desde el teatro barroco hasta las instancias alternativas del teatro contemporáneo, ha trabado la película. una estructura creativa para mostrar la paradoja que también se ve impresa en la película.

En primer lugar, contiene varias escenas de vocación claramente colectiva, que permiten pensar en otro ámbito de relaciones dentro de la exposición de la comedia, también ayudadas por los números musicales. Además de la escena con la que se comenzaba el artículo, hay otras dos piezas centradas en la coralidad, que aluden a la configuración del musical como un espacio llamado a convocar a una comunidad o, al menos, a un grupo representativo, apelativo. Estos otros dos espacios son el cuadro de unas niñas que visitan el Museo de Ciencias en Madrid y bailan con Pilar (María Esteve) 'Dime que me quieres', y los títulos de crédito finales donde vemos a los actores, a los bailarines y a varios miembros del equipo cantando y bailando 'Hace calor', claro colofón doctrinario en su iconoclastia amorosa a las conclusiones obradas por la película. Ambos números se abren como dos escenas colectivas que enfatizan de manera completa esta característica tan propia del teatro español, donde las voces diversas y plurales se componen como un extraño coro que imprime carácter a la ejemplaridad de los acontecimientos relatados en un discurso, que siempre se debe entender como ficticio.

Ese coro compuesto desde la pluralidad parte de una diversificación de los tipos que se doblan en todas las posiciones. El foro donde la música y el baile convocan a todos exhibe el carácter de ejemplaridad o de énfasis en las tesis que se van asentando, o que van quedando dispersas en el aire para argumentar el problema expuesto de fondo. En esos espacios, son los personajes tipificados como cómicos los que se adueñan del verbo, como un modo de establecer la posible 'verdad' que sólo se ve desde el margen. Las dos escenas de confesión plural y

colectiva las protagonizan los dos personajes cuya comicidad es expresa; en la escena de 'Las chicas son guerreras' y en la escena del
museo. Ellos son Alberto San Juan, como Rafa y María Esteve como
Pilar. De las dos parejas de acompañantes cómicos, que también están
duplicadas[2] como sucede con las dos parejas protagonistas, los personajes de Rafa y Pilar, constituyen el contratipo de las dos parejas
protagonistas, igualmente dobladas. Son los dos personajes más ex-
tremados en la constitución de un estereotipo masculino y femenino,
paroxísticos en las cualidades atribuidas a ambos géneros, y en su uso
específico del verbo; el soberbio conocimiento sabelotodo del uno y la
pesadez enumerativa y controladora de la otra sirven para establecer
una imagen respecto a la que los protagonistas se distancian, pero
componen un punto de reflexión sobre todas sus vidas sentimentales a
la deriva. La calidad interpretativa de ambos actores, más conocida en
el caso de Esteve que ya había transitado por la construcción de la
'mujer con derivaciones de pesada y obsesiva' en algunas de sus
películas previas como protagonista. Junto a la versatilidad histriónica
de San Juan, ambos permiten acomodar un cuadro de referencia para
la dramatización de infidelidades de sus amigos. El trabajo gestual y
corporal de ellos dos, cuyos personajes compondrán una nueva pareja
al final de la historia y cuyas vidas adquirirán mayor protagonismo en
la secuela de la película *Los dos lados de la cama* (Emilio Martínez-
Lázaro, 2005) prueba la efectividad que tuvieron sus presencias cómicas en la acción esperpéntica y conativa con el público.

En cuanto a los protagonistas, la obra encuentra su virtud en cons-
truirlos sobre la definición de unos personajes bien delimitados y
definidos desde un ángulo poco habitual, pues es poco lo que llegamos
a saber de su vida. Esta faceta no buscada desde el principio, pues la
primera versión del guión daba más datos sobre sus cotidianidades,
según David Serrano[3], no quita ningún interés a su desarrollo, pues se
exhiben en su dialéctica en el cuadro del 'cuatrillo'. La puesta en
escena en torno a los espacios interiores en las casas de todos ellos, o
en el espacio público donde se suelen reunir con los personajes secundarios, asume la teatralización de sus obsesiones y preguntas desde
una mirada completamente explicada desde la calidad actoral de los
intérpretes. La impronta del guión se cifra en apoyar el esquema narrativo sobre ellos, como se va viendo, pero mucho más enfáticamente
sobre los masculinos. La película se asienta claramente, no sólo en su
capacidad de hacerse cargo de los topos narrativos desde donde se

construyen, sino de reinventar su profundidad en un juego físico del espacio donde tienen cabida el *slapstic*, el encuentro del chiste oral inesperado[4] y el gesto visual en apartes, lo que vuelve sobre la construcción de la película como una comedia clásica.

## Cómicos

No puede dejarse de lado el hecho de que la mayor parte de los actores masculinos de la obra (además de alguna de las mujeres, evidentemente Nathalie Poza), incluso los actores incidentales[5], provienen del grupo teatral Animalario, fundado por Alberto San Juan y Guillermo Toledo en torno a 1994, junto a Ernesto Alterio y a Poza, donde más tarde se incorporaría la reseñable presencia de Andrés Lima.[6] La importancia de este grupo alternativo en la configuración de una nueva comedia teatral madrileña, en un foro de creación que proviene de una tradición también fundada en los ochenta, tuvo su culminación pública en la dirección de la celebración de la gala los Premios Goya de la Academia en el 2003. La calidad provocativa de la obra de Animalario ha seguido la subversión de abrir los espacios cotidianos pero también de desenmascarar los lugares claramente ficcionales de la política contemporánea para renovar la sátira (en cuya línea estuvo la celebración de esta gala pero también la obra *Alejandro y Ana. Lo que España no pudo ver del banquete de la vida de la hija del presidente* [José María Aznar]. La presencia en relieve de la naturaleza interpretativa de los componentes de este grupo teatral se percibe de fondo en su participación en la película, donde la puesta en escena de personajes aparentemente construidos sobre la normalidad oculta una pequeña parodia sobre su capacidad para asumir con naturalidad los problemas de la diferencia sexual. Sin embargo, la vertiente sainetesca (Carratalá 1997) en cuya clave también podría pensarse la película se torna rápidamente en esperpéntica, visiblemente en el caso de los personajes masculinos, para obrar el milagro de la ruptura total con las posibles convenciones asociadas al tema. Las capacidades de Ernesto Alterio en su personaje de Javier, para constituir un donjuan actualizado, tacaño y mezquino, pero también desmoronado en la soledad varias veces, y de Guillermo Toledo como Pedro, para rehacer el espacio tradicional del cornudo, y asumir y operativizar como hombre la instrumentalización sentimental y sexual por parte de Sonia, abren el lugar de las perspectivas tipificadas para acercarlas a una veraniega comedia de enredo que no deja de lado la negrura de sus condiciones como seres humanos. La conexión donde se exacerba el patetismo de estos dos personajes es en su dimensión celosa, donde se escabulle otro lugar común de la masculinidad prototípica española que la película utiliza enfáticamente. La obsesión por descubrir a los amantes, por imaginar los encuentros sexuales de sus compañeras, de controlar ese espacio que para ellos es, desde el principio, fuera de campo, hace que se encuentren en una proyección celosa cuya patología, minimizada en la parodia, es una realidad socialmente escabrosa en la actualidad española.

Quizás la verdadera tradición en la que se inserta genéricamente la película debería retrotraer sus logros hacia las convenciones anárquicas y reconstructivas de la así llamada 'Otra generación del 27', auspiciada por cómicos como los hermanos Miguel y Jerónimo Mihura, Enrique Jardiel Poncela, José López Rubio... Su trabajo abordó la capacidad de hilaridad y de pulsión de la tradición de los personajes secundarios para hacerse cargo de lugares de explicación, y pervertir a los personajes principales con su absurdo y su descreimiento enloquecido. (Marsh 2006: 23-27) *El otro lado de la cama* combina ese espacio para obrar el protagonismo de estos actores de procedencia teatral de narrativas corales y de personajes de carácter, para darles un puesto principal. Aquí aparece la autoría del guionista que confirma la calidad coral y basada en Animalario de su ópera prima, *Días de fútbol* (2003). En esta medida, la composición actoral de los personajes, donde esta presentación de comedia anárquica es clara, se incluye en otra tradición de comedia dramática, cuyas raíces habría que buscarlas en la obra de un guionista crucial del cine español, Rafael Azcona, y sobre todo en su trabajo con Luis G. Berlanga, pero también con José Luis García Sánchez o Fernando Trueba. El legado de Azcona en el film permite trazar la trayectoria, de evidente calado de comedia negra. (Sánchez 2006)

El caso de los personajes femeninos es completamente distinto. Las dos actrices elegidas para encarnar a las dos novias no pertenecen a este grupo de creación interpretativa. Se acomodan en dos estereotipos femeninos claros que asumen con la naturalidad de su construcción como *personae* cinematográficas. El personaje de Paula (Natalia Verbeke) es la romántica enamorada que persigue el amor. No conoce las reglas del juego de la infidelidad y rompe con Pedro en cuanto se da cuenta del significado que tiene para ella esta segunda relación. La construcción que Verbeke hace de la cándida enamorada está evidenciada desde su capacidad para convertir la comedia en ternura. (Díaz López 2005) La sensatez con la que se toma en serio a su personaje abierto al amor propicia que, durante toda la película, mantenga un tono de tristeza para el que utiliza claramente, una mirada profunda que le otorga un tono dramático verosímil, y que desmorona. Esta trayectoria interpretativa se deja ver claramente en su perfil como actriz, que combina trabajos de indudable valía cómica con otras aportaciones estrictamente dramáticas que explican su versatilidad escénica. En cuanto a Paz Vega, como Sonia, su presencia en la película también recoge los elementos ya atribuidos a su carrera cinematográfica, donde se pueden destacar con claridad la erotización constante de su figura femenina, pero también cierta calidad cariñosa y enfáticamente atractiva asociada a su leve acento y condición andaluza. La construcción de su hedonismo maternal, que le permite conocer mucho mejor los sentimientos de Pedro que él mismo, a quien además ayuda a pensar en cómo los construye, permite que su infidelidad sea una consecuencia de seguir su voluntad de deseo. En resumen, las chicas construyen personajes donde su huida de los lugares comunes y cómicos ayudan a la calidad de fantasías 'a la mano' que también ellas son para sus compañeros. Y en este punto se desdoblan visualmente en la exhibición notable de sus cuerpos, cuyo desnudismo también apela a una línea de fuga que busca cierto espectador escopofílico y que también predica la naturaleza estelar de las actrices que la interpretan.

Por tanto, el baile de los cuatro personajes, de sus acompañantes y del coro hace más que estimulante la capacidad de la película para asumir el legado de la comedia romántica madrileña desde una impronta reflexiva cuya hipótesis no se diluye en la divertida y sugerente resolución de su tesis.

**Moralina**

El esquema tradicional de la infidelidad cifrado en el trío se hace más complejo al introducir a una cuarta persona que cuadrangula el espacio. Esta estructura logra extraer más posibilidades de la combinatoria que, por otro lado, sirve para poner en juego idealmente las posiciones que dan dimensión al sentido de las escaramuzas sexuales y emocionales. Esta evolución de la infidelidad ha de poner, necesariamente en solfa, la calidad de las relaciones de pareja. La dicotomía entre la necesidad de investigar y practicar el sexo fuera de las convenciones institucionalizadas en torno a la pareja tradicional, y la inercia de asumir la aventura como algo exploratorio, hacen de esta película un pequeño catálogo del desorden amoroso.

El final feliz y abierto que plantea la película suponía una clara apuesta por defender las posibilidades de estabilidad que permite aquello antes llamado 'adulterio'. En el juego, y siguiendo la línea de proyección masculina que posee la película, el conocimiento que tienen Javier y Pedro de las infidelidades recíprocas apunta a una clara asunción de la promiscuidad en un terreno donde precisamente el espacio casi familiar que les une hace asumible algo que, en cualquier otro caso, sería inadmisible. Y algo parecido les pasará a los personajes de Rafa y Carlos. La camaradería que une a estos cuatro personajes, abanicados de dos en dos, deshace la hilacha de la permisividad no comunicativa[7] escondida en esta línea de infidelidad, donde lo femenino no entra más que eso 'otro' que ha de ser atendido y estudiado continuamente; algo que sólo se puede hacer en una pequeña comunidad de solidaridad y de diálogo de la amistad masculina de años.

La lógica de comunicación y de aprendizaje que asumen, por otro lado, las mujeres es visiblemente distinta. Mientras que el personaje de Paula comprende que la vida en pareja que tenía con Pedro era satisfactoria y suficiente para la cotidianidad, Sonia consigue tener un amante cariñoso y fiel, al que está dispuesta a enseñar a compenetrarse con ella cada día más, con el fin de tener un compañero sexual ideal. La visión de Javier como amante para Paula también se termina por concretar como ese hombre que le va a hacer sentir siempre en ese punto de flirteo y seducción inicial, que hará que la relación no crezca, que se mantenga en un punto constante de prolegómeno, de pasión que no buscará determinarse en nada. En este sentido, para ambas mujeres, el paso de cuadrar en sus vidas la presencia de un amante termina por darles una respuesta firme a su voluntad de deseo, pero más importante, a su voluntad de poder.

Esta apología mediada de la infidelidad como forma de convivencia fue evadida como posible línea de afrenta crítica desde el primer momento de la promoción en el que el director Martínez-Lázaro (Intxausti 2002: 40) afirmó con contundencia la huida de la prédica, no está haciendo una película ejemplarizante ni moral una película.

Sin embargo, terminó por serlo, ya que en ella se manejan valores que, claramente, apuntan a favor de la libertad sexual y de la búsqueda del deseo dentro o fuera de la pareja establecida. La reflexión sobre la diferencia sexual y sobre la felicidad sexual que evidencia la película se desliza sutilmente en el título que, en un principio, se había pensado como 'el lado malo de la cama'. Esta ambigüedad entre la presencia física de dos lados en una cama, pero también el fuera de la cama misma, lo que se fragua o se busca fuera, queda sutilmente apuntado en ese espacio 'otro' que ha de ser ocupado junto a alguien. Esta posición parece acarrear consecuencias 'malas' para la vida en pareja… la película no busca por ahí.

Por otro lado, es interesante ver la presencia incipiente y tangencial de personajes de elección sexual homosexual. Ellos también tendrán un protagonismo abierto en la segunda película donde se desarrollarán para incluir sus peculiaridades en el pequeño tratado amoroso que compone la saga de la 'otra cama'. El imaginario respecto a la homosexualidad que explican los hombres, claramente asentado en una confesión masculinista, se verá tambaleando también cómicamente, como un punto más en la evolución de la camaradería masculina. Frente a ella, las mujeres que les acompañan, tendrán que dirimir su deseo con una clave más melodramática, como pasaba en esta primera película, pues el lesbianismo de las dos nuevas novias elige la disolución seria de su decisión.

**Peterpanes**

*El otro lado de la cama* alcanzó un éxito imparable que le situó como la tercera película española en tener mayor recaudación en la primera semana de su exhibición, con un resultado final de más de dos millones y medio de espectadores. Su pertinaz resistencia a salir de la cartelera, permaneciendo en otros horarios frente a estrenos más acuciantes, explicó claramente la aceptación popular que tuvo la película. Probablemente el espíritu genérico de mestizaje entre el musical y la comedia agradó a un público veraniego que se complació con los estereotipos y con el devenir paradójico y desenvuelto de la historia. Los actores pasaron a tener una fama notable dentro de la pequeña industria del cine español, y sobre todo identificó a la pequeña trouppe que repetiría en otros proyectos. Además, siguiendo la emergencia de teatro musical en las salas españolas, se realizó una versión teatral con

un guión del director y guionista Roberto Santiago, y con un repertorio musical nuevo. Los cuatro actores eran otros, pero encarnaban a
los mismos personajes. La versión teatral se ha vendido en Italia y
México. Y en Francia, se ha hecho una nueva versión de la película
titulada *On va s'aimer.* (Iván Calbérac, 2006)

La siguiente película planteada como una hipótesis de producción
se haría realidad tres años más tarde con un elenco idéntico, donde
Javier y Pedro tenían otras novias, y Rafa sigue con Pilar. Los problemas de estos tres personajes para responder frente a la infidelidad
de sus nuevas novias volverá a situarlos en un espacio de inmadurez
que da lugar a otras peripecias cómicas para afrontar el paso. Sin
duda, esta incapacidad para naturalizar la ruptura les lleva a otros
tantos enredos donde se percibe el patetismo por el que se conducen y
con el que resuelven las situaciones. Buena parte de la crítica apuntó a
este elemento definidor como la característica de una generación,
condenada a ser 'peterpanes', jóvenes que no se resuelven a crecer.
Los 'peterpanes' tienen planes, pero tener hijos no es uno de ellos, y
ningún problema existencial, político o social les quita el sueño. Fue
la perseverancia en un cuadro de celos, inmadurez sentimental y explosión sentimental presentado en la primera parte y ahondado en la
segunda, la que probablemente auspició esta hipótesis de interpretación de sus perfiles repetida muchas veces.

Más allá de la pertinencia de esta calificación dada a estos personajes, resulta curioso la excesiva necesidad de calificarles, pues también
son los 'hijos del baby boom', los 'hijos de la generación del 68' o la
'generación X', que es la clave que pervierte la naturaleza en la que
puede ser entendida la película. El pequeño tratado sentimental termina por resultar imposible de asimilar por una crítica cuyos parámetros
de comedia española ha de tener una implicación realista que tenga,
necesariamente, que ver con lo social. La intención de desposeer a los
personajes de un trasfondo para descarnar su infantilismo, su confusión y, sobre todo, su operatividad como tipos resulta propicia. En un
tiempo donde las convenciones institucionales, unidas a nuestro mapa
para explicar la relación entre el amor y el sexo, no dejan nunca de
contar con la ilógica diatriba de los sentimientos explicados siempre
como pulsiones, la película se formula con agrado en las inconsisten-
cias de no saber definir un rumbo, lo que no deja de ser honesto. El
cuadro formado por estos tipos masculinos, enfrentados siempre al

Foto 2: Pedro y Javier dirimen diferencias. © Telespan 2000

eterno femenino demasiado idílico, ha logrado presentar de manera agradable y rupturista las posibilidades sin contestar que lleva aparejada nuestra propia libertad como personas en una sociedad, donde la disponibilidad de pensar las definiciones sobre lo sexual están magníficamente abiertas. A partir de ahí, la situación permite que investiguemos qué tipo de resolución se quiere para la aportación de esta cultura contemporánea y posmoderna a la dialéctica de la diferencia sexual.

## Notas

[1]   Conversación que tuvo lugar en las oficinas de Telespan, el 17 de julio de 2006. Agradezco sobremanera la disponibilidad, información y comentarios facilitados por David Serrano.

[2]   Secun de la Rosa como Carlos y Carol Salvador como Victoria protagonizan otra infidelidad, pues ella es la pareja de Rafa y Carlos es el amigo que trata de imitar a Rafa. Su participación es muy testimonial pero el personaje de Carlos reaparecerá en la secuela *Los dos lados de la cama* y tendrá mayor protagonismo. La cuarta mujer será Pilar Castro como Carlota.

[3]   Por ejemplo, se abundaba sobre la precariedad laboral del personaje de Sonia (Paz Vega) que tenía que repartir propaganda a la salida del metro, o se veía el piso de Pedro (Guillermo Toledo) que era un verdadero cuchitril.

⁴   La famosa frase del "niño melón" pronunciada por el personaje de Pedro cuando
se ve en medio de una escena teatral, y tiene que improvisar, es una de las contribuciones como elemento de comunicación graciosa habitual entre el público adepto de la
película. Esta expresión es un pequeño chiste sobre sí mismo, pues un 'melón' es un
'tontorrón'.
⁵   Como son los dos contrincantes en los partidos de tenis, Luis Bermejo y Coté
Soler; o uno de los compañeros de Paula en la oficina, Javier Gutiérrez.
⁶   La página web de Animalario <www.animalario.net> da cuenta del trabajo del
grupo desde sus orígenes y recientemente se ha publicado también un libro sobre sus
primeros diez años de vida. (Animalario 2005)
⁷   Nunca se nos enseña la discusión sobre lo que ha pasado, sólo vemos cómo se
dirimen las diferencias mediadas simbólicamente a través de una pelea física, y una
reparación con regalos para volver al estadio previo de su relación.

## Bibliografía

Animalario. 2005. *Animalario. Bonitas historias de entretenimiento sobre la humilla-
    ción cotidiana de existir*. Barcelona: Plaza y Janés.
Díaz López, Marina. 2005 'Maletas que viajan. Natalia Verbeke y Gael García Ber-
    nal, presencias y sentidos en un cine transnacional latino'. En: *Archivos de la Fil-
    moteca valenciana* 49: 108-123.
Fernández Labayen, Miguel. 2006. 'Costumbrismo y comedia española contemporá-
    nea'. En: Pérez Perucha, Julio y Pedro Poyato (eds): 61-68.
Intxausti, Aurora. 2002. 'Emilio Martínez Lázaro: "Jugar con la infidelidad es estimu-
    lante"'. En: *El País* (5 de julio): 40.
Marsh, Steven. 2006. *Popular Spanish Film Under Franco. Comedy and the Weake-
    ning of the State*. Nueva York: Palgrave MacMillan.
Pérez Perucha, Julio y Pedro Poyato. 2006. *¡Savia nutricia? El lugar del realismo en
    el Cine español*. Códoba: Filmoteca de Andalucía.
Ríos Carratalá, Juan A. 1997. *Lo sainetesco en el cine español*. Alicante: Universidad
    de Alicante.
Sánchez, Bernardo. 2006. *Rafael Azcona: hablar el guión*. Madrid: Cátedra.

# La soledad a través de la cámara: *Solas* (1999) de Benito Zambrano

## Verena Berger

Con su primer largometraje *Solas* (1999), el director andaluz Benito Zambrano no solamente obtiene fama en España, sino también a nivel internacional. La película se inscribe en la línea del nuevo realismo social característico de la producción de cine español desde los años noventa del siglo XX y relata la historia de dos mujeres, madre e hija, en un barrio humilde de Sevilla. La narración fílmica tematiza la violencia de género, la soledad y la distancia entre las personas y las generaciones. Las relaciones humanas en *Solas* se traducen en las miradas directas e incompletas tanto de la cámara como de los protagonistas mismos.

## La obra cinematográfica de Benito Zambrano

Benito Zambrano, nacido en Lebrija, Sevilla, en 1965, se inició en el mundo audiovisual a través del teatro y la televisión. Empezó estudiando Arte Dramático en el Instituto del Teatro de la Diputación de Sevilla. Además, trabajó de cámara en Canal Sur, mientras participaba en cortometrajes de formato vídeo como *Melli, un niño mal nacido*, *¿Quién soy yo?*, *La última humillación* o *La madre*. Después de realizar diversos cursos de formación cinematográfica, se licenció, con una ayuda de la Junta de Andalucía, en Guión y Dirección en la Escuela Internacional de Cine y TV de San Antonio de los Baños (La Habana) en Cuba. Una de las prácticas que Zambrano realizó durante su estancia en el país caribeño consistía en el guión de un documental que grabó en vídeo en 1993. Con esta película, titulada *Los que se quedaron*, consiguió más de doce premios a nivel internacional, desde el del Festival de Leipzig en 1993 (Alemania) hasta el del Festival de Cine de Friburgo en 1995 (Suiza). También su primer mediometraje, *El encanto de la luna llena*, ha sido galardonado en numerosos festivales internacionales, como el de Huesca (España) o el Latina II (Museum of Contemporary Art, Australia) en 1995.[1]

Con su primer largometraje, *Solas*, el director andaluz obtiene en 1999 no sólo fama en España, sino también a nivel internacional: fue una de las películas más taquilleras del cine español en 2000.[2] Además, había conquistado al público en muchos festivales de cine, desde Cannes a Canadá y Japón. Poco después del éxito obtenido con su ópera prima, Zambrano dirigió la serie de televisión *Padre coraje* (emitida por Antena 3), una historia real de un hombre que se infiltra en los suburbios de Jerez (Cádiz) para esclarecer el asesinato de su hijo cometido en una gasolinera a mediados de los años noventa. En 2005 Zambrano presentó su segundo largometraje, *Habana Blues*, film con el cual se sumerge en la realidad cotidiana de Cuba. La película discurre entre el drama y la comedia y narra las aspiraciones de un grupo de músicos de La Habana que ven en el éxito, tanto artístico como económico, el camino hacia una libertad y un bienestar que su país no les puede proporcionar. Al conocer el precio real de vender sus sueños a unos productores españoles, los protagonistas se deciden por seguir fieles a sus ideas y creencias.

### *Solas* - El nuevo 'cine social' en Andalucía

*Solas*, un proyecto de bajo presupuesto, se inscribe en la línea del nuevo realismo social que desde los años noventa del siglo XX se ha podido observar en la producción de cine español, contrastando con la tendencia hacia la comedia en los ochenta. (Hidalgo 2001: 132) Como el término 'cine de realismo social' ha caído en desuso, hoy día tanto críticos como directores prefieren hablar de 'cine social'. Según Triana-Toribio, se trata de un cine que se centra en los efectos que el entorno causa en el desarrollo del carácter y que favorece temas como el crimen, las drogas o la violencia doméstica. (Triana-Toribio 2003: 156) Un considerable número de películas se dedica a abordar temas sociales así como aspectos candentes de la realidad social contemporánea, como la delincuencia juvenil (*Barrio* de Fernando León de Aranoa, 1998), los malos tratos a menores de edad *(El Bola* de Achero Mañas, 2000), la violencia de género (*Te doy mis ojos* de Icíar Bollaín, 2003), el racismo y la xenofobia (*Lola, vende cá* de Llorenç Soler, 2000), la inmigración (*Flores de otro mundo* de Icíar Bollaín, 1999), el paro (*Los lunes al sol* de Fernando León de Aranoa, 2002) o la minusvalía *(Mar adentro* de Alejandro Amenábar, 2004).

En la producción cinematográfica de España, Andalucía, siendo de las regiones de mayor tamaño en el territorio español, nunca ha contado con un cine que pueda ser considerado andaluz. En gran medida, este hecho se debe a la ausencia de apoyo de la Junta de Andalucía, así como a la falta de escuelas de cine. Pero en el largometraje *Solas* unos actores[3] que no ocultan su marcado acento andaluz narran una historia que se desarrolla en Andalucía. La ópera prima del director Benito Zambrano ha conseguido que el gobierno autónomo se dé cuenta de la posibilidad de la existencia de un 'cine andaluz', a pesar de que algunos, entre ellos Alberto Rodríguez, director de *7 vírgenes* (2005), niegan que exista una etiqueta de 'cine andaluz' (S.N. 2006). *Solas* muestra la ciudad de Sevilla sin el maquillaje folclórico característico de la capital de Andalucía, la tercera ciudad más extensa de España: omite por completo cualquier referencia a imágenes visuales estereotipadas del paisaje urbano, como la Giralda, la torre de la vieja mezquita árabe del siglo XII, o el popular barrio de Santa Cruz con sus calles estrechas llenas de casas señoriales, patios cuajados de flores y fuentes. Al contrario, la película presenta al público una Sevilla desconocida que las guías turísticas no incluyen en sus rutas. Es la otra Sevilla del barrio de San Bernardo, un barrio de clase obrera urbanísticamente degradado, con un caserío viejo y descuidado, con oscuros pisos de alquiler, llenos de olor a humedad, con mendigos viviendo al aire libre y criminalidad callejera. Se trata de los suburbios olvidados que son fruto de desmedidas especulaciones immobiliarias, a las que se añade la pérdida de derechos sociales de una población de bajo poder adquisitivo.

Además del trasfondo urbano de un barrio humilde y poco atrayente, la película de Zambrano presenta con sutileza la tensión, tan característica para Andalucía, entre la tradición y la modernidad, planteando temas importantes como el género, la identidad de la clase social y lo regional. De este modo Zambrano también consigue poner un contrapeso a la preponderancia de Madrid, Barcelona y el País Vasco y descentralizar el paisaje cinematográfico con su primer largometraje *Solas*. Se trata de una de las películas españolas más premiadas y ganadora de cinco premios Goya: El 'Mejor Guión Original' y el 'Mejor Director Novel' para Benito Zambrano. María Galiana obtuvo el premio Goya para la 'Mejor Interpretación Femenina de Reparto'. A Carlos Álvarez-Novoa se le otorgó el premio Goya para el 'Mejor

Actor Revelación' y a Ana Fernández el de 'Mejor Actriz Revelación'.[4]

## La violencia de género en *Solas*

*Solas* es una película de retratos, sobre todo femeninos, que Zambrano resalta por medio de excelentes primeros planos. Las protagonistas son dos mujeres, madre e hija, que originalmente vienen del campo.[5] María, la hija, una mujer soltera de unos 35 años, lleva tiempo viviendo sola en el barrio de San Bernardo, en Sevilla. Ante el vacío y aparente fracaso de su vida, está marcada por la amargura, la decepción y el alcoholismo. Un día la visita de su madre, Rosa, que viene a cuidar a su marido enfermo y padre de María en un hospital de la ciudad, la sorprende en su crisis e indirectamente le ayudará a cambiar su vida.

Zambrano teje la historia de dos figuras femeninas que representan dos generaciones de mujeres vinculadas en la relación madre-hija. (Zecchi 2005: 148) Inicialmente parecen tener caracteres opuestos e irreconciliablemente distintos. Mientras la hija parece haberse adaptado al anonimato de la vida urbana y a la crueldad de un ambiente en el que, según ella, rige el dinero como valor máximo, la madre, al llegar a la ciudad, enseguida establece vínculos afectivos, sea con el médico del hospital, con las plantas que lleva al piso sin luz de su hija, o más tarde con un vecino de la escalera.

Poco a poco, el espectador empieza a entrar en la historia familiar de madre e hija y se abre el abismo ante la violencia ejercida por parte de la figura paterna. El abuso doméstico de mujeres y niños es un tema que alarma a la sociedad española desde finales de los años noventa. (Alberdi 1998) Según las estadísticas del Instituto de la Mujer, las cifras de mujeres muertas a mano de su pareja o ex-pareja aumentaron de 54 casos en 1999 a 72 en 2004.[6] La violencia de género o violencia de la mujer, sin embargo, no es realmente un fenómeno nuevo. Más bien se trata de una realidad que ha estado oculta a través de todas las épocas porque se consideraba un tema de ámbito privado en el que la mujer estaba absolutamente indefensa bajo el dominio de su pareja. Durante los ultimos años, y gracias a los medios de comunicación, que han dado a estas noticias la gravedad y relevancia que tienen, este tipo de violencia está aflorando a la superficie. Como consecuencia, ha dejado de ser un tema privado en la sociedad española para convertirse en un tema de las instituciones públicas que se implican en la erradicación de la violencia doméstica. *Solas* introduce la violencia de género en el cine español, pero no lo revela realmente hasta llegar al final de la película. (Smith 2001: 56)

Cuando Rosa parece haber asumido silenciosamente, y sin quejarse jamás, su destino al lado de un marido que no la respeta, la insulta y pega, María, por esas mismas razones, condena y rechaza la vida de la madre. No acepta su propio origen, que considera miserable. Sólo cuando Juan, el novio de María, un camionero igualmente violento e irrespetuoso, la abandona al enterarse de su embarazo, empieza a entender que tampoco ella ha podido evitar la violencia masculina en su propia vida. Este tipo de representación de la subjetividad femenina en cuanto a sus experiencias como mujeres, además de trabajadoras, es poco común en el cine español. (Jordan y Morgan-Tamosunus 1998: 130)

**Filmar la soledad: la cámara y las miradas**

Contrariamente a la tradición cinematográfica, que se dirige a un público masculino (Kaplan 2000), *Solas* permite la identificación del público femenino con un tema de psicología femenina cuyas protagonistas son mujeres. Según la aproximación a la teoría de género aplicada al cine narrativo, Laura Mulvey constata que el placer de mirar ha quedado dividido entre los conceptos 'activo/hombre' y 'pasivo/mujer'. De este modo, las mujeres en el cine generalmente se convierten en objetos, cuyo significado es su "receptividad-a-la-mirada". (Mulvey 1999: 413) Todo el aparato narrativo del cine se estructura para apoyar el dinamismo de ese tipo de visión: con frecuencia, las películas están hechas por hombres, e incluso los cámaras y los tramoyistas masculinos así como el concepto del ojo de la cámara ejemplifican este mecanismo de 'vista masculina' y 'visión femenina'. La cámara, por lo tanto, crea un posicionamiento del espectador con una determinada carga de género, mientras que la mirada es el lugar de enunciación del discurso cinematográfico.

Zambrano congrega en *Solas* a personajes con un nexo en común: la soledad. (Leonard 2004: 230) El título de la película no solamente alude a la soledad como mujer e individuo así como la soledad ante la mirada masculina, sino que también implica el significado de 'estar solo/-a' y de 'sentir soledad'. Para la representación fílmica del estado anímico de la soledad, el director andaluz recurre a varios recursos estéticos, como la mirada, el color, la música o el lenguaje, creando de este modo una dirección poética y femenina de la cámara. De este modo, Zambrano rompe con el tradicional cine de hombres, que normalmente retrata a mujeres para ser vistas por hombres. La interacción de estos elementos refuerza su valor simbólico para ilustrar la soledad. Además, subraya el potencial narrativo de la mirada, porque, según Annette Kuhn, el objetivo de la teoría y crítica fílmica feminista es "hacer visible lo invisible". (Kuhn 1991: 84) El elemento más importante que Zambrano aplica en *Solas* para retratar la invisibilidad de un estado o de un sentimiento como la soledad es la mirada. A través del ojo humano y de la técnica cinematográfica, la mirada percibe una multiplicidad de 'miradas' al hilo de la lectura de la narración fílmica.

Las miradas en *Solas* no son sólo masculinas o femeninas. La metaficción como estrategia crítica que permite al público tomar conciencia de la estructura narrativa está basada en la relación entre 'ver y ser visto'. Zambrano consigue manejar la cámara de tal modo que ella misma se convierte en un personaje más que está mirando: Muestra al expectador lo que el director observa y a la vez las miradas de los/las protagonistas que el público está viendo. No obstante, la película del cineasta andaluz destaca sobre todo porque permite al hombre entender la manera cómo el sexo opuesto lo mira como objeto de las miradas masculinas, pero también como objeto de sus propias miradas. En definitiva, *Solas* es un cine de mujeres hecho por un hombre que revisa las representaciones habituales, no sólo de la femineidad, sino también de la masculinidad, para poner en funcionamiento el recorrido de la mirada femenina. A parte del posicionamiento de la cámara que define el sistema de las miradas, Zambrano construye en *Solas*, básicamente, dos tipos de miradas: Implica miradas directas ya en las primeras secuencias, cuando Rosa llega al hospital y observa el lugar. Crea el retrato de una mujer de campo de la generación de la Posguerra Española que no sabe ni leer ni escribir y que se traduce en la mirada y en la escasez de las palabras. En lugar de buscar explicaciones para el modo de vida de su hija, contempla en silencio los objetos del piso de María –las luces eléctricas del pesebre, las macetas con flores que le lleva para dar calor humano a la miseria cotidiana– y a las personas –su marido insultándola, su hija borracha en el bar o los sin techo calentándose al fuego en las calles nocturnas. A través de las miradas de la anciana, Zambrano muestra lo que no se pronuncia, lo que no dirá y lo que pasará en el futuro. La callada felicidad que ilumina el rostro de Rosa mientras contempla el amanecer sentada en una mecedora, anticipando no solamente su propia muerte, sino también el desenlace feliz para su hija.

Foto 1: *Solas.*

En otras secuencias de *Solas*, Zambrano confronta al espectador con un segundo tipo de miradas: la mirada incompleta en las tomas en las que María, después de la separación de Juan –el padre de su futura hija–, se encuentra ante unos rieles mientras pasa un tren. Los vagones del tren tapan varias veces la vista, primero del cuerpo en pie, después del rostro de la mujer que se descompone en sollozos y desesperación. La pantalla se oscurece completamente al compás del paso de los vagones, devolviendo a María breves espacios de intimidad sin ser expuesta a la mirada del espectador. También las miradas del anciano Emilio, que está esperando en vano la visita de Rosa, pertenecen a este discurso de lo ausente, de lo no visible. La cámara deja fuera de campo lo que se supone, lo que se relega a la imaginación. De este modo Zambrano crea en *Solas* una estética especial con una marcada dialéctica entre lo que el espectador ve y lo que no ve, lo que se dice y lo que no se dice. Con el recurso fílmico al fuera de campo, el sentimiento propiamente dicho de todos los personajes de la película se traduce por ende en la percepción singular e individual de la soledad.

El director andaluz, además, subraya el sentimiento de la soledad con el uso de colores fríos, como los tonos azulados que predominan en la película. Los azulejos de la escalera de la casa donde vive María son azules, al igual que las paredes de su piso. Del mismo color son su vestido y su chaqueta, el traje que lleva como mujer de la limpieza, y azul es también la vestimenta de su madre. Zambrano expone al espectador a secuencias enteramente teñidas de una luz fría y azulada, como cuando María, después de haberse emborrachado la noche anterior, llora en su cama, mientras la madre limpia la casa. El color azul simboliza en *Solas* el sentimiento de soledad que experimentan los protagonistas, pero también el estado de sentirse literalmente solo/-a, falto de compañía. El decorado de los escenarios en tonos azulados evoca en el espectador este estado de abandono, de tristeza y desesperación de los personajes implicados.

Foto 2: Dos generaciones de mujeres.

No obstante, como contraste a este desamparo visualizado aparecen secuencias con fuertes tonos anaranjados. Tal es el caso de la secuencia en la que Rosa ayuda a Emilio, el vecino mayor, o cuando la vemos sentada poco antes de su muerte en la mecedora. Resaltan, hacia el final de la película, colores fuertes como el verde y el rojo del cuenco de frutas y verduras, el rosa de las flores o el rosáceo de la rebeca sin mangas que la madre había tejido para su hija. A medida que avanza la película los tonos fríos que subrayan la soledad son reemplazados por colores intensos y calientes, como el naranja o rojo, que señalan amparo, pasión, amor y esperanza. De este modo, la intensidad de la luz al final de la película o el vestido rojo que María lleva cuando visita la tumba de su madre en el cementerio focalizan otra actitud sensual: La compañía de Emilio y el bebé recién nacido le confieren confianza en sí misma y en una vida mejor.

Otro recurso estético al que recurre Zambrano para resaltar con intensidad los sentimientos de los protagonistas es la música: Cada vez que la soledad hace su aparición en los personajes de *Solas*, el cineasta apoya estos momentos con melodías tímidas y suaves, dejando a menudo que la música de la película hable por sí sola durante toda una secuencia y omitiendo totalmente el diálogo. La música acompaña sobre todo las apariencias de la madre: cuando está en el hospital, cuando descubre el muro de ladrillo que tapa la vista de la ventana en el salón del piso de su hija, cuando está acostada en la cama o sentada en la mecedora. De esta manera, las melodías sustituyen a nivel de sonido lo que Rosa nunca expresa en palabras: sus propios sentimientos. No obstante, y aparte de ser una película con diálogos sencillos y cortos, el lenguaje hablado es sumamente directo y marcado desde el principio. El primer encuentro hablado en *Solas* ocurre entre el doctor del hospital y María. Esta secuencia ya da un ejemplo para el registro abrupto de la confrontación en el que se desarrollarán muchos diálogos de la película:

| | |
|---|---|
| Doctor: | Me alegro que haya venido. Últimamente me preocupa más su madre que su padre. ¿Sabe usted que anoche se volvió a desmayar? |
| María: | ¿Tiene un cigarro? |
| Doctor: | Sí. Pero aquí no se puede fumar. |
| María: | Me lo voy a fumar afuera. *(Solas*: 0.01:38-0.01:42) |

Mientras el médico intenta establecer una conversación cordial con María, la joven marca claramente su actitud de distanciamiento. No quiere entrar en ningún tipo de discurso emocional y prefiere refugiarse en su propia soledad para no tener que confrontarse con su familia o su pasado. El ritmo pausado y lento de la mayoría de las secuencias habladas crea muchos espacios vacíos que se llenan con contenidos que los personajes utilizan como arma. No solamente María se encuentra en una constante confrontación con el mundo, cuando reacciona de forma tan abrupta. Si en ella esta actitud es signo de defensa, en el caso de su padre todo se reduce a la mera necesitad de humillar y herir a su esposa:

| | |
|---|---|
| Padre: | ¿Estamos solos? |
| Rosa: | Sí. |
| Padre: | Pensaba en cosas de antes y ... ¿Yo he sido un buen hombre? |
| Rosa: | Sí. Me pegaste algunas veces. |
| Padre: | Pero, ¿me porté como un hombre? |
| Rosa: | En casa nunca faltó la comida. |
| Padre: | Pero... un hombre... ¿He sido un buen hombre? |
| Rosa: | No entiendo lo que me quieres decir. |
| Padre: | Bahhh.... déjalo. Vieja tonta, tú que nunca entiendes na'. (*Solas*: 0.53:20-0.54:00) |

Asimismo, una y otra vez los diálogos tocan fugazmente el tema de la soledad, de estar solo, incluso en compañía de otra persona. Es el caso del médico que insinúa que, en perjuicio de su propia salud, la madre no quiere dejar solo al padre hospitalizado; cuando Rosa no quiere que su hija entre sola al bar porque esto no le corresponde a una mujer; cuando subraya que las flores harán compañía a María; cuando María tiene miedo de ir sola a abortar; o cuando la anciana le explica al vecino mayor, Emilio (que vive solo con su perro y con quien la madre establecerá un discreto vínculo amoroso sin jamás llegar más allá de las insinuaciones), que no debería vivir solo.

Con *Solas* Zambrano tematiza diversos tipos de soledad: Se traduce en toda la película en la distancia establecida entre madre-hija, esposo-esposa, padre-hija, amante-amada así como entre las generaciones, y se prolonga en todas aquellas cosas que los personajes no pronuncian nunca con palabras. La soledad de María se inscribe no sólo en el historial violento de su familia, sino también en la inestabilidad de una sociedad en la que predominan cada vez más la precariedad laboral y la pobreza. Además de carecer de una vida emocional estable, se ve sumergida en miedos, preocupaciones y frustraciones que al final intenta ahogar en el alcohol.

Foto 3: El alcohol como amigo.

Al mismo tiempo, la falta de comunicación entre las generaciones y el abismo que se abre entre tan diferentes actitudes ante la vida son temas claves de la película. Por lo tanto, Rosa y Emilio padecen otras formas de 'soledad': la madre vive una soledad que ha sabido asumir sacrificándose por los demás y olvidándose con resignación de sí misma. Según Aguilar, en muchas películas españolas la mujer padece una soledad que viene creada por el dominio patriarcal de su marido y por sus propios principios morales. (Aguilar 1998: 170) Emilio, en cambio, vive en la soledad de la vejez que le ha dejado con la riqueza de una vida llena de experiencias que, sin embargo, solamente comparte con la silenciosa presencia de su perro Aquiles.

*Solas* concluye con la utopía social de un desenlace feliz. Al fracasar los vínculos tradicionales de la familia, el amor desinteresado de una madre por todos los que la rodean consigue unir, más allá de su muerte, a su hija María que, junto con la nieta recién nacida, formará no solamente una familia con el anciano Emilio, sino un nuevo modelo de convivencia que rompe con los modelos tradicionales. Zambrano focaliza con esta película la situación de la mujer española que proviene de clase trabajadora. A pesar de tratarse de diferentes generaciones, incluso en la actualidad la mujer se ve determinada por los efectos del patriarcado del que intenta liberarse. Con esta representación de mujeres en la vida cotidiana, sometidas a la violencia de género, la penuria, la falta de perspectivas laborales, la desatención de los ancianos y la soledad del individuo, la cámara en *Solas* retrata a María y a Rosa como mujeres de carne y hueso, lejos de estereotipos e imágenes hollywoodienses de la mujer idealizada. Zambrano se inscribe con esta película en el movimiento de renovación del cine español surgido en la década de los años noventa y en búsqueda de nuevos temas y nuevas narrativas. Según el crítico de cine Antonio Sempere, *Solas*, junto con la obra fílmica de Fernando León de Aranoa y de Icíar Bollaín, es una de las mejores películas españolas que destacan por su compromiso social así como por la denuncia y/o el reflejo de la realidad.[7] La poética cinematográfica original de Zambrano consigue hacer visible la soledad de modo convincente y con un lenguaje universal: La cámara del director andaluz no solamente penetra en la cotidianidad urbana de un barrio de Sevilla lejos de imágenes turísticas, sino que también permite al espectador asomarse hacia la vida de personas cuya desesperación e impotencia ante la vida posibilita un autodescubrimiento: entender a los demás para entenderse mejor a sí mismo es exactamente lo que ofrece el cine de Benito Zambrano.

## Notas

[1] La filmografía de Benito Zambrano abarca cortometrajes: *La madre* (1987), *La última humillación* (1987), *¿Quién soy yo?* (1988), *Un niño mal nacido* (1989), *Melli* (1990), *Tres minutos para la fama* (1993); mediometrajes: *¿Para qué sirve un río?* (1991), *Los que se quedaron* (1993), *El encanto de la luna llena* (1994); un telefilme: *Padre coraje* (2001); y dos largometrajes: *Solas* (1999) y *Habana Blues*(2005).

[2] Con una recaudación total de 1,5 millones de euros, la película *Solas* obtuvo el noveno lugar entre las diez películas más taquilleras del año 2000. Véase ICCA (Instituto de la Cinematografía y de las Artes Audiovisuales: *Cine español. Tendencias.* En línea en: <http://www.mcu. es/cine/cvdc/ev/pdf/icaaespa.pdf > (Consultado el 24 de julio de 2006).

[3] Los actores de la película eran hasta entonces prácticamente desconocidos. Para Ana Fernández (María), una reconocida actriz de doblaje, fue el primer papel protagonista en el cine, igual que para María Galiana (Rosa), conocida como actriz de teatro. También la carrera de Carlos Álvarez-Novoa (el vecino) está ligada sobre todo al teatro. Véase la biografía y la filmografía de Zambrano. En línea en: <http://www.sictv.org/miradas/num_01/dossier_01_01htm> (24 de julio de 2006) y <http://www.us.es/mastergfn/docentes/Zambrano.htm> (Consultado el 24 de julio de 2006).

[4] Véase Premio Goyas. Palmáres XIV Edición 2000. En línea en: <http://www.elpais.es/comunes/2005/ goya/pal_14html_> (Consultado el 24 de julio 2006)

[5] Ficha técnica de *Solas*: dirección: Benito Zambrano; nacionalidad: España; estreno: 05-03-99; intérpretes: Ana Fernández (María), María Galiana (Madre), Carlos Álvarez-Novoa (Vecino); guión: Benito Zambrano; fotografía: Tote Trenas; música: Antonio Meliveo; montaje: Fernando Pardo.

[6] Véase la página oficial del Instituto de la Mujer. En línea en: <http://www.mtas.es/mujer/mujeres/cifras/ tablas/W801b.XLS> (Consultado el 24 de julio de 2006).

[7] Véase 'Crítico de cine dice que "las mejores películas que se hacen en España son las de compromiso social".' En línea en: <http://www.lukor.com/cine/noticias/0409/17124111.htm> (Consultado el 8 de agosto de 2006).

## Filmografía

Fotos de *Sola*s: Benito Zambrano @ Maestranza Films.
Zambrano, Benito (1999). *Solas*. España: Maestranza Films.

## Bibliografía

Aguilar, Pilar. 1998. *Mujer, amor y sexo en el cine español de los 90*. Madrid: Fundamentos.
Alberdi, Inés. 1997. *Informe sobre la situatión de la familia en España*. Madrid: Ministerio del Trabajo y Asuntos Sociales.
Dapena, Gerard. 2002. '*Solas*: Andalusian Mothers in a Global Context'. En: *Post Script. Essays in Film and the Humanities* 2, 2: 26-37.
Diez Puertas, Emeterio. 2003. *Historia social del cine en España*. Madrid: Fundamentos.
Hidalgo, Manuel. 2001. 'Una excursión sin brújula'. En: *Academia: Revista del Cine español* 30: 127-132.
Jordan, Barry y Rikki Morgan-Tamosunus. 1998. *Contemporary Spanish cinema*. Manchester: Manchester University Press.
Kaplan, E. Ann. 2002. 'Is the Gaze Male?' En: E. Ann Kaplan (ed.) *Feminism & Film*. Oxford: Oxford UP: 119-138.
Kuhn, Annette. 1991. *Cine de mujeres: Feminismo y cine*. Madrid: Cátedra.
Leonard, Candyce. 2004. '*Solas* and the Unbearable condition of Loneliness in the late 1990s'. En: Reboll y Willis (eds) 2004: 222-236.
Martin-Márquez, Susan. 1999. *Feminist discourse and Spanish cinema: sight unseen*. Oxford: Oxford Univ. Press.
Mulvey, Laura. 1999. 'Visual Pleasure and Narrative Cinema'. En: Thornham 1999: 412-428.

178 *Verena Berger*

Reboll, Antonio Lazaro y Andrew Willis (eds). 2004. *Spanish Popular Cinema*. Manchester: Manchester University Press. S.N.

—. 2006. 'El director de *7 vírgenes* niega la etiqueta de cine andaluz.' En: *Diario Córdoba* (10 de marzo).

Smith, Paul Julian. 2001. *'Solas'*. En: *Sight and Sound* 11, 7: 56.

Thornham, Sue (ed.). 1999. *Feminist Film Theory*. Nueva York: New York University Press.

Triana-Toribio, Núria. 2003. *Spanish national cinema*. Londres: Routledge.

Zecchi, Barbara. 2005. 'All about Mothers: Pronatalist Discourses in Contemporary Spanish Cinema'. En: *College Literature* 32.1: 146-164.

# Cineastas españolas que filman en inglés: Isabel Coixet

## María Camí-Vela

Este ensayo indaga en el problemático concepto de 'cine nacional' o 'cine español' en los tres films rodados en inglés de Isabel Coixet: *Cosas que nunca te dije, Mi vida sin mí* y *La vida secreta de las palabras*. Además de las propias palabras de la directora, un breve recorrido analítico por los films evidencia que que la mirada 'nómada' y 'feminista' de Coixet traspasa las fronteras nacionales y culturales para hacer un cine de mestizaje. Un cine en el que domina el Eros de la diferencia, la diversidad y las identidades alternativas. Un cine compuesto por una amalgama de personajes de diferentes culturas y sexualidades, en el que las mujeres, sin embargo, son las principales protagonistas de 'otro' espacio que no es dominado por la dinámica del deseo masculino. Finalmente, un cine que explora el mundo interior de unos personajes que cuestionan el sentido de su existencia en el mundo, estableciendo un diálogo con el espectador, su interlocutor.

La renovación generacional que se está llevando a cabo en la producción fílmica española se debe en parte al considerable número de mujeres cineastas que se han iniciado en la profesión durante los últimos quince años. (Camí-Vela 2005) Un fenómeno interesante es que, quizás con la intención de 'internacionalizar' el cine español, algunas de ellas han optado por filmar en inglés.[1] Sin embargo, la única que ha conseguido una sólida trayectoria profesional en este idioma es la realizadora catalana Isabel Coixet (Barcelona, 1960). De los cinco films realizados por la directora, tres han sido rodados en inglés, *Things I Never Told You* (*Cosas que nunca te dije*, 1996), *My Life Without Me* (*Mi vida sin mí*, 2002), y *The Secret Life of Words* (*La vida secreta de las palabras*, 2005), y los tres han recibido un positivo reconocimiento en festivales y un destacado éxito de crítica y de taquilla que culmina con el triunfo de la directora en la XX edición de los Premios de la Academia de Cine de España.[2] Este ensayo es una breve indagación en la tarea de definir la identidad nacional y la autoría femenina en la obra cinematográfica en inglés de Isabel Coixet.

## Cine, cultura e identidad

La toma de control de la distribución y de la exhibición por parte de las *majors* norteamericanas en el mercado europeo y la completa invisibilidad de nuestro cine, salvo en algunas excepciones, en el continente norteamericano es una realidad conocida por todos los profesionales del cine y tema de numerosos estudios que indagan en la relación entre cine, cultura e identidad nacional.[3] Anne Jäckel concluye que como reacción a este fenómeno:

> Europe's film industries have developed their strengths through the combination of public support at local and European levels, attractive tax polices, and competitive film-making infrastructures. These strategies illustrate just how much individual countries are concerned not only with the creation of new jobs at home but also with the social and cultural value of film… many professionals continue to insist that film should be recognized as an economic and cultural sector with its own specificity and, as such, deserving of special treatment in order to preserve its future. (Jäckl 2003: 146)

La fórmula mágica que define al cine europeo, la combinación de por un lado la lógica de la rentabilidad y por otro la de la protección cultural, puede ser problemática cuando la protección cultural se relaciona con la protección de un cine nacional-europeo. Primeramente, habría que distinguir entre el concepto de la industria nacional y el de cine nacional. O dicho de otra manera, no se puede definir la nacionalidad de un film con criterios puramente industriales (producción, distribución y exhibición). ¿Cómo definir un cine nacional? Para algunos críticos, estos medios definitorios se encontrarían en la relación cine-cultura. Sin embargo, definir la identidad de un cine con respecto a la realidad nacional (o sea, el contexto socio-cultural) a la que presuntamente pertenece, es doblemente problemático, cuando el concepto mismo de nación debería ser reformulado. En el caso del cine español, significaría que una película de nacionalidad española sería la que tratara con elementos propios de la cultura española. Pero, ¿cómo se define la cultura española?

Un defensor de la cultura-cine ¿catalán-español? puede considerar negativo el hecho de que una directora ¿catalana-española? ruede en inglés y fuera de 'su país', como es el caso de Isabel Coixet. ¿Por qué tal acto de traición que no es positivo para la defensa de una cultura-cine en peligro de extinción ante el imperialismo económico y cultural norteamericano?, podrían argumentar algunos profesionales del cine español. De modo que decidí preguntarle a la propia directora: ¿Cuáles son las ventajas y desventajas de rodar en inglés? ¿Qué opinas de los críticos que dicen que tu elección de rodar en inglés se debe a razones de promoción y distribución? La directora claramente rechaza las razones comerciales ofreciendo una explicación de índole personal. Responde Coixet:

> Si me preocupara la promoción o distribución, haría películas comerciales cuando me las ofrecen, como cuando me ofrecieron rodar *In Her Shoes*. Desventaja es el coñazo que todo el mundo te lo pregunte en este país. Lo del inglés, me parece que los cineastas debemos de estar más allá de esas limitaciones. Este comentario que se hace de mis películas me aburre y me resbala. El mundo es muy ancho y ajeno. Historias hay en todas partes. A mí, mi entorno no me inspira tanto. ¿Que un día me inspirará? Si ocurre, haré una película aquí y si no.... Además, rodar en inglés tiene más sentido para el tipo de pelis que a mí me gusta hacer.[4]

Foto: Isabel Coixet en Vancouver durante el rodaje de *My Life Without Me*.

¿Qué tipo de pelis le gusta hacer a Coixet? Las palabras de esta directora que necesita el distanciamiento para encontrar la inspiración se parecen a las de otros directores interesados en hacer un cine caracterizado por 'Thinking Globally and Acting Globally Too'. Éste es el título del artículo de Lim Dennis para referirse a los cineastas norteamericanos que ponen a prueba la noción de lo que constituye un cine nacional. Uno de ellos, Ramin Bahrani, lo expresa de la siguiente manera: "I find it frustrating when people expect a certain country to produce a certain cinema. There´s economic and cultural globalization, but also physical mobility. People move around more." (Lim, 2006) La conexión entre 'movilidad' y cine que menciona Bahrani es una realidad también en el caso de Coixet. Su primera película se rodó en St. Hellen (Oregon, EE.UU), la segunda en Vancouver (Canada) y la tercera en Belfast y Madrid. De modo que decidí preguntar a la directora sobre las razones de este estilo, que yo llamo 'nómada', de hacer cine. La respuesta fue:

> Cada una tiene unas razones diferentes. *Cosas que nunca te dije* es una peli que pensé en EE.UU. en un momento en que yo trabajaba mucho allí. Hice mucha publicidad. Rodé en Arizona, Miami, NY, Los Angeles.... De alguna manera es una película que nace de los personajes y las situaciones que viví allí y me pareció lo más natural del mundo hacerlo en inglés (aunque después tuve que pasar 10 años justificándolo). *Mi vida sin mí* es una película basada en el relato *Pretending The Bed is a Raft* de la norteamericana Nancy Kincaid (Kincaid 1997), una historia en la que las relaciones entre los personajes sólo tienen sentido en Norteamérica. Las relaciones entre los padres, la madre que deja vivir a la hija y los niños al lado de ella en una caravana... sólo tiene sentido en ese mundo. Originalmente tenía que rodarse en EE.UU., pero por razones de presupuesto y de subvenciones (es posible hacer una coproducción con Canadá, pero no con EE.UU.) se hizo en Canadá. Y en el caso de *La vida secreta de las palabras*, yo tenía una idea desde que estuve en una plataforma petrolífera hace muchos años en Chile de una historia que pasaba allí, que luego ha sido la historia secundaria de la película. De alguna manera, esa historia se mezcló con la experiencia de Sarajevo, con la experiencia de conocer a Inge Genefke, la fundadora de IRCT (International Rehabilitation and Counseling for Tortured Victims) cuando hacía un documental sobre esa situación que era parte de un proyecto de Canal Plus.[5] La historia de la plataforma se unió a la vivencia de estar en Copenhague con ella y verle trabajar. También, de estar en Sarajevo en los centros donde se trata a gente que ha sido torturada en los campos de concentración y con experiencias mucho más duras de la que se cuenta en la película. He querido hacer algo sobre un conflicto internacional con unas características que me horrorizan particularmente.[6]

El cine 'nómada' de Isabel Coixet nace de las propias vivencias de la directora que viaja alrededor del mundo y es representativo de un cine denominado 'transnacional' o de 'cultura transfronteriza', que yo prefiero llamar de mestizaje, tanto por su sistema de financiación (coproducciones) y de rodaje (equipo técnico y artístico de diferentes países), como por las múltiples referencias intertextuales y multiculturales que la directora incluye en sus films. Es también un cine de mestizaje porque en él predomina la diferencia, la diversidad y las identidades alternativas a nivel genérico, étnico, cultural y sexual. Pero, dentro de esa amalgama de personajes de diferentes culturas y sexualidades, las mujeres son las principales protagonistas de 'otro' espacio que no está dominado por la dinámica del deseo masculino. Es principalmente a través de los personajes femeninos que Coixet cuestiona el sentido de la existencia, estableciendo un diálogo con el espectador, su interlocutor. Hagamos un breve recorrido a través de sus tres films.

### *Cosas que nunca te dije*

*Cosas que nunca te dije* comienza con la pantalla en blanco y un encadenado de imágenes que formarán parte de ese rompecabezas que estructura el film: sábanas blancas, café derramado, agua que fluye en el río, un cartel en la carretera con el eslogan "Jesús said how many tails can a lizard grow", una secadora en marcha y Don acostado mientras la cámara en picado, con un travelling, recorre su cuerpo al revés. El espectador escucha la voz en off de Don (Andrew McCarthy) que dice:

> Anything can happen. You can love somebody so much that the fear of loosing that person can make you fuck up; forcing you to loose him anyway. You can wake up alongside somebody that you couldn't have conceived of knowing a few hours ago and look at you now… It's like someone gave you a present of a puzzle with parts of a Greek painting, with photographs of some ponies, the Niagara Falls and it's suppose to make sense, but it doesn't.

Las palabras de Don plantean que la vida es una página en blanco abierta a múltiples posibilidades, pero que tiene como factor determinante al azar asociado al tema del amor, o mejor dicho a la pérdida del amor, o mejor dicho, al miedo a la pérdida del amor. El tema del amor como preocupación existencial reaparece en el personaje de Ann (Lili Taylor), pero con la variable de que la protagonista está atrapada en este utópico concepto como máximo portador de felicidad. Así se entiende la respuesta que Ann le da a Don cuando éste le pregunta sobre la razón de su infelicidad. Después del típico chiste de Coixet "they ran out of my favorite ice cream at the store", en el que la directora recurre a la comida como consuelo de forma humorística,

Ann responde con otra pregunta: "¿Do you know what love is?", a la vez que se queja sobre la injusticia de la felicidad.

Como reacción a la ruptura sentimental, Ann intenta suicidarse (hecho que la protagonista niega a la psicóloga), tragándose una botella de quitaesmalte. Después de este 'lavado interior', Ann se propone continuar la purga con otro tipo de limpieza que da título al film. *Cosas que nunca te dije* es una referencia al título que deberían tener los vídeos que Ann planea mandar a su novio, quien, con una llamada telefónica desde Praga, acaba de romper la relación. Una parte central del film consiste en esas sesiones de limpieza interior[7]; en otras palabras, las liberadoras grabaciones de los vídeos en los que la protagonista confiesa esas 'cosas' nunca dichas anteriormente:

> The moment I started loving you was the moment you called to tell me you were leaving me. It was at that moment.... I forgot that I loved you before.... I realized that what we had before was only a reflection of what love is.... I've lived all these years with this believe in this happy ending that no matter what, things are going to turn out ok. I have to keep reminding myself that I am no longer that person that believed those things.... And I used to play dumb with you. I used to pretend not know things that I know. You enjoyed telling me these things. I don't know. I get embarrassed a little, just a little, because I think all women do these things with men...

Las palabras secretas que Ann hace visibles a la cámara-novio-espectador forman parte de la tensión dramática que estructura, no sólo *Cosas que nunca te dije*, sino todos los films de Coixet. Me refiero a la tensión entre la vida y la muerte, la presencia y la ausencia, lo visible y lo invisible, relacionada (no importa si el personaje es hombre o mujer) con la experiencia femenina. Para Ann, el supuesto intento de suicidio es simbólico de la pérdida de la inocencia, la muerte de la antigua Ann que ocultaba a los hombres su verdadera identidad por miedo a perderlos. Sólo de esto modo, podrá realizar un viaje de auto-descubrimiento que se inicia con esa cámara-espejo a quien confiesa 'cosas' ocultas, y que acaba con el abandono del hogar, espacio de la pareja, en búsqueda de un espacio propio. El cine como metafórico viaje de exploración interior, ligado a la temática de la identidad y del sentido frágil y vulnerable de la vida, vuelve a aparecer en *Mi vida sin mí*.

## Mi vida sin mí

*Mi vida sin mí* comienza también con la pantalla en blanco y la voz en off de la protagonista, a quien Coixet vuelve a llamar Ann (Sarah Polley) que dice: "This is you. Eyes closed, out in the rain. You never thought you'd be doing something like this". A continuación un encadenado de primeros y medios planos muestra a una protagonista que bajo el efecto purificador de la lluvia, reafirma su identidad: "This is you. Who would have guessed it? You". Durante el resto del film el espectador tendrá acceso completo al interior de esta joven mujer; conocerá sus sentimientos más secretos a través la voz en off íntima y confidencial que en segunda persona, se dirige a sí misma (efecto del espejo), a la vez que al espectador. Entre las confesiones, se incluye la lista de 'cosas' que debe hacer en los pocos meses que le quedan antes de morir:

1. Tell my daughters I love them several times a day;
2. Find Don a new wife who the girls like;
3. Record birthday messages for the girls for every year until they are 18;
4. Go to Whalebay Beach together and have a big picnic;
5. Smoke and drink as much as I want;
6. Say what I am thinking;
7. Make love with other men to see what it is like;
8. Make someone fall in love with me;
9. Go and see Dad in jail;
10. Get some fake nails (and do something with my hair).

La lista (combinación de elementos dramáticos y cotidianos, de liviandad y de humor), es visible sólo para el espectador (y parcialmente al doctor), ya que el éxito de su plan consiste en que sólo se haga presente al resto de los personajes cuando esté ausente. Nadie conoce el guión escrito por ella, ni el rol que le toca interpretar en él; ni las hijas, ni el amante, ni la madre, ni el marido, ni su vecina que será su futura substituta, su doble, su alter-ego; la otra Ann (Leonor Watling).

En la organización del futuro familiar, Ann rechazará los modelos maternales predominantes en la cultura occidental, como se puede observar en el siguiente diálogo con la madre (Deborah Herry):

| Ann: | I didn't ask you to tell them stupid stories about mothers making dumb-ass   sacrifices. |
|------|------|
| Mother: | Well, what kind of stories do you want me to tell them? *Cinderella*? About murderous step-mothers? |

Ann no se verá a sí misma como la abnegada y sufrida madre, sino todo lo contrario. Así lo expresa en las cintas que les graba a sus hijas: "If you get a new Mom, try and love her, okay? Don't make life impossible for her just out of some royalty to me or something like that". Como en el relato original de Kincaid, Ann va a disfrutar de placeres 'prohibidos' (hará el amor con otro hombre y conseguirá que se enamore de ella), a la vez que buscará una nueva madre para sus dos hijas. ¡Y qué mejor madre podría encontrar que su propia vecina! Esa mujer que lleva su mismo nombre, esa enfermera que, como ella, entiende de la vida y de la muerte, y con quien su familia será también feliz. Con un encadenado de flashforwards a través de la mirada de Ann, el espectador observa la futura familia, a la vez que escucha el monólogo interior de la protagonista que expresa sus últimos deseos que espera se conviertan en realidad:

> You pray that this will be your life without you… You pray that the girls will love this woman who has the same name as you, and that your husband will end up loving her too, and that they can live in the house next door, and the girls can play doll houses in the trailer, and barely remember their mother who used to sleep during the day, and take them on raft rides in bed. You pray that they will have moments of happiness so intense that all of their problems will seem insignificant in comparison. You don't know who or what you're praying to, but you pray….

Ann comienza a vivir cuando se enfrenta con el hecho de que va a morir. Pero, Ann no muere pues su vida continúa en su ausencia como el mismo título del film indica. Coixet cambia el título del relato en el que está basado el film (*Pretending The Bed is a Raft*), pues el significado que la directora quiere dar de la muerte es completamente el opuesto. La muerte no se entiende como una embarcación que te lleva a otro lugar, sino que es parte de la vida misma. Como en *Middlemarch*, la novela de George Elliot que Lee le pone secretamente a Ann en la bolsa de la ropa que acaba de lavar, su vida continuará en las vidas de otras personas ya que así lo ha planeado ella. Controlar el futuro es, en cierto modo, superar la muerte. Así se puede entender la aparente contradicción del título del film. Ann no sólo toma control de su propia vida-muerte, sino del propio concepto de la vida y de la muerte, dándole otro significado.

Además del homenaje que Coixet le hace a Elliot en su film, existe otra gran similitud entre estas dos mujeres creadoras. Me refiero al interés de ambas en situar la acción dramática en el interior de los personajes. Una importante herencia de Samuel Beckett que, en mi opinión, está presente en la cinematografía de Coixet es la dramatización del estancamiento de la acción-tiempo. Me refiero a esa noción no aristotélica y no apocalíptica del tiempo, pura cronicidad que se extiende eternamente ya que no es la acción lo que se dramatiza, sino la experiencia vital. Así se puede comprender el gusto de la directora por salir de detrás del monitor para operar la cámara, y con ella al hombro, acercarse a los actores prolongando los abundantes expresivos primeros planos que caracterizan sus films. La dramatización de la emoción llega a su apogeo en el tercer y último film de la directora, *La vida secreta de las palabras*.

## La vida secreta de las palabras

Contrariamente a los dos films anteriores, en *La vida secreta de las palabras* Coixet no privilegiará al espectador por encima de los personajes. La directora no le ofrecerá a la audiencia ningún conocimiento del misterioso personaje de Hanna ni de su secreto, excepto lo que la protagonista lentamente le va rebelando a Josef su único interlocutor. El resultado es la prolongación en el tiempo de la tensión que la ausencia del conocimiento produce. Suspense que se prolonga hasta el final del film cuando Josef descubre el drama de su violación.

La tensión entre presencia-ausencia se hace aún más evidente en los últimos minutos del film cuando se escucha de nuevo la irreconocible voz en off infantil en primera persona que se había escuchado al inicio del film: "I left a long time ago. Only sometimes, in the summer evenings, when she hears her children's shouting, she has two children now, my brothers…" El espectador se da cuenta que es la voz de un ser ausente que pudo ser, pero que nunca fue y que sin embargo, de alguna manera, era parte de Hanna; el fruto de la violación que probablemente acabó en un aborto y que el film nunca muestra. A Coixet no le interesa la representación fílmica de la violencia, sino su consecuencia: la muerte interior de las personas que la sufren; una muerte irrepresentable que se hace visible en el relato de Hanna a Josef con la intención de producir emoción y conocimiento en el espectador.

Hanna relata a Josef los dramáticos eventos de su violación: "The soldiers were our soldiers. They were soldiers who spoke like me, my own language". La elección de la directora de escoger a una mujer serbia que es violada por hombres serbios como situación dramática no es una casualidad. Si la violación comenzó como arma de guerra de los soldados serbios para llevar a cabo la limpieza étnica que deseaban, rápidamente se convirtió en algo más. En algún momento, el cuerpo de la mujer perdió su identidad nacional; dejó de ser serbia, bosnia o croata, cristiana o musulmana para convertirse en objeto de violencia por el hecho de ser mujer.[8] El cuerpo de la mujer 'deja de existir' porque es la expresión del horror que Freud llamaría "el oscuro continente", muy bien resumido por la crítica francesa Hélène Cixous:

> Because you are Africa, you are black. Your continent is dark. Dark is dangerous. You can´t see anything in the dark, you're afraid. Don't move, you might fall. Most of all, don't go into the forest. And so we have internalized this horror of the dark" (Cixous 1991: 336)

La mujer 'deja de existir' porque su cuerpo es colonizado, destruido por el hombre, debido al ambivalente sentimiento de misterio y miedo que, según Freud, despierta en él. Así se entienden los periódicos episodios históricos de violencia contra la mujer cuyo propósito es mantener el completo y hegemónico poder sobre ella. Esa es la conclusión a la que llega la directora, quien se documentó para el film profundamente:

> Y lo de la violación de las mujeres... El lado de crueldad y de salvajismo que ha pasado en los Balcanes tiene sus orígenes en el siglo XIII, incluso hablé con especialistas (me documenté mucho) y me enteré que hubo cosas que se hicieron con mujeres (descuartizamientos y otras salvajadas) que se habían hecho durante el siglo XIII. Los grabados de esa época son las fotografías de hoy día.[9]

El compromiso político y feminista[10] de Isabel Coixet es evidente. *La vida secreta* de las palabras es un film que denuncia la violación de una mujer determinada en un conflicto determinado: la guerra de los Balcanes. Pero, aunque Hanna es el caso de una violación concreta, de un acto de violencia contra una mujer concreta, es también un personaje metafórico y colectivo. Así se lo dice Inge (Julie Christie) a Josef cuando éste expresa su interés en ver el vídeo que contiene el testimonio personal de Hanna: "Do you know how many Hannas there are here? Do you know how much horror, how much blood, how many deaths or how much hate these tapes hold?" Frente al horror de la violencia, la sangre, el odio y la muerte, Coixet reacciona como Susan Sontag poniendo el arte al servicio del compromiso político, ya que, como dice la autora, a una cierta edad, en el arte como en la vida, el espectador debe perder su inocencia:

> To designate a hell is not, of course, to tell us anything about how to extract people from that hell, how to moderate hell's flames. Still, it seems a good in itself to acknowledge, to have enlarged, one's sense of how much suffering caused by human wickedness there is in the world we share with others. Someone who is perennially surprised that depravity exists, who continues to feel disillusioned (even incredulous) when confronted with evidence of what humans are capable of inflicting in the way of gruesome, hands-on cruelties upon other humans, has not reached moral or psychological adulthood... No one after a certain age has the right to this kind of innocence, of superficiality, to this degree of ignorance or amnesia. (Sontag 2004: 114)

Si Hanna es a la vez un personaje individual y colectivo, también lo es la plataforma petrolífera; ciudad metafórica, representación cinemática de un microcosmos masculino (heterosexual y homosexual) y multiétnico, visitado por Hanna, quien aportará la feminización. A mi pregunta sobre la puesta en escena de *La vida secreta de las palabras*, la directora responde: "¿Qué tienen las petrolíferas? Que hay gente de todo el mundo. En mi peli hay un escocés, un irlandés, un noruego, un español, un americano y Hanna. A mí me va el *melting pot* y la aventura".[11] Efectivamente, el film de Coixet podría incluirse dentro de la categoría de films realizados en los últimos veinte años asociados con los cambios económicos y socio-políticos que vive Europea: por un lado el fenómeno de la globalización; el visible aumento del cosmopolita y multiétnico ambiente de nuestras ciudades; la disolución de las fronteras y las diferencias nacionales para de este modo lograr una nueva identidad europea más uniforme, transnacional o post-nacional. Por otro, el resurgimiento de un fervor nacionalista, e incluso regionalista, especialmente en aquellos países que aspiran a crear nuevos estados-nación, como en la antigua Unión Soviética, Yugoslavia, Escocia y España. (Mazierska y Rascaroli 2003) La plataforma petrolífera es metafóricamente la cinemática utópica ciudad (europea), ciudad en donde la co-existencia de las diferentes culturas contrasta con el fantasma del nacionalismo radical, simbolizado en el cuerpo-texto de Hanna, metáfora de la realidad histórica de Sarajevo y ejemplo existencial de la condición femenina: ciudad 'violada', ciudad 'exiliada', ciudad 'ausente', esa ciudad-cuerpo que fue antes de la guerra y que nunca más volverá a ser.

## Notas

[1] Marta Balletbó-Coll (*Costa Brava (Family Album*) y *Honey, I've Sent The Men To The Moon* ), Isabel Coixet (*Things I Never Told You, My Life Without Me* y *The Secret Life of Words*), Nuria Olivé-Bellés ("Touching", uno de los cortometraje que componen el film colectivo *El dominio de los sentidos*), Gracia Querejeta (*Robert Ryland's Journey* ), María Ripoll (*If Only* y *Tortilla Soup*), Chus Gutiérrez (*Sublet*), Cecilia Barriga (*Time's Up* y el vídeo experimental *Meeting of two Queens*), y finalmente la directora Luna, pseudónimo de María Lidón (*My Gun, Stranded* y *Whore*).

[2] *Things I Never Told You* participó en los festivales de Berlín, Los Ángeles y Montreal; fue premiado en los festivales de Praga, Ardice, Tesalonica y recibió el Premio de Círculo de Escritores Cinematográficos, Premio San Jordi y Premio Revista Fotogramas, entre otros. *My Life Without Me* estaba nominado para cinco Goyas en los Premios Goya del 2003, (incluyendo mejor director y mejor guión). El film recibió los premios al mejor guión adaptado (adaptación realizada por la propia directora) y a la mejor canción original '*Humans Like You*', de Chop Suey). Fue seleccionado para el prestigioso Festival Internacional de Berlín, en donde la directora obtuvo el Premio de la Asociación de Filmotecas Alemanas. En el Festival Internacional de Cine de Mujeres de Burdeos, Scott Speedman recibió el Premio al Mejor Actor. Además del positivo reconocimiento en festivales, la recepción entre los espectadores de *My Life Without Me* fue muy exitosa. En el año 2003, 501.454 espectadores vieron el film. La recaudación en taquilla fue de 2.411.425,00 euros y permaneció en cartelera 37 semanas. El film se situó entre las diez películas más taquilleras del cine español después de *La gran aventura de Mortadelo y Filemón, Días de fútbol, Carmen* y *El oro de Moscú*. (Álvarez Monzoncillo 2004: 50-66) *The Secret Life of Words* recibió los cuatro Goyas más importantes de los Premios Goya del 2005: mejor película, mejor dirección, mejor guión original y mejor dirección de producción.

[3] Para estudios que indagan en la relación entre cine, cultura e identidad nacional, ver, entre otros, Jordan y Morgan-Tamosunas 2000, Everett 2005, Wayne 2002, Zunzunegui 2002, García 2003

[4] Entrevista no publicada realizada por María Camí-Vela en enero del 2006.

[5] El título del documental es *Viaje al corazón de la tortura* (2003).

[6] Entrevista no publicada realizada por María Camí-Vela en enero del 2006.

[7] La idea de limpieza interior se repite también en *La vida secreta de las palabras*. Hanna, la protagonista, tiene una obsesión con las barras de jabón. En este film, el sentirse 'sucia' está relacionado con 'la vergüenza' de haber sobrevivido el horror de la guerra, como al final del film lo expresa Inge (Julie Christie).

[8]   Según los datos de Women for Women International, de las 200.000 personas asesinadas durante la guerra, casi la mitad fueron mujeres y niños no combatientes y 20.000 mujeres y niñas fueron violadas. En línea en: <www.womenforwomen.org> (Consultado el 5 de enero de 2006).
[9]   Entrevista no publicada realizada por María Camí-Vela en enero del 2006.
[10]   Utilizo el término feminista definido por Anneke Smelik. Un film feminista "represents sexual difference from a woman's point of view, displaying a critical awareness of the asymmetrical power relation between the sexes" (1998: 1) [representa la diferencia sexual desde el punto de vista de la mujer mostrando una consciente crítica de la asimétrica relación de poder que existe entre los dos sexos]. Las implicaciones de esta definición es que, como la misma crítica admite, no todo film realizado por una mujer es feminista, a la vez que permite que algunos films realizados por hombres puedan incluirse en esta categoría. (Smelik 1998: 2)
[11]   Entrevista no publicada realizada por María Camí-Vela en enero del 2006.

## Bibliografía

Álvarez Monzoncillo, Jose María y Javier López Villanueva. 2004. 'Informe del año: El cine español de 2003'. En: *Academia* 34: 50-66.

Camí-Vela, María. 2005. *Mujeres detrás de la cámara. Entrevistas con cineastas españolas 1990-2004*. Madrid: Ocho y medio.

Cixous, Hélène. 1991. 'The Laugh of the Medusa'. En: Robyn R. Warhol, Diane Prince Herndl (eds). *Feminisms: An Anthology of Literary Theory and Criticism*. New Brunswick: Rutgers UP.

Everett, Wendy (ed.). 2005. *European Identity in Cinema*. Bristol: Intellect Book.

García, Luis Alonso (ed.). 2003. *Once miradas sobre la crisis y el cine español*. Madrid: Ocho y Medio.

Jäckel, Anne. 2003. *European Film Industries*. Londres: British Film Institute.

Jordan, Barry y Rikki Morgan-Tamosunas (eds). 2000. *Contemporary Spanish Cultural Studies*. Londres: Arnold.

Kincaid, Nancy. 1997. 'Pretending The Bed is a Raft'. En: *Pretending The Bed is a Raft*. Nueva York: Delta.

Lim, Dennos. 2006. 'Thinking Globally and Acting Globally, Too'. En: *The New York Times* (30 de abril de).

Mazierska, Eva y Laura Rascaroli. 2003. *From Moscow to Madrid. Postmodern Cities, European Cinema*. Londres: I.B. Tauris.

Smelik, Anneke. 1998. *And the Mirror Cracked: Feminist Cinema and Film Theory*. Londres: Palgrave.

Sontag, Susan. 2004. *Regarding The Pain of Others*. Nueva York: Picador.

Wayne, M. 2002. *The Politics of Contemporary European Cinema: Histories, Borders, Diasporas*. Bristol: Intellect Books.

Zunzunegui, Santos. 2002. *Historias de España. De qué hablamos cuando hablamos de cine español*. Valencia: Ediciones de la Filmoteca.

# *Poniente* (2002), de Chus Gutiérrez.
## *'En España no hay racismo...'*

## Lorenzo Javier Torres Hortelano

A través del análisis de ciertos momentos clave de la película *Poniente* de Chus Gutiérrez, intentaré relacionar algunos conceptos teóricos como el aura o lo kitsch, con los elementos formales que surgen de las propias imágenes de la película. Para ello, a su vez, intentaré desentrañar la sutil dialéctica entre lo real y lo imaginario que la cineasta ha vertido en éstas. A lo largo de ese análisis, irá revelándose el sentido de la frase que encabeza mi artículo, *'En España no hay racismo'*, y se comprobará cómo cierta hipocresía pervive en nuestra sociedad acerca de ese tema.

Año 2000, fin de semana del 5 y 6 de febrero: 'la barbarie racista se apoderó de El Ejido (Almería)' (Constenla y Torregrosa 2000), teniendo lugar el tercer asesinato en dos semanas, esta vez, de una mujer de 26 años. Estos asesinatos se adjudicaron a emigrantes, muy numerosos en esta zona de Almería debido a la existencia de grandes áreas de cultivo en invernadero ('mares de plástico') necesitadas de mano de obra barata. Todo ello desató "una ola de violencia sin precedentes" (ibídem) que se cobró 22 heridos, sin realizarse, pese a ello, detención alguna. Ese sábado tuvieron lugar concentraciones pacíficas; pero al llegar la noche se desató la xenofobia, "decenas de vecinos arrasaron locales con sello extranjero, como una mezquita, locutorios telefónicos, carnicerías y restaurantes e incendiaron varios coches. El vandalismo duró hasta las cinco de la madrugada, y se recrudeció a lo largo de todo el domingo".[1] (Ibídem)

Aviso al lector de que, de todas formas, sólo lejanamente, en el trasfondo, *Poniente* (2002) está basado en los sucesos de El Ejido del año 2000. Por lo tanto, se trata de una película que intenta mostrar unos sentimientos universales, es decir, no pretende ser una ilustración de lo que allí aconteció.

El Poniente es, efectivamente, uno de los vientos más representativos de las costas españolas que se origina al chocar las borrascas que provienen del interior de la Península, o sea del Poniente, con cuñas saharianas, resultando en un tiempo extremadamente seco y árido en la zona de Levante, muy propicio para incendios. Aquí se descubre ya una estructura metafórica completa de lo que será el conflicto del relato; pues de la península supuestamente civilizada proviene el viento de Poniente, del Oeste, que colisiona con el que se desplaza desde África, originándose así el choque o conflicto. Del mismo modo, Lucía, la protagonista, proviene del Oeste –se sabe que viaja desde Madrid– para encontrarse con Curro, que se hallará en el ojo del huracán. El viento de Poniente, además, sopla insistentemente, erosiona y duele. En este sentido, los mares de plástico que inundan el paisaje almeriense serán tan sólo un refugio provisional ante las pasiones que allí tendrán lugar.

**Historia-s de migraciones**

Chus Gutiérrez sabe lo que es ser emigrante: a los ocho años se trasladó de su lugar de nacimiento, Granada, a Madrid. Posteriormente fue su madre la que la impulsó a viajar a los 17 años a Londres para aprender inglés y más tarde a Nueva York, dónde realizó su ópera prima, *Sublet* (1992). En esta película, que produjo Fernando Trueba, se narran las peripecias de una española en una zona marginal de Nueva York, lo que no deja de indicar que la vida de Chus Gutiérrez ha estado marcada por el viaje migratorio, entendiendo éste como básicamente diferente al turístico. Este dato, junto al hecho de incluir exteriores de la provincia de Granada en la historia de *Poniente*, refuerza la teoría de que se trata de un film con cierto carácter autobiográfico.

En 1995 dirigió *Alma gitana*, que no trata el tema de la emigración; pero sí el del racismo, esta vez, tomando como referencia al colectivo gitano. En esta película también se entrecruza una historia de amor a modo de Romeo (payo) y Julieta (gitana).

Antes de emprender el análisis de algunas de las imágenes clave de *Poniente*, avanzo una sinopsis del relato: Lucía, una maestra de mediana edad residente en Madrid, recibe la noticia de la muerte de su padre, por lo que regresa a su tierra con su hija, Clara. Allí se reencuentra con el pueblo del Poniente andaluz de su infancia. Al lado de este mundo delimitado por el mar y el soplo constante del viento, Lucía descubre otro universo, el de las plantaciones de tomates y sus invernaderos de plástico. En medio de esta mezcla de universos, experimenta una lucha íntima por deshacerse del fantasma de su padre y de su primera hija, ahogada en un accidente en la playa. Desde que emigró, el pueblo ha cambiado mucho: junto a la bonanza económica, han surgido problemas de convivencia, derivados de una nueva sociedad multiétnica, fruto de las sucesivas migraciones provenientes de África. En la atmósfera de éste pueblo de agricultura industrial se respira el miedo al otro, es decir, a la diferencia: el trasfondo del argumento lo conforman los problemas de los emigrantes sin papeles que trabajan a destajo en la recogida del tomate en la costa almeriense. Lucía decide quedarse para continuar el negocio de su padre; lo que se convierte en un pretexto para dar un giro a su vida. Parte de ese giro se personifica en Curro, un hombre también desarraigado –como la misma Lucía y los emigrantes de todo tipo que pueblan la película– que se crió en Suiza en los años de la emigración española de la posguerra y que también busca un sitio al que pertenecer. Ambos se sienten solos y con deseos de cambiar sus vidas, por lo que su encuentro despierta en ellos una atracción que les llevará a vivir una apasionada historia de amor. El conflicto se inicia cuando el primo de Lucía quiere quedarse con parte de su herencia. Pero como no lo consigue legalmente, éste decide quemarle el invernadero. Todo ello será aprovechado por los terratenientes del pueblo para echarles la culpa a los emigrantes y empezar un linchamiento contra éstos.

En el transcurso de la historia de *Poniente* hay una idea que quizá se ha olvidado demasiado pronto en la sociedad española contemporánea: España es o ha sido durante siglos un país de emigrantes. Si, además, nos concentramos en las primeras décadas de la segunda mitad del siglo XX, es fácil comprobar que la emigración española es comparable a la que podemos recibir ahora de los países del norte de África o de Latinoamérica, al menos en lo que tiene de sufrimiento y de lucha por la dignidad y libertad. Es lo que la misma Chus Gutiérrez ha llamado 'memoria histórica'.

Como afirman los investigadores Malgenisi y Giménez,

> Las migraciones tienden a ser selectivas más que productos del azar, en términos de cualificación, expectativas, orígenes y destinos. Los emigrantes de un país determinado suelen ser habitantes bastante atípicos dentro de su país natal, tanto en su origen social como geográfico [...] Del mismo modo, los puntos de destino no eran casuales, sino que se ligaban a regiones específicas de origen, lo cual se manifestaba en los patrones de residencia en

la sociedad receptora, a veces constituyendo nichos de los barrios de personas
con un supuesto origen común [...] o residiendo en barrios distintos que los de
sus connacionales, que hubieran llegado previamente (especialmente, si
poseían menores ingresos). (Malgenisi y Giménez 2000: 139-140)

Lo que me interesa señalar de esta constatación, que no suele formar
parte del imaginario socialmente establecido del emigrante, es que su
origen suele ser ya una toma de postura, un paso adelante que le diferencia de la mayoría de sus vecinos, lo que revela que son seres
humanos que parten ya con una sensibilidad a flor de piel hacia lo que
supone el choque por interrelacionarse con el Otro. Más importante
aún –y ahora desde la perspectiva europea– es el tener en cuenta el
hecho de que son personas ya con cierto grado de marginalidad en sus
lugares de origen, lo que habría que tener en cuenta de cara a su integración, pues, por ejemplo, desde ese momento no serían una estadís-
tica más y se convertirían en sujetos con una intrahistoria que merece-
ría ser tenida en cuenta.

## Microanálisis de un paisaje bucólico

Mi intención es concentrarme en ciertas secuencias que me parecen de
sumo interés, ya sea por su posición estratégica en la película (analizo
fotogramas del inicio, centro y final de la película), ya sea porque aún
sin ocupar esos lugares estratégicos, producen eco con éstos.

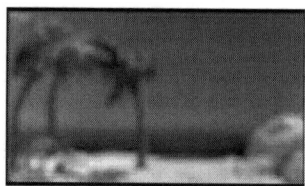

F1a

*Poniente* se inicia con un plano-secuencia fijo y levemente desen-
focado (F1a) que deja entrever un paisaje de colores saturados, quizá
una bucólica playa tropical de cielo azul radiante, palmeras mecidas
por la brisa y rosada sombrilla hincada en la arena blanca. Ciertamente, la imagen tiene algo de poético, quizá de esa poética pastoril y
campestre de lo bucólico que se desarrolla espacialmente en tierra de
nadie y que, por extensión, podría hacer referencia asimismo a esta
playa. Isabel Santaolalla, ya señalaba que esta imagen "está dominada

por el concepto de espacio, del lugar; pero también por al idea de que las apariencias no siempre coinciden con las esencias". (Santaolalla 2005: 142) Creo que es una entrada muy interesante a lo que se juega en la película, pues nos sitúa el problema de la inmigración desde una perspectiva que me interesa. No obstante, hay que señalar que Santaolalla analiza la representación del inmigrante en un corpus de películas de toda la historia del cine español en el que incluye a *Poniente* (Ibídem: 25)[2], lo cual escapa a los objetivos de mi artículo, pues yo me centro en una sola película, y, además, la focalizo concretamente en la problemática del racismo y las posturas hipócritas que al respecto se suelen adoptar en España.[3]

Por otra parte, creo que el hecho de fijarse exclusivamente en la representación del emigrante es muy interesante, pues nos lleva inevitablemente al tema del racismo. Sin embargo, creo que, a nivel general –es decir, sin atender exclusivamente al magnífico estudio de Santaolalla– son necesarios más trabajos en el que el análisis de la imagen y el sonido tome preponderancia pues, al fin y al cabo, éstos son la única certeza que nos dejan los cineastas. Más en este caso (F1a) en el que la imagen invita a ser contemplada por su estética –pese a ser ésta trivial: a modo de sistema dialéctico entre lo que vemos o lo que creemos, en el que la imagen cuestiona la idea de que no hay racismo. Las líneas que siguen a continuación van a incidir en este aspecto, intentando teorizarlo con algunas herramientas metodológicas suplementarias.

El desenfoque del plano provoca que el espectador no tenga claro el estatuto de realidad del arranque de la película, dado que está lo suficientemente borroso para que no se sepa con certeza si lo que se ve es una playa de verdad o una representación de ésta. La explicación del desenfoque puede estar, entonces, en el hecho de que la imagen sirve de fondo neutro a medida que van apareciendo los títulos de crédito. Sin embargo, este uso del desenfoque no acaba de explicarlo del todo, ya que tratándose de un plano fijo vacío de personajes, quizá, la atención del espectador hacia los títulos no hubiese disminuido aún si el paisaje hubiese estado enfocado.

Hay un elemento ajeno a ese efecto técnico (me refiero al de la lente desenfocada) que refuerza su estatuto hacia el lado realista: la brisa que mece las ramas de las palmeras, la cual nos indica, al menos, que no se trata de una foto. Sin embargo, está presente otro elemento más sutil que es la música de la banda sonora, de acento melancólico y ritmo cadencioso, el cual nos indica que algún elemento no acaba de encajar del todo en el estatuto de realidad de ese supuesto paisaje tropical. Por lo tanto, ese estatuto del paisaje queda en suspenso durante varios segundos, mientras van apareciendo los títulos de crédito.

Podemos poner este hecho en relación con el concepto de *aura* que conceptualizó Walter Benjamin[4] en su célebre artículo 'La obra de arte en la época de su reproductibilidad técnica' (Benjamin 1936, 1973) para describir como con la invención de técnicas de reproducción técnica (grabado, imprenta, fotografía, etc.) centradas en la posibilidad de reproducir *ad infinitud*, hicieron que la concepción tradicional de la obra de arte cambiase, perdiendo ésta su *aura*, esa cosa diferente casi mística, de trance, que la obra de arte particular, antigua, generaría en el espectador intercambiando su presencia irrepetible por una presencia masiva. Benjamin define conceptualmente el aura como "la manifestación irrepetible de una lejanía (por cercana que pueda estar)" (ibídem), lejanía que se corrompería a partir de las técnicas de reproducción ilimitada que introdujo la imprenta, la fotografía, el cine, etc. Así, habría dos características básicas por la cual una obra de arte contaría con un aura: por una parte, el hecho de que no haya sido originada mediante técnicas de reproducción o copiado tecnológicas y, por otra, que presente cierto distanciamiento respecto de la percepción del espectador que la convierta en irrepetible.

En este sentido, me distancio de la postura de Benjamin en cuanto al medio cinematográfico –en parte también en cuanto a la fotografía–, pues creo que el cine, pese a su multicopiado intrínseco, guardaría esa aura, sobre todo, en el momento del visionado en la sala oscura. La reproductibilidad, en este caso, va indisolublemente unida a la propia técnica industrial cinematográfica. De hecho, se puede deducir del propio texto de Benjamin que su postura a este respecto es ambigua, pues no acaba de explicar el hecho de que el visionado en la sala oscura cinematográfica recuperaría, en cierta manera, el aura perdida, a pesar de las múltiples copias de la película y ello debido, precisamente, a su carácter ritual.

Dicho de otro modo, Benjamin no atiende a la aparente contradicción que hay en el hecho de que en el ritual también hay cierto aura y a que, ciertamente, una de las características principales del ritual es su relación con la repetición. He escrito *aparente* porque quizá esa contradicción se resuelve si se recuerda que Benjamin habla de reproducción técnica, que es un elemento externo, en principio, al ritual. La conclusión puede ser que en el cinematógrafo se aúna éste último aspecto técnico con el aura. Y parte de esa aparente contradicción se muestra en F1a.

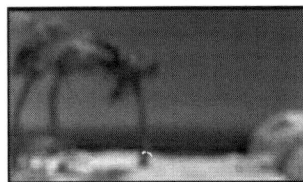

F1a

Así, a partir del análisis de la película *Poniente* quiero demostrar cómo funciona el aura, como garante de autenticidad entre lo real y lo imaginario. Lo real del racismo y lo imaginario del '*aquí no hay racismo)*'.

En este sentido, Chus Gutiérrez ofrece, por medio del distanciamiento perceptivo que provoca a partir de F1a, un *aura* de ese cariz en el arranque mismo de la película; es decir, es como si quisiese dotar a la imagen de cierto carácter irrepetible, precisamente a partir de introducir *ruido*[5] a través del desenfoque de la imagen. Sin embargo, es un aura que se presenta en acentuado equilibrio inestable por dos motivos. En primer lugar, porque ese desenfoque obedeció en su momento a un mínimo movimiento de mano del ayudante de cámara –como el de esa mano que prende fuego a los invernaderos o como la de esa otra que podría contar las olas al final de la historia. En segundo lugar, por el movimiento mismo del objeto del plano: una maqueta de cartón de carácter infantil que no se contextualizará en ningún momento de la historia.

La cadencia propia de los títulos, aparición/desaparición, que normalmente va creando expectativas en el espectador produce, en este caso, cierta desazón reiterativa, pues a la lógica desaparición de los títulos, sigue la masa desenfocada de colores que se impone al espectador. Todo ello se refuerza con la evidencia del elemento técnico –el desenfoque analizado– lo que, para una película que se juega en clave realista es, como menos, peculiar. De tal manera que la cineasta subraya de forma evidente este arranque, induciendo, ya desde el principio, la desazón que acompañará durante toda la película al espectador. Una desazón entre el fondo de lo que ahí se juega y la agridulce relación amorosa de los protagonistas. Esta cadencia recuerda la repetición que denunciaba Benjamin, precisamente, allí dónde se hacen evidentes las marcas del productor del texto a través de los títulos. Por otra parte la lejanía que nos provoca esa cadencia también convierte esta imagen en irrepetible, dotándola, pues, de un aura.

El estatuto de realidad puesto en juego en el arranque de la película será lanzado constantemente hacia dos extremos encontrados, a través de varias historias que se entrecruzan: la historia de amor entre Lucía y Curro, melodramática y, por tanto, de final agridulce; la autobiográfica de Chus Gutiérrez, que utiliza a su propia hija para interpretar el papel de hija de Lucía; la de ésta como mujer emprendedora y heroína que lucha contra un racismo clasista y machista más antiguo que el que sufren los emigrantes; y la de éstos y los exiliados que trabajan en los mares de plástico del Poniente almeriense.

Sin embargo, la realidad, lo real, se empecina. En este sentido, quizá *Poniente* no es una obra maestra; pero sí muy válida si pensamos que hay muy pocas películas del cine español más reciente[6] que hayan hecho referencia al tema de la emigración y a su relación con una xenofobia latente.[7]

Volviendo al leve desenfoque que empasta colores y formas, otra entrada posible que nos situaría en el polo contrario al aura surge si se la relaciona con el *kitsch*, como aquel objeto que recuerda el mal gusto o la obra que, groseramente, imita a otra de mayor calidad. Los colores de F1a, su estilo tropical es decididamente *kitsch*; por lo que hay aquí una crítica política implícita, pues ese *kitsch* en el que se sitúa el paisaje de F1 es de tan mal gusto como la vida de los emigrantes en las calles de plástico que imitan las verdaderas calles; o los barracones que imitan las casas; o como la relación entre Lucía y Curro, que también parece verdadera, pero que no acaba de cristalizar. No es precipitado afirmar, entonces, que el espectador ya sabe, aún inconscientemente, que esta imagen de arranque no pertenece a la diégesis de la película: no puede ser, pues se trata del Poniente almeriense, paisaje costero ventoso y rocoso alejado de la suavidad tropical. Es decir, se presenta algo que tiene que ver con un sucedáneo, como en la historia se dan substitutos del amor y de la convivencia.

Durante más de un minuto aparecen superpuestos sobre este plano-secuencia los nombres de los componentes del equipo técnico-artístico de la película. Así, justo antes de que aparezcan los de los productores –Ana Huete e Iñaki Núñez–, se ve cruzar un hombre de derecha a izquierda por delante del objetivo, del que vemos únicamente las las piernas, lo que refuerza todavía más esa sensación de irrealidad que ha acompañado al espectador desde el principio (F1b-c-d).

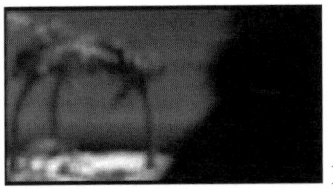
F1b

F1c

F1d

Piernas negras, como el color de la piel de los seres humanos que vienen de África a trabajar a España, creyendo que la maqueta tropical –que finamente se descubre en F1d– es auténtica. Esas piernas reveladoras suponen sólo un instante, tiempo suficiente para que, definitivamente, la balanza que mide el realismo del paisaje se decante hacia lo representacional, creando, por ello, un efecto todavía mayor de ambigüedad en el espectador. De tal modo que éste empieza a darse cuenta de la virtualidad de la imagen –de nuevo la dialéctica entre el *kitsch* y el aura–, pues finalmente ésta se enfoca, al mismo tiempo que la maqueta empieza a moverse como un todo en el espacio justo, con el nombre sobreimpresionado de los citados productores (F1e).

F1e

F1f

Pese a que la imagen es ahora nítida (F1d), la realidad se ha tornado inestable, desplazándose en el aire (F1e): toda una metáfora visual de otro de los conceptos teóricos que traigo a colación y que se rela-

cionan con los anteriores como testigo de esa dialéctica que hemos
señalado: el Principio de Indeterminación de Heisenberg (1927). Este
principio de la Física nos señala que no podemos medir simultánea-
mente y con infinita precisión un par de magnitudes conjugadas –
como se dan efectivamente en F1. La primera, interpela la capacidad
de la mirada del espectador (o la del emigrante) en discriminar una
determinada realidad (edulcorada o *kitsch*). La segunda de estas magnitudes ya no es pasiva, sino que le lleva hacia el fondo de la imagen
(F1f), para mostrarnos una historia que no tiene nada que ver con un
paisaje tropical, sino todo lo contrario, pues se trata de un paisaje gris
y urbano.

Puedo cerrar ahora cierta cadena significativa que había iniciado
con el concepto de aura, ya que a través del gradual enfoque de la
imagen señalado (de F1a a F1d), materializado en la firma de los
encargados de la puesta en materia del relato (F1d), se pierde el aura,
como aquella "manifestación irrepetible de una lejanía (por cercana
que pueda estar)". (Benjamin 1936, 1973) Volveremos sobre este
concepto de aura, pues tiene que ver con el sueño de Curro y con las
imágenes cinematográficas –texto dentro del texto– que se mostrarán
de los emigrantes españoles volviendo desde diferentes países de
Europa.

Desde otro punto de vista, esa lejanía o *aura* es también la que se-
duce a un emigrante que viene en siniestra patera desde África. Así,
cuando finalmente consigue llegar a tierra firme, esa realidad se torna
en fantasma *kitsch* que desaparece en un carrito de ruedas (F1f), o aún
peor, en una fotografía absolutamente gris, como esa calle constreñida
por filas de coches y muros a modo de realidad plomiza (F1g-h) en
contraste con la paradisíaca maqueta de colores chillones.

F1g                                              F1h

La apuesta de la directora es clara: su nombre aparece hacia el final
del plano-secuencia sobreimpreso en la imagen de la calle, la cual se
escapa en perspectiva hacia un punto de fuga centrado en el plano y
ocupado por la firma del creador: "dirigida por CHUS GUTIERREZ".

Sin embargo, esta profundidad tan marcada del plano –quizá para evitar la inestabilidad de lo real– no se gana simplemente descartando a la engañosa maqueta, pues todavía se emplea un movimiento ascendente de la cámara sobre una grúa que sobrepasa la línea del horizonte para ver surgir del fondo, tras el nombre de la directora, el título de la película: "PONIENTE". De este modo, la centralidad de la firma en la composición y la sobreimpresión del título en ese mismo lugar central de la imagen, hace de este montaje una marca autobiográfica.

Al espectador le da tiempo a ver, en estos últimos instantes del plano-secuencia que, en realidad, aparecen dos calles que se bifurcan o, mejor, discurren en paralelo, sin vislumbrarse en el fondo un posible lugar de encuentro: toda una declaración de intenciones de la historia. Con este paralelismo me refiero específicamente a la diferencia con el Otro, ya sea entre terrateniente y emigrante o entre los miembros de la pareja protagonista, a modo de vías paralelas que difícilmente se entrecruzan. No obstante, cuando lo hacen, salta una chispa que los protagonistas tendrán que saber gestionar. En este sentido creo que se expresa Santaolalla cuando afirma:

> Del mismo modo que esa cobertura artificial de la película se desprende para dejarnos ver la realidad que hay detrás, así los personajes y los lugares que aparecen en ella revelarán su verdadera naturaleza progresivamente, mostrándose menos cabales y menos civilizados de lo que parecían» (Santaolalla 2005: 142).

El título que he propuesto para mi artículo tiene que ver con ese ambiguo estatuto de realidad que encontramos en este plano-secuencia: '*En España no hay racismo...*', como ese tópico que suele ir precedido de un '*¡Qué va!*' y que se espeta ante cualquiera que ose afirmar lo contrario. El desenfoque y el paisaje bucólico analizados se emparentan, hacen eco, entonces, con la ceguera del español medio que se niega a aceptar una realidad que, hay que decirlo claro, se nos está escapando de las manos, como se escapa la bucólica maqueta hacia un fondo incierto.

Un fondo, por cierto, que será cambiante durante todo el relato. Por ejemplo, si damos un salto en la historia, se puede recordar la conversación que Curro (C) mantiene con un amigo bereber que es uno de los líderes de los emigrantes africanos, Adbembi (A):

–C: Me gustaría ponerlo todo de cristales, para poder ver siempre el mar.

–A: Pero en verano no habrá quién aguante ¡A ver si me vas a meter en otro invernadero!

–C: En verano abriremos los cristales y entrará el viento por todas partes.

–A: Mejor el aire acondicionado ¿no?

–C: Ja, ja, sí ¿Sabes? He pensado en un nombre: Poniente.

–A: Poniente

–C: ¿Qué son, fórmulas mágicas? (F3)

–A: Son la escritura de mi pueblo. Son así, gente que llamas tú bereberes.

–C: Nunca he entendido bien qué tipo de árabe eres, Bembi.

–A: Te he dicho mil veces que no somos árabes. Nuestro pueblo tiene cinco mil años de historia y se extiende por todo el Norte de África. Tenemos nuestra identidad, nuestra cultura, nuestra propia lengua.

–C: Tienes suerte de tener raíces.

–A: Mis raíces son tus raíces. Nuestros ancestros fueron los mismos. España fue un país bereber durante muchos siglos

(Curro asiente)

–A: Curro ¿por qué quieres montar el chiringuito conmigo?

–C: Eres mi único amigo, y además tenemos las mismas raíces.

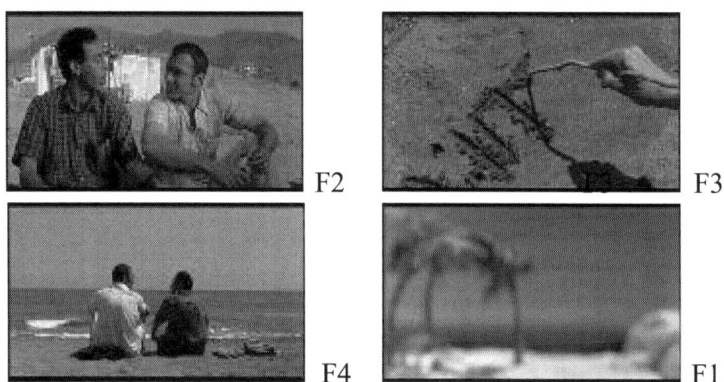

- Curro: Eres mi único amigo,
  y además, tenemos las mismas raíces.

Estamos ahora en el centro geométrico de la película, lo cual reviste a esta secuencia de una importancia especial. Esta posición privilegiada y la composición de alguno de sus planos, produce cierto eco con F1, el plano de arranque ya analizado. Así, F2 es uno de los reversos posibles de la maqueta de aquel paisaje tropical. Un reverso en el que el paisaje ya no es *kitsch* y en el que, sin embargo, como se desprende del diálogo, se da la posibilidad de un territorio común para una potencial estructura simbólica en la que como en el cuento clásico, se dé un viaje: el corporal de Adbembi desde África y el anímico de Curro hacia su sueño. Siguiendo con la metáfora del héroe clásico, éste siempre tiene que sufrir –casi todos los personajes de la película son seres sufrientes, menos la hija de Lucía/Chus–; pero, no sólo eso, sino que ha de jugarse la vida en ello, como ocurre al final de *Poniente.*

En F4 sí se repite la misma estructura formal que en F1; pero esta vez llenan el plano dos figuras humanas que sostienen mediante una palabra su compromiso. Adbembi le explica que no es lo mismo ser árabe que bereber. Se lo explica con orgullo; pese a que el propio término 'bereber' tiene carácter peyorativo, pues viene del latín *barbarus* que fue a su vez tomado del griego con el significado de 'bárbaro'. Los bereberes carecen de nación y, por la tanto, serían lo más parecido a los gitanos europeos. Es el ejemplo perfecto para ilustrar la teoría que avancé más arriba acerca de que los emigrantes suelen ser marginados en su sociedad de origen.

Por tanto, la cineasta señala aquí la aculturación necesaria en Occidente para comprender en toda su dimensión a estos pueblos sin nación. Proceso que, en el caso de la sociedad española, es imprescindible teniendo en cuenta el pasado compartido por ambas culturas. No obstante, hay desconfianza, y por eso Adbembi interpela a Curro, el cuál le contesta trayendo a colación la que es quizá la raza más extendida del planeta, aquella que surge por encima de todas las naciones, conformada a partir de la cadena de interrelaciones de amistad.

**Imágenes de lo real**

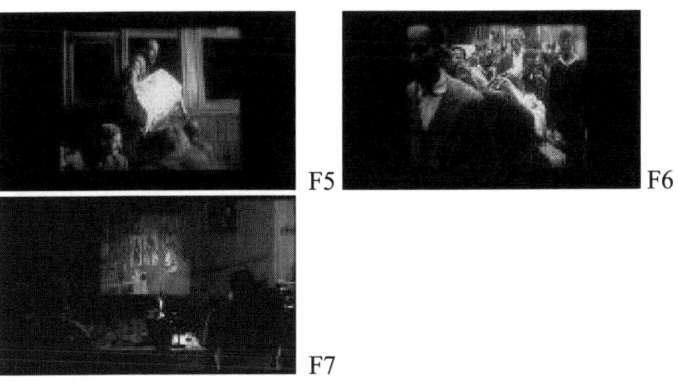

Pero aún hay otro reverso posible de F1. Es el que encontramos en la secuencia (F5-6-7) en la que Curro evita que un amigo de su padre se

desprenda de un proyector de Súper 8 y de unos rollos de película
muda en blanco y negro que ambos visionarán más tarde, en un elocuente y emocionante silencio. En este fragmento de imagen documental real, asistimos a la llegada a una estación de tren de emigrantes
españoles cargados de enseres en los años cincuenta. Es por ello,
también, un homenaje al hecho cinematográfico, a su capacidad de
conservación de la memoria y a su poder de emocionar al espectador.
Además, esta secuencia tiene su justo eco en el último movimiento del
film: cuando empieza la cacería racista y Lucía busca a Curro en su
casa, vemos, por unos instantes, el citado proyector y las películas
desparramadas por el suelo (F8), indicando el lugar preciso donde la
actual sociedad española ha tirado esos recuerdos.

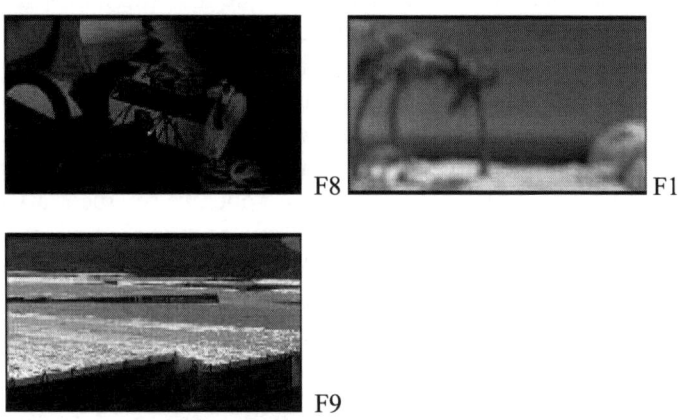

F8                                         F1

F9

Tanto F5 como F6 retoman la estructura de F1 en cuanto a la puesta en escena a modo de mirada distante que es sacudida por el Principio de Indeterminación; es decir, devuelve a la mirada del espectador
un *aura*, sostenida esta vez por la autenticidad de las imágenes documentales y por la propia emoción de los personajes. El plano que
sigue a esta emotiva secuencia y que nos devuelve a la realidad de los
emigrantes actuales es F9: un mar de plástico que nos confronta a lo
real, es decir al anverso de F1.

La siguiente secuencia en la historia (F10 a 15) es también visualmente memorable: Lucía recorre con su furgoneta la serie de laberínti-
cas calles surgidas a partir de los invernaderos, hasta que se pierde allí
donde nunca hubiese creído que se podía perder, es decir, en su lugar

de origen, en su tierra, para llegar finalmente a un lugar donde sólo hay emigrantes, los cuales, le indicarán el camino perdido...

—Lucía: ¡Mierda, me he perdido!

Finalmente, el plano que nos aleja definitivamente de F1 –quizá el único que puede superar el Principio de Indeterminación– aparece al final de la película, cuando Lucía le propone a Curro contar olas por amor, como, quizá, la metáfora más bella del film (F16): en cada ola, se susurra un 'te quiero'; en cada ola la primogénita de Lucía queda definitivamente enterrada; en cada ola, Curro cobra un aliento más para volver a la vida. Finalmente, una vida en la que puede que sea posible un mayor compromiso por parte de ambos, o de todos.

—Lucía: Mi amor, ¿quieres saber cuanto te quiero? Cuenta las olas.

—...dieciséis, diecisiete...

 F17b       F1

El fotograma F17 es el reverso absoluto de F1. Aquí el paisaje y la relación entre Curro y Lucía ya no es bucólico en el sentido de huecamente imaginario –como se deducía de la maqueta de F1; lo cual me sirve para cerrar ahora la propuesta teórica que empezaba en lo bucólico, pasando por el aura y por el Principio de Incertidumbre, hasta llegar al tema del racismo –a esa explosión de xenofobia con la que termina la película. De ese racismo, pues, como señala el título de mi artículo, que desde una postura imaginaria no existiría en España.

Es decir, el pensamiento único –lo políticamente correcto– está anclado en España en lo que representa F1; mientras que por el contrario, lo que la realidad nos devuelve se parece más a lo que se percibe en F17, a partir de un paisaje vacío, árido, yermo y poco confortable en el que ha habido sufrimiento y amor (F16) y en el que sólo ciertas palabras de peso pueden llenar el vacío (F16-17). En ese mismo paisaje vacío, mientras tanto, otros seres humanos siguen luchando por sus sueños (F17b), atreviéndose a llenarlo heroicamente.

Así, el problema íntimamente humano de las migraciones es mostrado en la película de manera multidimensional, en el sentido de que los emigrantes no son sólo los que viajan desde otros países subdesarrollados a los más avanzados socioeconómicamente, puesto que las fronteras geográficas pueden ser crueles, como se vive a diario en el Sur de España. Es decir, que estas migraciones también pueden ser, en el plano emocional, tan imaginarias e irreales como la maqueta del arranque de *Poniente* (F1). A ese nivel, todos somos emigrantes, si es que nuestra vida no se llega a fosilizar espiritualmente. Precisamente, en el juego dinámico entre lo *kitsch* y el aura que Chus Gutiérrez propone al principio se intenta poner en evidencia esa fosilización –aunque la cineasta no lo desarrolla del todo a posteriori. No obstante, ese juego nos regala alguno de los momentos más ricos textualmente hablando y más emocionantes de la película (como ya hemos visto en F5-6-7) y que por otra parte demuestra –como me propuse al principio– como sí se da esa posibilidad del aura en el arte cinematográfico.

Para Chus Gutiérrez esta película fue, igualmente, muy intensa en todos los sentidos. Como ella misma ha declarado, tuvo multitud de problemas para poner en marcha el proyecto, empezando con el presupuesto, siguiendo por la problemática de la identificación de los protagonistas de los sucesos reales de El Ejido, la distribución en salas, que fue muy pobre –pues incluso hasta el año 2006 en que se ha reeditado ha sido muy difícil encontrar una copia en DVD–, etc.; y, se puede intuir asimismo, que fue una producción muy intensa para la directora por todos los elementos autobiográficos que aparecen diseminados en la historia. En este sentido, es una película insólita en el panorama cinematográfico español que cubre la obra en la que se inserta el presente artículo, pues no se pueden encontrar muchas historias que traten un tema social y universal comprometido, basado en temas reales –aún en el trasfondo– y en el que las relaciones amorosas de las que es testigo el espectador no parezcan la reiteración adolescente a la que nos tiene acostumbrados el cine español contemporáneo.

## Notas

[1]  La noticia seguía así: "La violencia xenófoba desatada en El Ejido la noche del sábado prosiguió durante todo el domingo, a tal punto que el Ministerio del Interior se vio en la necesidad de enviar anoche a 500 agentes de refuerzo procedentes de la Comunidad Valenciana y Murcia, que se unían a los 150 policías ya desplazados desde Málaga, Granada, Sevilla y Madrid y a una unidad de intervenciones de la Guardia Civil […] Este fin se semana, en El Ejido, la vida de un inmigrante, y menos aún sus propiedades, no valía un duro. Todo el odio, larvado durante años entre dos comunidades que se necesitan económicamente y que se rehúyen socialmente, estalló en una orgía vandálica que no respetó a nada ni nadie ajeno al propio pueblo. Una explosión de violencia espontánea, sin organización ni líderes. Lo más temible para la policía. "Estas movilizaciones son las más peligrosas", dijo un agente". (Ibídem)

[2]  Alberto Elena (2005) utiliza un corpus más limitado (desde 1990 con *Las cartas de Alou* hasta *Flores de otro mundo*, 1999, de Icíar Bollaín) en su artículo con la salvedad de que no cita a *Poniente*. La razón de espacio o acotación sería suficiente para explicar esta ausencia en ese ciclo de películas; no obstante, pienso que *Poniente* merece ser estudiada si atendemos a su enfoque, pues Elena afirma, siguiendo a Emmanuel Vincennot– que ese ciclo supone la denuncia del racismo con un discurso benévolo con el inmigrante, "experiencia que se revela finalmente abocada al fracaso, incluso –cuando procede– en el plano estrictamente personal y sentimental" (Elena 2005: 57) Justamente *Poniente* muestra de una manera sutil ese fracaso, y podría completar el ciclo.

[3]  Punto de vista que en ningún momento adoptan ni Elena ni Santaolalla. En este sentido, valorando las interesantísimas aportaciones de ambos investigadores, creo que es necesario ir dejando atrás la postura del investigador instalado en lo políticamente correcto y afrontar con valentía uno de los graves problemas de fondo que hay tras los conceptos de etnia, migración, interculturalidad, etc.: el racismo y la hipocresía de parte de la sociedad y diferentes gobiernos españoles respecto del tema. Es un comentario que se puede extender a otros estudios que siguen la misma línea, como el de Paz Villar-Hernández (2002), centrado esta vez en los problemas de identidad nacional que han surgido con la inmigración.

[4] Walter Benjamin fue un pensador marcado por la emigración y con trágico final en la frontera franco-española. Escribió obras que nos suenan a viaje, como *Libro de los pasajes*. (Benjamin 2005)

[5] Utilizo aquí el término 'ruido' o interferencia desde la Teoría de la Comunicación, es decir, como cualquier perturbación que sufre la señal en el proceso comunicativo (distorsiones del sonido o de la imagen, la alteración de la escritura, la afonía del hablante, la sordera del oyente, la ortografía defectuosa, la distracción del receptor, el alumno que no atiende aunque esté en silencio, etc.).

[6] De hecho, históricamente, la primera película española que trató decididamente el tema de la inmigración fue *Las cartas de Alou* (Montxo Armendáriz) producida por Elías Querejeta en una fecha tan tardía como 1990.

[7] Aquí sigo la diferenciación entre 'racismo' y 'xenofobia' que se conceptualiza en Malgesini y Jiménez (2000).

## Bibliografía

Arias, J. 2002. 'Una historia sobre la inmigración'. En: *El Mundo*, 1 de marzo de 2002.

Benjamin, Walter. 1973. 'La obra de arte en la época de su reproductibilidad técnica'. ('Das Kunstwerk im Zeitalter seiner Technischen Reproduzierbarkeit'. 1936. Trad. Jesús Aguirre) En: *Discursos Interrumpidos I*, Madrid: Taurus.

—. 2005. *Libro de los pasajes. (Passagen-Werk)*. Traducción de Isidro Herrera, Luis Fernández y Fernando Guerrero. Madrid: Akal.

Elena, Alberto. 2005. 'Representaciones de la inmigración en el cine español: la producción comercial y sus márgenes'. *Archivos de la Filmoteca* 49: 54-65.

Constenla, T. y A. Torregrosa. 2000. 'La barbarie racista se apoderó de El Ejido (Almería)'. En: *El País*, 7 de febrero.

Malgesini, Graciela y Carlos Jiménez. 2000. *Guía de conceptos sobre migraciones, racismo e interculturalidad*. Madrid: Los libros de la Catara, Consejería de Educación de la Comunidad de Madrid, Dirección general de la Juventud.

Moyano, Eduardo. 2005. *La memoria escondida. Emigración y cine*. Madrid: Tabla Rasa.

Poniente. 2002. Edición impresa del guión original. Madrid: 8 ½ (Colección Espiral).

Santaolalla, Isabel. 2005. *Los 'otros' etnicidad y 'raza' en el cine español contemporáneo*. Zaragoza: Prensas Universitarias de Zaragoza.

Villar-Hernández, Paz. 2002. 'El Otro: conflictos de identidad en el cine español contemporáneo'. En: *Working Papers in Romance Literature* 6. (Graduate Romanic Association, University of Pennsylvania) En línea en: <http://ccat.sas.upenn.edu/romance/gra/WPs2002/paz_1.htm> (Fecha de consulta: 6 de julio de 2006) (Citado en Elena 2005: 57).

Vincenot, Emmanuel. 2002. 'Alou, Saïd, Mihai et les autres: les immigrés dans le cinéma espagnol des années Quatre-vingt-dix'. En: Nancy Berthier (ed.) *Penser le cinéma espagnol. 1975-2000*. Lyon: GRIMH / GRIMIA (Université Lumière-Lyon 2): 87-95.

Web oficial de la película. En línea en: <http://www.ponientelapelicula.com>.

Web oficial de la película (II). En línea en: <http://www.arabafilms.com/distribucion/poniente>.

# EL PASADO FILMADO

## Documentales ficticios

# *¡Hay motivo!* (2004): un macrotexto de cine militante

## Román Gubern

Parecía que el cine militante era un género definitivamente extinguido en la producción occidental, cuando en 2004 Michael Moore propuso su panfleto político *Fahrenheit 9/11*, que dio la vuelta al mundo con éxito. No tuvo la misma repercusión universal otra contribución al género del mismo año, titulada *¡Hay motivo!*, porque el cine español es todavía un cine periférico en el mercado mundial, con las clamorosas excepciones de Pedro Almodóvar y Alejandro Amenábar. Por otra parte, *¡Hay motivo!* nació como una producción decididamente atípica, cuando un mes antes de celebrarse las elecciones legislativas del 14 de marzo de 2004 un grupo de cineastas decidió producir y realizar un film de denuncia de la situación sociopolítica española y de la actuación del gobierno conservador del Partido Popular, presidido por José María Aznar.

El *humus* de este proyecto se asentaba en las pésimas relaciones entre la mayor parte de cineastas españoles y el Ministerio de Cultura, regido a la sazón por Pilar del Castillo (una exmilitante marxista-leninista), algunos de cuyos jerarcas habían descalificado de modo genérico a los profesionales del cine español, acusándoles de lucrarse de modo oportunista y parásito con las subvenciones estatales. Y a este descontento profesional se añadían los agravios que la política del Partido Popular había desarrollado, tanto en el frente interno (política ecológica, de vivienda, educativa, de atención a los ancianos, etc.), como en el plano internacional (con Aznar convertido, junto con el presidente Bush y con el *premier* británico Tony Blair, en motor complaciente de la guerra de Irak, ampliamente rechazada por la población española en multitudinarias manifestaciones).

El proyecto inicial, basado en una compilación de breves cortometrajes de denuncia (una prolongación de los *cine-tracts* de la tradición revolucionaria de la *agit-prop*), fue engordando rápidamente con numerosas adhesiones de profesionales, que se prestaban a producir y realizar gratuitamente sus contribuciones, bajo el paraguas de la nueva empresa 'Hay Motivo Producciones Cinematográficas'. De modo que

el resultado final contó con un total de treinta y tres segmentos, si bien
el último, el *Epílogo* realizado por Diego Galán y con comentario de
Fernando Fernán Gómez, fue una contribución *a posteriori*, que relató
la derrota política del Partido Popular en las elecciones, tras haber
intentado ocultar a la sociedad la autoría islámica del terrible atentado
del 11 de marzo en la estación de Atocha, que causó 192 muertos,
porque se asociaba a la responsabilidad adquirida en la guerra de Irak,
endosando en cambio el Gobierno el atentado a la banda terrorista
ETA, sin indicios reales en que basarse. De modo que la derrota electoral del Partido Popular fue a la postre, en buena medida, un castigo a
su estrategia de la mentira interesada.

　　*¡Hay motivo!* constituyó un mosaico polifónico, o un poliedro temático, en el que cada director eligió un tema a su gusto y le dio el
tratamiento que quiso. Esta pluralidad de autores y diversidad de
opciones temáticas y estéticas se manifestó en la heterogeneidad del
discurso global, que aglutinó el punto de vista documental en contraste con ficciones de elaborada puesta en escena, o los tratamientos
dramáticos yuxtapuestos a los planteamientos satíricos, o los testimo-
niales a los reflexivos, etc. De modo que *¡Hay motivo!* se caracterizó,
no sólo por su heterogeneidad temática, unificada por un punto de
vista crítico con el poder político reinante, sino también por la
heterogeneidad de sus miradas y de sus estilos.

　　En el montaje final se intentó articular una cierta continuidad lógica, tras el primer corto introductorio, de Joaquín Oristrell, que presentó el diálogo crítico de una taxista y de un profesional de Televisión
Española, en el que se abordaban una batería de temas heterogéneos
que reflejaban el descontento social. De modo que, a partir de esta
introducción genérica, se reunieron los diversos cortos por afinidades
temáticas, según un proyecto estructural que los agrupó en minibloques
monográficos: sobre problemas ecológicos, sobre la precariedad
de la vivienda, sobre la angustiosa situación de los jubilados, sobre la
enseñanza escolar, etc. Es cierto que algunas de las contribuciones
trascendieron el encargo político para plantear cuestiones por encima
de tal contingencia. Así, Iciar Bollaín presentó el esperpéntico parto
de un varón en un quirófano, en una reivindicación de género (en *Por
tu bien*), mientras Sigfrid Monleón expuso el diálogo telefónico entre
una pareja de varones homosexuales, uno de los cuales se resiste a
adoptar un niño por prejuicios sociales (en Adopción). En otras ocasiones se denunciaron casos concretos –en *Se vende colegio* la compra

de un colegio laico de Madrid por parte de la secta católica integrista Legionarios de Cristo, o en *Catequesis* los abusos paidófilos de un sacerdote de Córdoba, protegido por su obispo–, mientras que en otros segmentos se trató de denuncias genéricas, como en *El club de las mujeres muertas*, de Víctor Manuel, sobre el maltrato de las mujeres por parte de sus parejas. En este segundo caso se recurrió con frecuencia a presentar un texto escrito final, a veces armado con cifras estadísticas, para anclar y precisar el alcance de la denuncia propuesta.

Probablemente el mayor grado de abstracción fue el ofrecido por Ana Díez y Bernardo Belzunegui en *Madrid, mon amour*, que comienza con dos cuerpos desnudos abrazados, los de un hombre y de una mujer, quienes dialogan mimando el famoso modelo dialéctico que Alain Resnais estableció en *Hiroshima, mon amour* (homenaje cinéfilo hecho explícito en el título), pues ella relata la fascinación que le produce Madrid a su llegada a la capital, mientras él discrepa críticamente de sus afirmaciones, ofreciendo dos visiones contrapuestas del paisaje urbano y social madrileño. A este estilizado ensayo poético siguen tres segmentos intensamente políticos y concretos (*Por el mar corre la liebre* de José Luis Cuerda, *Manipulación* de Imanol Uribe y *Arma de destrucción mediática* de Miguel Angel Díaz), que exponen declaraciones de políticos del Partido Popular en medios audiovisuales y denuncian sus contradicciones o la utilización partidista y las manipulaciones de los medios de comunicación privados y públicos por el gobierno y por sus aliados empresariales.

En una curva ascendente, si los primeros segmentos se ocupaban básicamente de problemas sociales, a partir de la exposición de los problemas de los inmigrantes a la península (*Verja* de Alfonso Ungría y *Español para extranjeros* de José Luis García Sánchez, coronados por una denuncia de la cárcel ilegal de Guantánamo en *¿Legalidad?* de Daniel Cebrián) la acusación colectiva se desplaza propiamente a la arena política y a los gobernantes del partido conservador de modo individualizado.

Se encausa a partir de entonces la actuación gubernamental con motivo del accidente sufrido en mayo de 2003 por un Yak-42, que se precipitó sobre territorio turco, causando la muerte de sesenta y dos militares españoles, desastre debido a una suma de deficiencias técnicas e incompetencias humanas, entre ellas la del ministro de Defensa (*Yak 42*, de Manuel Gómez Pereira). Julio Medem retoma materiales rodados para *La pelota vasca* –que la ministra Pilar del Castillo descalificó antes de su estreno y sin haber visto la película– en un corto del mismo título. Tras la afirmación vasquista de *Kontrastaun. Versos de Gabriel Celaya*, de Mireia Lluch, aparece el tema del hundimiento del petrolero *Prestige*, ante la costa gallega, accidente gestionado con enorme incompetencia por las autoridades, lo que provocó una gran catástrofe ecológica (*Cena de capitanes* de Pere Joan Ventura y *Mayday: llamada general* de Manuel Rivas).

Especial interés ofrece el segmento *Técnicas para un golpe de estado*, de Vicente Aranda, que ofrece una recapitulación de las sacudidas brutales padecidas por las instituciones democráticas españolas a lo largo de más de un siglo, obra del general Pavía en 1874, del general Franco en 1936 (insurrección militar ilustrada con una escena del film *Rojo y negro*, de Carlos Arévalo) y por el teniente coronel Tejero, que con sus agentes invadió las Cortes en 1981. Tras esta recapitulación histórica expone Aranda las muy recientes conversaciones en Francia entre el lider nacionalista catalán Josep Carod Rovira y dirigentes del grupo nacionalista-terrorista ETA, que desembocaron en la decisión pública del grupo terrorista vasco de no volver a cometer atentados en Cataluña. Aranda trata con calculada ambigüedad este episodio, pues a la vez que ve en él una circunstancia que podría propiciar un golpe de estado de las fuerzas conservadoras, el episodio es implícitamente homologado a un golpe de estado ejecutado por el nacionalismo radical vasco-catalán. Es conocida la aversión de Aranda a los planteamientos ideológicos esquemáticos y convencionales y este episodio se inscribe en su gusto por la ambigüedad sutil.

Las dos siguientes aportaciones –*El pasado que te espera* de Mariano Barroso y *La mosca cojonera* de Antonio Betancor– encausan directamente a los dirigentes conservadores Mariano Rajoy, cabeza de lista electoral del Partido Popular, y a José María Aznar, llegando en este segundo caso al tratamiento caricaturesco, y clausurando el episodio con una pancarta que reza "Nunca más", el eslogan que se hizo famoso como protesta ante la catástrofe ecológica producida a raíz del hundimiento del petrolero *Prestige* en Galicia. Y la película se cierra con el feliz *Epílogo* de Diego Galán, ya comentado, tras el que aparece un rótulo que dice:

HAY MOTIVO
PARA PENSAR

Este singular abanico temático, que recuperaba, con su gestación colectivista, el espíritu del cine político militante en la joven democracia española, supuso también un experimento de polifonía, en el que realizadores jóvenes (como Gracia Querejeta, Sigfrid Monleón o Daniel Cebrián) y veteranos (como Vicente Aranda, Alfonso Ungría o José Luis García Sánchez) se unieron en un esfuerzo común, sin jerarquía autoral (y, de hecho, arrinconando el carisma de la ambición autoral) en un proyecto colectivo y con una finalidad política compartida y bien definida. Proyecto transgeneracional, por tanto, que implicaba a muchos jóvenes que habían debutado profesionalmente tras la dictadura de Franco, junto a otros veteranos que habían practicado el cine político militante y clandestino bajo aquel régimen (como Pere Portabella). El carácter colectivo de la obra obligó a un experimento de "estructura funcional", buscando o ensayando la articulación óptima de los treinta y tres segmentos heterogéneos de que se compone el film.

Las fechas de la producción, su marginalidad industrial y su atipicidad genérica y comercial hicieron que *Hay motivo* no pudiera gozar de una exhibición convencional en los cines. Conoció algunas proyecciones en instituciones, tales como universidades o centros culturales, pero es lícito afirmar que no tuvo prácticamente una carrera comercial. Su valor se ciñó sobre todo a su voluntad de testimonio y de implicación política de sus autores, en un clima político preelectoral altamente galvanizado. Ello quiere decir también que su utilidad práctica fue escasa –como suele ocurrir con el cine militante–, pero su valor simbólico rayó a gran altura, pues jamás, en la historia del cine español, se había realizado antes una experiencia de estas características.

# Volar sobre el conflicto vasco:
## *La pelota vasca. La piel contra la piedra / Euskal Pilota. Larrua Harriaren Kontra* (Julio Medem, 2003)

## Josetxo Cerdán

> "El esfuerzo inútil conduce a la melancolía."
> (José Ortega y Gasset citado por Gregorio Peces Barba en el film)

*La pelota vasca* es un film polémico y extraño en el contexto del cine español contemporáneo. El artículo analiza el papel que juega en la carrera de su director, Julio Medem, pero también como se relaciona con otros films españoles que han tratado el tema del conflicto vasco. Se atiende igualmente a la polémica que suscitó su lanzamiento, así como a los enfrentamientos políticos a los que dio origen. En la última parte, el artículo propone un análisis formal que se enfrenta al posicionamiento político del film, más allá de las declaraciones de intenciones de su director.

## Los contextos del film

¿Qué supone *La pelota vasca* en la cinematografía española contemporánea? ¿Cómo dialoga el film con otros que han tratado la realidad vasca? ¿Por qué se convierte en fuente de conflicto y enfrentamiento político? El revuelo mediático que genera *La pelota vasca* tiene mucho que ver con el preciso momento que se está viviendo en España en el momento de su realización, pero también con los enfáticos modos de realización de su director, Julio Medem, y la carrera que éste había seguido hasta ese momento. A pesar de que en repetidas ocasiones se ha afirmado que "el conflicto terrorista, que afecta al País Vasco desde hace décadas, ha sido poco tratado en el cine" (Ballesteros 2001: 129), tampoco se puede decir que la aparición de ese conflicto resulte novedosa en el cine español. Es cierto que su tratamiento no ha establecido unas coordenadas genéricas, como sí ha ocurrido en otras cinematografías al tratar el terrorismo. Sin necesidad de ir más lejos, se pueden poner como ejemplos los casos italiano e irlandés: en ambas cinematografías se han desarrollado una serie de códigos de género cinematográfico para tratar los movimientos terroristas que han actuado en sus países. Sin embargo la diferencia principal entre estos casos y el español, tiene una raíz más sociológica que cinematográfica. La España democrática ha operado un enorme giro respecto al impacto público del terrorismo etarra y eso ha desembocado en una imposibilidad para codificar genéricamente el mismo. Ha sido un director como Imanol Uribe el que durante más tiempo y en un número más amplio de films ha tratado la cuestión. Desde el documental *El proceso de Burgos* (1979), hasta el thriller *Días contados* (1994), el cine de Imanol Uribe ha sido el que mejor ha cartografiado el acercamiento genérico al conflicto del País Vasco y también, como ha demostrado Isolina Ballesteros (2001), el que mejor ha demostrado ese cambio que la sociedad española ha vivido con respecto al terrorismo.

La cuestión principal no es tanto que *La pelota vasca* sea un film sobre el conflicto que se vive en el País Vasco, y por extensión de una violencia terrorista que alcanza a toda España. Lo que singulariza el film es que Julio Medem sea su director y que éste se enfrente al asunto desde una posición distinta a la que se sitúan los films sobre el tema en el momento de su aparición. La película se sale de las coordenadas genéricas establecidas en ese momento para el cine sobre el conflicto vasco. Merece la pena analizar brevemente la trayectoria anterior de Julio Medem para entender porqué es sorprendente la aparición de *La pelota vasca*. Su primera película, *Vacas* (1991), se sitúa en el intervalo temporal que va de la tercera guerra carlista (concretamente 1875) al estallido de la Guerra Civil española (1936). *Vacas* establece de este modo una conexión evidente entre ambos acontecimientos, un gesto cargado de sentido desde el punto de vista del nacionalismo vasco que, como se puede ver en *La pelota vasca*, y en otros films anteriores, como *El proceso de Burgos,* de Imanol Uribe, establece una evidente relación entre ambos momentos históricos. Julio Medem, sin embargo acaba *Vacas* con una secuencia en la que el exilio es la única salida posible para sus personajes. La violencia, no sólo física sino también social, sexual y psicológica, los coloca al borde de la locura, y la única solución pasa por abandonar el valle, un espacio cerrado sobre sí mismo que metaforiza al País Vasco. La huida, no por casualidad, se concreta como un "falso final feliz" (Cerdán 1997: 923), casi como una resurrección, revestida de un fuerte tono onírico. Las posteriores películas de Medem van a proponer toda una serie de figuras del alejamiento y, sobre todo, de la desterritorialización de sus personajes. Es llamativo que mientras los títulos de los tres primeros films del director muestran un apego a la naturaleza (*Vacas, La ardilla roja,* 1993 y *Tierra* 1995) y por lo tanto a lo estable, al territorio de lo permanente y lo cíclico, sus personajes principales necesitan huir de eso para poder realizarse. Todos ellos van a vivir una progresiva desterritorialización que en algunas ocasiones se verá acompañada de una inmaterialización y una clara desmemoria. De hecho, la pérdida de memoria (nunca sabemos hasta que punto voluntaria), y por lo tanto del sentimiento de pertenencia a un lugar y un tiempo, es lo que mueve las acciones de Lisa/Sofía en *La ardilla roja*. En *Tierra*, Ángel es un ser celestial que llega a nuestro planeta para tratar unos viñedos que son atacados por una plaga en sus raíces, bajo la superficie. El contraste entre el remedio, que viene literalmente del cielo, sin ubicación terrenal, y la enfermedad de las vides, que actúa bajo tierra, en las raíces, resulta ejemplar. Más adelante, el contraste entre lo terrenal como fijo y estable y lo cambiante se va a concretar en la isla de *Lucía y el sexo* (2001) que se mueve y, por lo tanto, no tiene ubicación fija. Por no hablar de *Los amantes del círculo polar* (1998), film en el que sus protagonistas persiguen su amor en los confines del planeta, de lo habitable, más allá de la última frontera. Por eso, quizá lo primero que llama la atención de *La pelota vasca* es el regreso del viajero cosmopolita, desterritorializado a las esencias de la tierra vasca, esas esencias que una década antes le habían empujado al exilio. Ya que Julio Medem, siguiendo a los protagonistas de *Vacas*, después del rodaje de su primer largometraje, también había huido del valle del País Vasco y se había instalado fuera, concretamente en Madrid.

Como el propio director explicó en su momento, *La pelota vasca* nace como un *spin off* de un proyecto anterior, un film de ficción titulado *Aitor, la piel contra la piedra*.

> Decidí hacer una película documental antes que la de ficción, a la que enseguida adjudiqué el nombre de *LA PELOTA VASCA*, en honor a Aitor, que desciende de ilustres pelotaris. Pensé que ambas películas, el documental y la ficción, deberían ser hermanas, ya que habían nacido para mostrar con distintos ojos (y cuerpo, y cabeza) mi inquietud sobre el conflicto vasco.

Además, podían compartir perfectamente el apellido (surgido de Aitor) la piel contra la piedra. (Medem 2003a)

En *Tierra* Julio Medem ya había intentado realizar dos películas a la vez, paralelas. La segunda tenía que ser una especie de diario filmado de Mari, el personaje interpretado por Silke, pero no se llega a rodar, aunque su guión sí fue publicado. Es interesante observar como si los tres primeros films de Julio Medem toman sus títulos de elementos de la naturaleza, después de la transición que supone *Los amantes del círculo polar*, los tres siguientes tenían que haberlos tomado de sus personajes, como queriendo humanizar más sus films ya desde la elección de los títulos: *Lucía y el sexo*, *Aitor, la piel contra la piedra* y *Caótica Ana* (2007). Así pues, *La pelota vasca* no solo interrumpe la línea que ha seguido el trabajo del director hasta ese momento, sino que además trunca ese extraño orden que parecía guiar la elección de sus títulos.

Si el film es un objeto extraño en al filmografía de Julio Medem, también resulta una pieza de incómoda ubicación en el contexto de los films producidos sobre el conflicto vasco. Entre el asesinato del almirante Carrero Blanco (1973), que indudablemente genera simpatía entre la oposición franquista, y el del concejal del Partido Popular, Miguel Ángel Blanco (1997), que origina las mayores movilizaciones contra ETA hasta el momento, se abre un período de veinticuatro años en el que el tratamiento del terrorismo vasco en el cine español sufre cambios profundos. En las iniciales *El proceso de Burgos*, un documental, y *La fuga de Segovia* (1981), "con un tono todavía a caballo entre el documental y la ficción" (Ballesteros, 2001: 130), Imanol Uribe no sólo apuesta por el registro realista, sino que sitúa al terrorista en el centro de un relato épico. Por el contrario, buena parte de los films de los últimos años han centrado su protagonismo en las víctimas de los terroristas, en lo que ha supuesto una vuelta al registro documental. Destacan en este sentido *Asesinato de febrero* (2001) y *Perseguidos* (2004), ambas de Eterio Ortega, así como *Voces sin libertad* (2004) (ésta tuvo una primera versión, *Sin libertad*, como cortometraje en 2001) y *Trece entre mil* (2005) realizadas por Iñaki Arteta. En medio quedan una serie de films que, en términos de thriller o de melodrama (muchas veces basados en casos reales), continúan teniendo al terrorista como protagonista, pero ahora ya no se trata de una figura épica, sino más bien de un ser confundido y sumido en profundas dudas. Arrepentido o no, voluntaria o involuntariamente, sus acciones acaban sembrando el dolor y la muerte. *Días contados*, *Ander eta Yul* (Ana Díez, 1988), *A ciegas* (Daniel Calparsoro, 1997), *Yoyes* (Helena Taberna, 2000), *El viaje de Arián*, (Eduard Bosch, 2001), *La playa de los galgos* Mario Camus, 2002)…, todos son films en los que el terrorista que protagoniza la trama sufre un proceso de crisis de ideas que le lleva a repensar su posición. En muchos casos la reflexión llega tarde y la espiral de violencia que ellos mismos han provocado se los lleva por delante, a pesar de su arrepentimiento. Y hay que esperar a 2004 para que un film, narrado en términos de thriller, sitúe como héroe a un personaje como Mikel Lejarza, 'Lobo', un topo que la policía franquista infiltró en el estructura de ETA entre 1972 y 1975.

En este contexto, *La pelota vasca* es una película diferente principalmente por una razón: abandona el binomio indisoluble terrorista/víctima que ha dominado el cine español sobre el conflicto vasco, y se propone como una visión que quiere indagar en otras cuestiones. No es menos cierto que algunos de los postulados que exhibe el film, y no sólo en la voz de sus personajes, enlazan con otra propuesta cinematográfica, la de *Ama Lur* (Néstor Basterrechea y Fernando Larruquert, 1966), y un cierto tipo de cine nacionalista vasco. En este sentido, *La pelota vasca* es el primer film del período posterior al asesinato de Miguel Angel Blanco que exhibe unos postulados claramente nacionalistas.

**Un film apegado a su momento**

Rodada entre mayo y junio de 2002, con más de un centenar de entrevistados que en el largometraje estrenado en las salas quedan reducidos a una setentena, *La pelota vasca* es un proyecto que supera las dimensiones de lo fílmico. Lo primero que se difunde del mismo es la película, de casi dos horas, pero además se realiza una página web, <www.lapelotavasca.net>, de gran interactividad (pero que hoy ya no existe); se publica un libro de casi mil páginas, que es una transcripción de las declaraciones de los personajes del film; se realiza una serie de tres episodios de una hora de duración para la televisión; y, finalmente, se publica una edición de tres discos en DVD que contienen el largometraje, buena parte de los contenidos de la página web y un montaje inicial de algo más de siete horas.

La polémica salta a los medios de comunicación cuando, después de un pase con algunos de los entrevistados, dos de ellos, Iñaki Ezquerra y Gotzone Mora, hacen público el deseo de que sus apariciones sean retiradas del film. Sin embargo, sus testimonios van a mantenerse en el film, ya que, según Julio Medem, ninguno de los dos se dirige a él para solicitarle dicha desaparición del metraje final. Trasciende también entonces que durante el rodaje tanto los miembros del partido político en el Gobierno, el Partido Popular (PP), como los miembros de ETA y su entorno más cercano se han negado a participar en el film. Julio Medem expresa públicamente su lamento por la falta en el film de las voces y los rostros de Fernando Savater, Jon Juaristi y Cristina Cuesta. El texto que aparece en las primeras imágenes del film, firmado con el nombre del director se cierra con la frase: "esta película... siempre echará de menos a quienes no han querido participar." Así, en torno al film, incluso antes de su presentación en el Festival de Cine de San Sebastián, se crea una fuerte tensión política. Algunas voces, también dentro del propio Gobierno español, como es el caso de la ministra de Cultura, Pilar del Castillo, critican *La pelota vasca* sin haberla visto. Y en una espiral disparatada de declaraciones se llega a solicitar que Julio Medem devuelva las subvenciones que ha recibido por sus films anteriores, mientras éste tilda de irresponsable a Pilar del Castillo... La polémica arrecia, después del pase del film por el festival donostiarra el 21 de septiembre de 2003, con toda una serie de artículos en prensa a favor y en contra de la misma existencia del film, hecho que pone de relieve la enorme tensión que concita el tema vasco en la sociedad española en ese momento. También es cierto, y así lo ha reconocido el propio director del film, que gracias a dicha polémica, las expectativas de difusión y comerciales se incrementan:

> Ha aumentado el interés que había por ella en festivales fuera de España. Iba a ir a cuatro festivales y ahora viajará a siete más. Le ha dado alas a la película, pero no compensa. No compensa ser víctima de algo tan injusto. (Medem 2003b)

La película llega a las pantallas cinematográficas el 3 de octubre con muchas más copias de las previstas en un primer momento, y no es de extrañar, por lo tanto, que gracias a la polémica, *La pelota vasca* se haya convertido, con casi cuatrocientos mil espectadores, en el documental español más visto de los últimos años. Así mismo, la polémica se reaviva con la nominación del film en la categoría de mejor documental en los Premios Goya, cuando la Asociación de Victimas del Terrorismo (AVT) convoca una manifestación a la entrada de la gala en contra del film. El propio Julio Medem, alertado ante el anuncio de la protesta, publica en *El País* un artículo con el significativo título de 'S.O.S.' un día antes de la ceremonia.

Vista hoy, *La pelota vasca* ha envejecido de forma acelerada. El film se concibe y realiza en uno de los momentos de mayor crispación en España respecto al conflicto que se vive en Euskadi, y eso queda reflejado en su entramado semántico: en las presencias y en las ausencias (y no sólo de personajes) y en las opciones de puesta en escena y montaje. Sin embargo, todo el ruido mediático creado en torno al film de Medem se apagó de forma rápida. Posteriormente la película no ha generado acercamientos destacados y tampoco ha pasado a formar parte de ningún canon, escuela o modelo para el documental español, a pesar de su éxito en taquilla. Ha sido por lo tanto olvidada por su discreto valor formal, pero sobre todo por su incapacidad de mostrar el conflicto más allá del momento de su realización. El valor coyuntural de *La pelota vasca* queda en evidencia por la incapacidad para permanecer como discurso político en el tiempo, más allá de los vaivenes de ETA o de los cambios de estrategia de los sucesivos gobiernos españoles. Los términos en los que se articula la película, algunos de sus elementos centrales, han quedado superados por la realidad.

**Articulaciones formales**

Julio Medem se ha referido a *La pelota vasca* como a un intento por crear una polifonía humana en la que todo el mundo estuviese representado, algo que resultó imposible desde el momento en el que ni el PP ni ETA quisieron ponerse ante sus cámaras. De hecho, una de las cuestiones que menos han trascendido de la producción es hasta qué punto el equipo se puso en contacto con la banda terrorista. Ante esa imposibilidad, afirma Medem,

> decidí volcarme en el resto, en los que sí están, y valorar especialmente su decisión de estar. Me vi entonces lanzándome con ellos al aire de un barranco, a ese gran hueco que queda entre el entorno de ETA y el Gobierno de Madrid. (Medem 2003a)

Precisamente la aspiración de suma y trato por igual de los distintos implicados es una de las cosas que más se le ha criticado a Julio Medem, sobre todo desde sectores próximos al PP. La presunta equidistancia, posición que el propio film dibuja como estigmatizada en su inicio, es imposible. Pero eso no quiere decir que sólo puedan existir dos actitudes en el conflicto, algo que el film sí consigue testimoniar. Después de la cuestión de la equidistancia, la polifonía humana planteaba el otro gran término en torno al cual se construye el discurso de la película: el diálogo. El filósofo Fernando Savater ha sido muy rotundo a la hora de valorar la excesiva ingenuidad formal con la que el film ejemplifica ese diálogo,

> las opiniones sencillamente no bastan. Por ejemplo, cuando salen a escena en el documental cuatro o cinco historiadores hablando de si hubo alguna vez tal cosa como un Estado vasco, para uno nunca existió, el siguiente cree que duró treinta años, otro dice que cuatro siglos y así. (Savater 2003)

La película, simplemente, muestra una serie de opiniones más o menos diferentes, las cuales, casi siempre, son previamente conocidas. Su simple exposición como un juego de opuestos no aportan nada ni a los personajes, ni a las ideas, que más que dialogar, se contraponen. Evidentemente, la elección de figuras públicas (principalmente políticas) de primera línea como protagonistas encierra todavía más a sus protagonistas en los discursos institucionales. Sólo aquellos que responden menos al orden de lo político son capaces de ofrecer alguna luz dentro de la película sobre otras formas de acercarse a la cuestión en liza. Se echan en falta más voces alejadas del tejido político, más cercanas a lo social o lo cultural, precisamente para que los discursos puedan transformase en diálogo. (Otra ausencia notable, aunque de cariz diferente, es la de las mujeres. De los setenta y un entrevistados sólo ocho son mujeres, y en ocasiones compadecen en el film como viudas de...).

En este sentido, *La pelota vasca* se mueve, no sin dificultad, entre dos modos casi opuestos de entender el montaje de la entrevista documental. En un lado se sitúa el modelo de *El proceso de Burgos*, que funciona por la suma de argumentos en la misma dirección expuesta por todos los entrevistados. El film de Uribe genera así un discurso monocorde, gracias al efecto acumulativo que propone el montaje, donde todas las voces se mueven en una misma dirección. En el extremo opuesto se sitúa el modelo de *La vieja memoria* (1979), de Jaime Camino. En ella, el realizador catalán contrapone con el montaje testimonios de algunos de los dirigentes de la Segunda República y la Guerra Civil (1931-1939), y lo hace de tal modo que parece, realmente, que los personajes dialoguen y se respondan con la mirada, los gestos, las afirmaciones. En *La pelota vasca* no todos los testimonios suman en la misma dirección, pero tampoco es capaz el director de ponerlos a dialogar mediante el montaje. *La pelota vasca* no estructura espacios conjuntos y articulados para los entrevistados, sino que enfrenta afirmaciones cerradas sobre sí mismas, como la propia metáfora del frontón indica. La fuerza del film nace de una confianza absoluta en la palabra de sus protagonistas y en un paisajismo épico y telúrico. La importancia de la palabra hace que Medem practique, en buena parte de las entrevistas, lo que él mismo denomina como "recorte visible" (Medem, 2003a), según el cual se han anulado circunloquios, silencios, momentos de duda o repeticiones de los personajes. Esa labor la justifica el director desde la necesidad de ganar tiempo e imprimir dinamismo al film. Es posible que así sea, pero quizá eso tiene un precio muy elevado. No se puede desestimar, como parece que Julio Medem hace, el valor semántico que tienen dichas dudas, repeticiones o aclaraciones en las declaraciones. Al suprimirlas se diluye la complejidad de los testimonios y, por lo tanto, la de la propia película. De hecho, Julio Medem no ignora esa cuestión. En las intervenciones más emotivas del film que, suponemos, generan una mayor solidaridad por su parte, no se practica dicho "recorte visible". Algunas de esas intervenciones son las de las víctimas directas de la violencia física. Por parte de ETA: Eduardo Madina, que sufrió la amputación de una pierna después de un atentado, o Daniel Mújica, hijo de un concejal asesinado por la banda terrorista. Pero también por parte de la policía: Anika Gil, en cuya intervención se limita a describir las torturas a las que le sometió la policía durante su detención.

Este último testimonio nos lleva a otra cuestión interesante: la forma en que se identifica a los entrevistados. Cada vez que aparece uno nuevo, lo hace con un escueto rotulo que lo define. En el caso de Anika Gil, y a pesar de lo contundente de su declaración, llama la atención que dicho texto no utilice la palabra *tortura*. Pero más llamativo es el contraste que existe entre los rótulos de otros personajes. Por ejemplo, Arnaldo Otegi se presenta como *Secretario General de Batasuna (izquierda independentista que no condena los atentados de ETA, ilegalizada)*, mientras que Gregorio Peces Barba es presentado simplemente como *"Padre" de la Constitución española*. Lo primero que llama la atención es que el rótulo de ambos personajes se han escrito pensando en un espectador modelo diferente, pero inmediatamente después se genera la cuestión de la diferencia de trato que recibe uno y otro en cuanto a la institucionalización de su posición. En el caso de Otegi, está claro que la cantidad de aclaraciones sobre su posición política está hecha pensando en un espectador de fuera de España. Es difícil pensar en un espectador del país que no sepa que Batasuna no condena los atentados de ETA. El rótulo lo institucionaliza. Mientras que la denominación de Gregorio Peces Barba de forma totalmente coloquial como *"Padre" de la Constitución* no sólo resulta llamativo fuera del país, sino también en España, más allá de los ámbitos políticos o periodísticos. (En España se denominan como *padres* de la Constitución a aquellas personalidades que participaron en la negociación y gestión del texto constitucional aprobado en 1978). Hay más casos que nos colocan ante la duda de cuáles son los criterios seguidos para presentar a los personajes: por ejemplo, ¿por qué Iñaki Villota es presentado simplemente como *sacerdote* sin mostrar su filiación política cuando ese es el perfil que se destaca en la mayoría de los personajes?

En el momento del estreno del film, Julio Medem repite hasta la saciedad dos cuestiones con la intención de zafarse de los ataques que se le hacen desde la derecha española. Primero, su solidaridad absoluta con las victimas del terrorismo. Y segundo, la idea de considerarse vasco y español, así como de no militar en el nacionalismo vasco. En ambos casos el director es sincero y eso se puede ver en la película. Ya se ha comentado el tratamiento diferenciado de algunas de las víctimas del terrorismo que aparecen en el film. Respecto a su posición política, también podemos atender a algunas de las declaraciones de los personajes para entender la postura del director. La elección de Bernardo Atxaga para abrir y cerrar la película resulta clarificadora. En su primera intervención el escritor afirma que ve Euskadi como un archipiélago de islas. Evidentemente, un archipiélago funciona muy bien como metáfora pues está, a la vez, unido y separado por el mar. En la última declara que es más partidario de hablar de la ciudad vasca que del pueblo vasco. El término ciudad implica un cierto cosmopolitismo y una clara tolerancia a diferentes formas de vida. Similares posiciones son las que mantiene un personaje también privilegiado en el montaje como es Eduardo Madina. Éste afirma que Euskadi es un lugar maravilloso, pero no más maravilloso que tantos otros. Sin embargo, los segmentos del film que responden al montaje de imágenes de archivo se alejan claramente de esa posición. Sin ir más lejos, la forma en que se montan en el film los fragmentos de las peliculitas de Orson Welles es más que evidente. Ninguna distancia crítica se mantiene hacia la posición mitificadora de Welles, más bien al contrario, se le cita como autoridad. Ese metraje podía despertar complicidades y simpatías en 1955, pero en 2003 necesitan una mirada diferente. Tomas aéreas de claro cariz enaltecedor e imágenes de films anteriores se montan para crear un épica, la épica de algo primigenio, telúrico, mítico y eso, que se puede considerar algo muy legítimo en otras circunstancias, resulta más peliagudo mientras el etnicismo que alimenta al terrorismo hunde sus raíces en el mismo humus. Es cierto que el cine de Julio Medem siempre ha tenido una tendencia hacia lo mítico (Cerdán y Pena 2005: 300), pero lo mítico en este film tiene unas connotaciones muy concretas. Y, sin embargo, todas las opciones de la puesta en escena del film se mueven en esa dirección, sin ninguna reflexión crítica al respecto. En este sentido, el uso de la música resulta esclarecedor. Medem utiliza a Mikel Laboa, un histórico cantautor vasco, para poner la banda sonora al film. Hay que conocer la discografía de Mikel Laboa para entender como su música ha ido desplazándose en los últimos tiempos desde una posición folklorista a una hibridación cada vez mayor y, sobre todo, de corte más íntimo y experimental. Ahí están para demostrarlo los que quizá son sus dos mejores trabajos, "Hamalau 14" y "Xoriek 17", publicados respectivamente en 1994 y 2005. Discos con homenajes a personajes como Camarón de la Isla, John Cage, Billy Holliday o Jacques Brel que lo han alejado del tradicionalismo para embarcarlo en caminos renovadores. Sin embargo, entre ambos han aparecido "Zunzenean 15" y "Gernika Zunzenean 16", títulos que recopilan algunos de los temas más famosos de su discografía reformulados en términos orquestales para ser interpretados por la Joven Orquesta de Euskadi y el Orfeón Donostiarra, el segundo, además, ejecutado en directo en la también mítica ciudad de Gernika. Por supuesto la reconstrucción de los temas es épica, con la orquesta y la coral lanzando las piezas de cámara de Laboa al terreno de lo barroco y lo operístico, de tal modo que refuerzan todavía más si cabe los ya de por sí grandilocuentes planos, así como su enfático montaje. Las tensiones históricas y estéticas atraviesan todo el film y se cristalizan de forma evidente en su final. Después de las declaraciones de Bernardo Atxaga sobre la ciudad vasca, una última secuencia de montaje nos permite recuperar el rostro de todos los personajes convocados en la película, la cámara se les acerca, vuela sobre ellos, les sobrepasa y se adentra en el decorado, en la mayoría de las ocasiones la hermosa naturaleza del País Vasco. El último de esos movimientos de cámara, no puede ser casual, nos conduce a un dolmen prehistórico, es decir, al origen, a lo tribal, a lo auténtico y esencial. ¿Qué puede ser más opuesto a las palabras de Bernardo Atxaga sobre la concepción urbana y moderna de lo vasco?

## Bibliografía

Arocena Badillos, Carmen. 1998. 'El cine vasco de la década de los noventa'. En: Santiago de Pablo (ed.) *Los cineastas. Historia del cine en Euskal Herria. 1896-1998*. Vitoria: Besaide Bilduma/Fundación Sancho el Sabio.

Ballesteros, Isolina. 2001. *Cine (in)surgente*. Madrid: Fundamentos.

Carmona, Luis Miguel. 2004. *El terrorismo y E.T.A. en el cine*. Madrid: Cacitel.

Cerdán, Josetxo. 1998. 'Vacas'. En: Julio Pérez Perucha (ed.), *Antología crítica del cine español*. Madrid: Cátedra/Filmoteca Española.

— y Jaime J. Pena. 2005. 'Variaciones sobre la incertidumbre (1984-2000)'. En: José Luis Castro de Paz, Julio Pérez Perucha y Santos Zunzunegui (dirs.) *La nueva memoria. Historias del cine español*. A Coruña: Vía Láctea.

Medem, Julio. 2003a. 'Un pájaro vuela dentro de una garganta. Trayecto'. En: *Pressbook* de *La pelota vasca*.

—. 2003b. Entrevista realizada por Rocío García. En: *El País*, 22 de septiembre.

—. 2003c. *La pelota vasca: la piel contra la piedra*. Madrid: Aguilar.

—. 2004. 'S.O.S'. En: *El País*, 20 enero.

Rodríguez, María Pilar. 2002. *Mundos en conflicto: aproximaciones al cine vasco de los noventa*. San Sebastián: Universidad de Deusto/Filmoteca Vasca.

Savater, Fernando. 2003. 'Viene criatura'. En: *El País*, 4 de octubre.

# El cine de denuncia social en España: el caso de *Te doy mis ojos* de Icíar Bollaín

## Pascale Thibaudeau

Este artículo propone un estudio de la utilización que hace Icíar Bollaín de aspectos 'específicamente hispánicos' (el patrimonio artístico-cultural, los valores religiosos y familiares, un modelo tradicional de relaciones hombre/mujer, la sombra de un pasado dictatorial...) para construir alrededor de la pareja Antonio/Pilar un contexto propicio a la violencia de género en el que se ponen de manifiesto las raíces de esta violencia. La denuncia social que emerge en la pelicula apunta a unas causas nacionales de este fenómeno utilizando como contrapunto la pareja moderna y transnacional constituida por Ana, la hermana de Pilar, y John.

La película *Te doy mis ojos* (2003) cuenta la lenta emancipación de una mujer frente a una relación de pareja violenta. Empieza por la salida precipitada de Pilar, que huye asustada de su casa con su hijo, Juan, para refugiarse en el apartamento de su hermana, Ana, donde se instala un tiempo. Ésta le encuentra un trabajo en el museo de Toledo y allí descubre el poder del arte, auténtico medio de liberación. Mientras tanto, el marido de Pilar, Antonio, emprende su reconquista ofreciéndole regalos y prometiéndole cambiar (empieza una terapia). Pilar se deja convencer y reintegra la casa familiar. Sin embargo, a pesar de sus esfuerzos, Antonio no consigue dominarse y Pilar acaba dejándole al final de la película.

He aquí la trama de una ficción en la que se denuncia la violencia de género y se indaga sobre sus causas sin caer en el sistematismo ni en la demostración maniquea, a pesar de manejar a veces ciertos clichés. Nos interesaremos a continuación en las raíces socioculturales e históricas de la violencia de género tal como aparecen designadas en la película, ateniéndonos especialmente a sus dimensiones artísticas y patrimoniales.

## El sustrato mitológico

El arraigo del modelo patriarcal del que se nutre la violencia de génèro es visible en las referencias a la mitología: en los dos cuadros mitológicos[1] (*Orfeo y Eurídice* de Rubens y *Danae y la lluvia de oro* de Tiziano) explicados por Pilar, la mujer es posesión exclusiva del hombre (padre, marido o amante), que tiene poder de vida y muerte sobre ella. En el mito de Orfeo y Eurídice contado por Pilar a su hijo, Orfeo tiene el poder de salvar a su amada de los Infiernos y de precipitarla de nuevo en ellos. El destino de ella, tanto su salvación como su pérdida, depende por completo de él, figura heróica que no duda en afrontar el reino de la muerte para recuperar su bien. Más tarde, en la presentación del cuadro de Tiziano que hace en el museo, Pilar cuenta que Danae está encerrada por su padre, a quien un oráculo le ha anunciado que su nieto le mataría, "pero Júpiter, que está enamorado de ella decide entrar en la torre y lo hace en forma de polvo de oro para poseerla". Tanto los dioses como los mortales de la mitología clásica participan en la objetualización de lo femenino, sea como posesión originaria del padre sea como apropiación por el que consiga burlar la vigilancia paterna para hacerse dueño de la mujer. Ni Eurídice ni Danae existen como sujetos de sus propias vidas. No tienen, como los sujetos masculinos, la posibilidad –por vana que sea– de luchar por sí mismas contra el *fatum*.

En ambos casos, los mitos referidos y los comentarios que acarrean entran en resonancia con la situación personal de Pilar. Cuando Juan le pregunta a su madre qué pasa cuando Orfeo se da la vuelta justo antes de salir de los Infiernos, la respuesta se queda en el aire porque en ese momento llega Antonio y Pilar manda a su hijo a la cama. El paralelismo queda muy claro entre la imposibilidad para Orfeo de no sucumbir a la tentación de darse la vuelta, a riesgo de perder definitivamente a Eurídice, y la imposibilidad para Antonio de no volver atrás (en sus antiguos mecanismos de dominación) y sucumbir a la violencia que le ciega. Orfeo y Antonio son incapaces de ser dueños de sus pulsiones pero, tanto en el mito como en la ficción fílmica, son las mujeres las que son víctimas directas de esta paradójica impotencia masculina. En ese momento de la película, parece todavía que la pareja puede volver a empezar sobre nuevas bases, como sugiere la suspensión del relato del mito: quizás Eurídice no vuelva a los Infiernos, quizás la voluntad humana sea más fuerte que el destino 'Los senderos brumosos' y los 'caminos oscuros' por los que pasan Orfeo y Eurídice cruzando el Averno metaforizan las dificultades de la pareja y los obstáculos que encontrarán antes de poder salir del infierno doméstico, si consiguen salir.

En la secuencia de la presentación de *Danae y la lluvia de oro,* además del esquema patriarcal subyacente en el mito, se establece una relación entre el destino de Danae como sujeto negado, el del cuadro sometido a censuras diversas y, por supuesto, el de Pilar (observada sin saberlo por Antonio en la penumbra):

> [...] este cuadro estuvo escondido durante siglos. Lo encargó Felipe II, que lo puso en sus habitaciones privadas. Luego vinieron otros que lo encerraron bajo llave, hasta Felipe IV que lo heredó y lo puso directamente en la habitación donde echaba la siesta. [...] Algunos de sus dueños quisieron a Danae así, como Júpiter, bien cerquita, pero hubo otros que hicieron como su padre, encerrarla bajo llave para que nadie la viera. Hubo un rey que incluso pensó en quemar el cuadro, pero mira, no lo consiguió y aquí está, a la vista de todos.

Foto 1: © 2003 Producciones La Iguana – Alta Producción.

Es interesante la identificación que se efectúa en las palabras de Pilar entre la mujer-Danae y el objeto-cuadro cuyos dueños tienen el poder de esconderlo, exponerlo y destruirlo. Esta tentación de la destrucción del cuadro se extiende evidentemente a Danae y Pilar y nos remite al peligro simbólico que representa la mujer como factor de alienación de lo masculino, peligro que se encuentra del mismo modo en la mitología grecolatina como en la cristiana tal y como lo muestra Jacqueline Rousseau-Dujardin (2006).

Por otra parte, cabe subrayar que la puesta en escena coloca a Pilar delante del muro en el que se proyecta la diapositiva del cuadro (foto 1), es decir que su silueta se confunde visualmente con el cuadro que se superpone sobre su cuerpo, realizando así una suerte de fundido encadenado profílmico. La proyección del mito de Danae en la figura de Pilar se produce de una manera literal y no solamente metafórica.

## La pintura

Más allá de la dimensión mitológica, esta secuencia recalca también las raíces específicamente españolas del modelo patriarcal gracias a las referencias explícitas a la historia y a la cultura españolas (sucesión de reyes más o menos represores). Pasamos de los rasgos universales de la perpetuación de un modelo de opresión de lo femenino a un modelo que, según la película, presenta particularidades nacionales. En esta perspectiva, el marco de Toledo reúne una serie de características que convierten a la ciudad en un parangón del patriarcado. La propia directora lo subraya:

> Toledo contaba mejor que cualquier diálogo todo ese peso histórico, de tradición, de cultura que tenemos todos detrás; el papel del hombre, el de la mujer. Por no mencionar a tantos hombres poderosos, reyes, nobles, obispos y papas que desde los cuadros que cuelgan en la sala capitular de la catedral nos recuerdan quién ha tenido el poder durante siglos, quién ha decidido cómo se tenía que vivir. Y cómo se tenía que sufrir, como la Dolorosa, cabeza baja, lágrimas contenidas. (Bollaín 2003: 27)

La pintura cumple en la película una función destacada. Es interesante observar que el acceso al lenguaje pictórico es lo que va a permitir la emancipación de Pilar cuando es este mismo arte el que, como instrumento de transmisión de la ideología patriarcal consagra la dominación de la mujer[2].

El primer contacto que tiene Pilar con la pintura ocurre cuando acude a una cita en la catedral de Toledo para un contrato de prácticas. Antes de llegar al despacho de Rosa, cruza la sacristía mayor y su mirada pasea por los cuadros ahí colgados. Tres retratos de cardenales –entre los cuales el del cardenal Borja pintado por Velázquez– con sus miradas severas y sus atributos de poder (púrpura, armiño, condecoraciones, banda azul de los Borbones…), parecen considerar desdeñosamente a Pilar desde lo alto de sus distinciones. Esta impresión la produce el contrapicado con el que se enfocan los cuadros y el raccord de mirada de Pilar que tiene que levantar los ojos para contemplarlos (foto 2).

Foto 2: © 2003 Producciones La Iguana – Alta Producción

Los ángulos de toma de vista y el montaje consagran visualmente la dominación simbólica del poder masculino mediante la institución religiosa. Al final de su recorrido por las figuras masculinas del poder, Pilar se para delante de una representación de la Virgen, *La Dolorosa* de Morales. La puesta en escena subraya así el fuerte contraste entre la suficiencia de los personajes anteriores y la cara de sufrimiento y la actitud de recogimiento de la Virgen : cabizbaja y manos cruzadas evocan la resignación ante el dolor. El hecho de que se pare Pilar delante del cuadro instaura una relación frontal entre las dos (los otros cuadros los miraba de lado mientras que éste lo mira de frente) favoreciendo un paralelismo con su propio sufrimiento. Elemento reforzado por el comentario jocoso que hace Ana al llegar al lado de su hermana: "Acaba de darse cuenta de que ha salido a la calle en zapatillas", aludiendo a la huída precipitada –y en zapatillas– de Pilar de su casa (foto 3).

Foto 3: © 2003 Producciones La Iguana – Alta Producción

Esta breve secuencia basta para establecer un vínculo entre el peso de
la religión en España y las estructuras sociales que, a lo largo de los
siglos, han contribuido a la opresión de la mujer. Más tarde, en la
iglesia de Santo Tomé, Pilar escucha fascinada los comentarios del
guía al *Entierro del conde de Orgaz,* que insisten en las distintas influencias que marcaron la pintura del Greco:

> va a aprender de los pintores venecianos todos los colores, el movimiento para
> la composición de sus cuadros. De España, donde recala más tarde, proviene
> el realismo familiar, su tristeza, las actitudes violentas, más oscuros, más
> sombríos, más grises.

La bipartición tradicional del cuadro aparece, pues, determinada por
una huella cultural visible en su misma factura: lo español viene asociado explícitamente con la tristeza, la violencia y un cromatismo
sombrío, mientras que los colores y el movimiento están asociados
con lo foráneo. Esta comparación implícita entre una dimensión genuinamente española como raíz nacional de la violencia y lo extrana-
cional como alternativa a la tradición constituye el eje central del
esquema de elaboración de las dos parejas (Pilar/Antonio y Ana/John)
en tanto que modelos antitéticos.

En el momento en que Pilar se vuelve activa respecto a la pintura
pasamos, en el desarrollo fílmico, a los cuadros mitológicos, con lo
que comprobamos que, en el camino de autonomización que emprende y que va a llevarla a liberarse del yugo matrimonial, se aleja del

arte hispánico y de los temas religiosos inherentes a la cultura española, aunque, como hemos visto, el modelo de dominación masculina eche sus raíces en la mitología grecolatina. El recorrido pictórico de Pilar es, sin embargo, significativo de su proceso de emancipación personal respecto a un modelo presentado por la película como profundamente arraigado en la cultura nacional. Así, el último cuadro comentado es una composición abstracta de Kandinsky, que, además de ser completamente extraña a la herencia mediterránea presente en los cuadros anteriores, induce un paralelismo entre la evolución de Pilar y la evolución de la pintura que, mediante la abstracción, consiguió liberarse de la servidumbre de la representación figurativa y de la perpetuación de antiguos modelos.

No es de extrañar que la emancipación de Pilar pase por la pintura, arte visual por excelencia, en la medida en que su alienación pasa por la entrega de sus ojos a Antonio como bien indica el título de la película, explicitado en una escena de amor en la que Pilar le regala su cuerpo por partes, acabando por los ojos y la boca[3]. Esta entrega/sacrificio es reconocida como negación de sí misma en la confesión final que le hace a su hermana : "Tengo que verme. Tengo que verme. No sé. No sé quién soy. No sé quién soy. Hace demasiado tiempo que no me veo". Esta insistencia en el sentido de la visión entra evidentemente en resonancia con el descubrimiento del arte como factor de emancipación, económica primero y luego simbólica. Gracias a la progresiva recuperación de una visión reeducada por el arte, Pilar consigue escapar de un destino femenino multisecular.

**Toledo, el peso del pasado**

Aparte del patrimonio pictórico español, la arquitectura y el pasado histórico de la ciudad imperial cumplen un papel determinante en el mantenimiento de la tradición patriarcal. Desde los títulos de crédito, cuando Pilar huye y acude a casa de su hermana de noche, un plano nos muestra el autobús pasando delante de las murallas imponentes de la ciudad, con la puerta de Bisagra al fondo. La primera imagen, después del fundido al negro que cierra los créditos, es un plano general de Toledo dominado por el Alcázar y rodeado por el Tajo. Mientras los personajes, en la otra orilla, caminan en primer plano, la vista panorámica permanece en último término, plasmándose como telón de fondo de toda la película. Así, desde los primeros minutos, el marco

artístico-cultural de la ciudad (declarada Patrimonio de la Humanidad
por la Unesco en 1986) se afirma como un elemento esencial de so-
bredeterminación a la vez histórica y simbólica.

Un poco más tarde, cuando Pilar penetra en la catedral para reunir-
se con su hermana, un travelín de retroceso la acompaña mientras
avanza mirando hacia arriba, impresionada por la altura de las naves.
Otra vez, desprende una impresión de fragilidad, está como aplastada
por la arquitectura grandiosa, lo que refuerza un panotravelín vertical
que eleva la cámara muy por encima de la protagonista. El picado que
resulta de ello hace hincapié en la pequeñez de Pilar, perdida en medio
de la nave, pisando baldosas en blanco y negro que evocan, mediante
la asociación con el tablero de ajedrez, la idea de destino trazado (foto
4).

Foto 4: © 2003 Producciones La Iguana – Alta Producción

La presencia de la ciudad, a través de su patrimonio histórico-cultural,
llega a convertirse en la película en un peso que asfixia a los personajes y los mantiene en la repetición de esquemas ancestrales. Una secuencia en particular es significativa de ello. Se trata del primer reencuentro entre Pilar y Antonio. Se citan a orillas del río, en un intento

de borrar el pasado y volver a empezar de cero: fue en un banco, a orillas del río, donde Antonio le pidió que se casara con él, nueve años antes. El regreso al río puede, por consiguiente, contemplarse como una tentativa de volver al origen de la relación y de anular lo que ocurrió después[4]. Al mismo tiempo, es en este lugar donde más se expresa el peso de la ciudad en la vida de los personajes: ahí Pilar y Antonio se imaginan que dejan atrás todo lo que les determina –pasado, familia, trabajo–, lo que llega a sintetizarse en la ciudad misma como bien demuestra el diálogo siguiente:

> Pilar:     A mí me gustaría hacer otras cosas. Irnos lejos los tres.
> Antonio: ¡Pues claro! ¡Y a tomar por culo la tienda!
> Pilar:     Y Toledo…
> Antonio: Y mi hermano.
> Pilar:     Y mi madre.
> Antonio: Y tu hermana, y su escocés también… ¡A tomar por culo todo!

Entre risas, acaban gritando los dos a todo pulmón: "¡A tomar por culo todo!" y un raccord de mirada enlaza con un plano general del puente de San Martín con las murallas en lo alto mientras retumban sus voces en las piedras (foto 5 y 6).

Foto 5: © 2003 Producciones La Iguana – Alta Producción

Foto 6: © 2003 Producciones La Iguana – Alta Producción

Es evidente que el montaje dirige este grito de rebeldía a la ciudad misma como símbolo de una tradición que encierra a los personajes, tanto Pilar como Antonio, en la repetición de antiguos modelos y un destino del que no consiguen escapar.

En la construcción de este simbolismo, el Alcázar cumple una función indudable. Aparece en el primer plano de la película, dominando la ciudad, después de los títulos de crédito, como ya hemos visto. También encabeza la secuencia en la que Pilar y Antonio hacen el amor: por la ventana de la habitación se ve perfectamente el monumento cerrando el horizonte y vuelve a aparecer cuatro veces en esta misma secuencia. La presencia insistente del Alcázar en un momento en el que parece que los personajes van a emprender una nueva vida (Pilar: "Es como si fuéramos novios otra vez") indica hasta qué punto el futuro de los personajes queda determinado –simbólicamente– por el pasado violento de Toledo. Mediante las vistas que proporciona la película (las fortificaciones, el Alcázar, la catedral, la iglesia de Santo Tomé), lo que se recalca de este pasado no es su vertiente erudita, multicultural y tolerante (el "Toledo de las Tres Culturas"), sino la vertiente militar, imperial y religiosa intolerante (alusión a la contra-rreforma mediante El Greco), depositaria de una tradición de dominación.

El Alcázar remite también, por supuesto, al asedio de la fortaleza durante la Guerra Civil que se convirtió en una de las leyendas funda-doras del heroismo nacional-franquista[5] (recordemos que uno de los periódicos más influyentes del Franquismo, *El Alcázar*, fue creado en

1936 en homenaje a los combatientes allí sitiados). El vínculo entre el edificio y el Franquismo como estructura de opresión patriarcal se manifiesta en la figura del padre de Pilar. A través del padre, oficial, el pasado militar de la ciudad entronca con el pasado familiar de Pilar, y desde el monumento, el padre parece seguir vigilándola. Aun muerto, su presencia sigue pesando en la familia, como indican las fotos que lo muestran en uniforme en casa de la madre, las visitas rituales al cementerio y las conversaciones en las que se recuerda su autoritarismo.

## La madre

Uno de los aspectos interesantes de la película es cómo pone de manifiesto la perpetuación de la autoridad patriarcal después de la muerte del padre y cómo señala el papel activo de la mujer como esposa y como madre en la transmisión (e imposición) de este modelo. En efecto, la madre de Pilar se revela una defensora encarnizada de la tradición y de la imagen paterna: a John que lamenta la ausencia del padre en su boda, Pilar le contesta: "Si lo hubieras conocido, no dirías esto"; en seguida, la madre salta en su defensa: "Tenía sus cosas como todo el mundo" y añade, dirigiéndose a su futuro yerno: "No le gustaban las fiestas ni los alborotos". Esta precisión, a modo de disculpa, informa al espectador sobre el carácter sombrío del padre, al mismo tiempo que recalca la posición de justificación póstuma adoptada por la madre.

No por nada aparece por primera vez este personaje en el cementerio. Se trata de una visita en familia a la tumba del padre para cambiar las flores que están marchitas pero no secas. Esto indica que las visitas son frecuentes y que la memoria del jefe de la familia se mantiene viva. Aparece el cementerio una segunda vez, y, con motivo de la fecha del aniversario del padre, la madre consigue reunir a las dos hermanas que han reñido. Es decir, que la tumba del padre se afirma, en la tradición defendida por la madre, como un lugar simbólico de convocatoria y de unidad familiar. Los restos de la autoridad paterna están erigidos por la madre en garantía de esta unidad puesta en peligro por las "rarezas" de Ana y sobre todo por la huída de Pilar de su hogar. Sin embargo, la tentativa de reconciliación falla porque Pilar sale huyendo de Ana bajo el pretexto de ir a buscar a Juan (veremos la importancia de esta secuencia más adelante) .

Desde su primera aparición en el cementerio se subraya la importancia que la madre les concede a los rituales sociales. Así, le pregunta a John, si él y Ana piensan casarse "como Dios manda", luego se preocupa por la localización de los despojos de Ana porque está pagando la póliza del entierro y teme que a su hija la entierren en Escocia: "su sitio está aquí". Para la madre, hasta en la muerte todo tiene que responder a una norma preestablecida. Por otra parte, y volviendo a lo que se ha visto anteriormente, se mide también en esta secuencia la fuerza de atracción del lugar, de la tierra originaria (la tierra-madre) hacia la que hay que volver y de la que es difícil escapar. Al nieto, testigo callado del diálogo, que le pregunta: "Abuela, ¿y yo dónde me entierro?", le contesta como una evidencia: "Tú aquí con nosotras, ¿dónde va a ser, cariño?". Para ella, el destino de Juan, con sus ocho años, ya está trazado y unido a la tierra de Toledo con la que se identifica ; no concibe otra alternativa.

El conservadurismo de la madre se expresa también en su apego a las apariencias sociales que tienen que reflejar el estatuto social de la familia. La secuencia del cumpleaños de Juan nos adentra en su casa y descubrimos así un interior burguès con amueblamiento tradicional, araña de cristal, y muchos cuadros, bibelots, que denotan cierto miedo al vacío. En esta secuencia se establece implícitamente una equiparación entre la preservación del orden patriarcal y la preservación de los valores burgueses en la medida en que la madre intenta forzar la reconciliación de la pareja invitando a Antonio a la fiesta de cumpleaños de Juan sin avisar a nadie. Ante la mirada reprobatoria de Ana, se disculpa invocando el interés del niño: "Ha sido el niño. Quería ver a su padre. Es lógico, caray". Por lo que vemos que lo que defiende es un modelo familiar inquebrantable en detrimento del interés de su propia hija.

En esta misma secuencia se insiste en la función esencial de las imágenes en la elaboración de este modelo y en su mantenimiento por la madre. Llama la atención la cantidad de fotos colgadas en los muros o expuestas en las estanterías. Además, se inicia la secuencia con un primer plano de un montaje de fotos que la madre le enseña a John: "Cuando pongamos vuestra foto va a quedar precioso"; antes, al pedirle a Ana que lleve un traje de novia para la boda, hace este comentario: "Mira Ana, ya que la ceremonia no es lo que tiene que ser, al menos ten unas fotos decentes. Algo bonito para recordar"; más tarde, en el cementerio, le dice a Pilar, hablando de la foto humorística de la boda de Ana (se la ve levantando la falda escocesa de John para enseñar su pierna): "Hasta eso lo tuvo que hacer de cualquier manera. Desde luego a mí me parece mucho más bonita tu foto que la de Ana". Nos percatamos de que la imagen de la norma familiar y social que transmiten las fotos junto con una ilusión de armonía tienen, para la madre, más importancia que la realidad misma, y que la felicidad de Ana le importa tan poco como el calvario de Pilar, dado que le parece preferible la imagen conformista que transmite la pareja Pilar/Antonio que la inconformista de Ana/John. Incapaz de enfrentarse con la realidad, la madre de Pilar se refugia en el espejismo de "normalidad" que le entregan las fotos.

Conviene subrayar que esta "normalidad" de fachada es invocada varias veces por el propio Antonio: refiriéndose a su separación, le dice a Pilar, después de hacer el amor: "Esto no es una manera normal de ser. No es normal, Pilar"; ante el psicólogo reivindica:

Antonio:   Es que yo no quiero líos, cojones. Sólo quiero una relación normal.
Psicólogo: ¿Normal? ¿Y qué es una relación normal?
Antonio:   Pues lo normal. Lo normal en un matrimonio. No sé. Que los dos sepan dónde está el otro y qué hace, qué piensa.

En este diálogo, el control y la dominación del otro aparecen como programa definitorio de la normalidad pero también se evidencia lo borroso de la noción para el propio Antonio. Cuando, después de la última agresión, se topa con el silencio de Pilar, no acepta esta alteración del orden familiar: "Bueno, pues si no quieres contarme nada habla con el crío por lo menos. ¡Qué cojones! Que esto parece un funeral, no una familia cenando". La imagen que tiene de la normalidad está alterada por la reacción de Pilar. No entiende que su petición de disculpas no sea suficiente: "Bueno, te he pedido perdón, ¿no? ¿Qué quieres que haga?". Así la "normalidad" invocada tantas veces se revela ser una imagen de armonía ("*parece* un funeral, no una familia cenando") y sobre todo algo que depende exclusivamente de la capacidad de la mujer en perdonar los excesos de su marido, éstos formando parte de su "naturaleza" como bien demuestran las sesiones de terapia de grupo en las que los maltratadores les echan la culpa a las mujeres. Lo "normal" es que la mujer acepte las disculpas y que, una vez aceptadas, todo vuelva a ser como antes (lo cual implica inevitablemente la repetición). Es, de hecho, el discurso que tiene la

244                        *Pascale Thibaudeau*

madre en la terraza de Ana. A Pilar: "Tú, lo que tendrías que hacer es arreglarte con Antonio y volver a tu casa". Ante las protestas de Ana, zanja: "Una mujer nunca está mejor sola", y, podríamos añadir, nunca tiene que alejarse de su casa. Como bien señala Jacqueline Cruz (2005), subrayando el papel de la onomástica en el film, "la mujer constituye el *pilar* de la familia y la sociedad", por lo tanto no debe moverse de su casa, pase lo que pase. Con semejante nombre, la protagonista no hubiera debido poder abandonar el hogar. En la película, la decisión final de Pilar señala, metafóricamente hablando, que los pilares de la sociedad patriarcal están tambaleándose.

Uno de estos pilares es, entre otras cosas, la repetición del modelo materno evidenciada por el film. El empeño que pone la madre en que Pilar reanude con su vida "normal", hasta el punto de negarse a oír las lesiones que ha sufrido[6], estriba en una voluntad informulada (e informulable) de que su hija mayor reproduzca lo que ella ha vivido. La madre ha construido su identidad en torno a la sumisión al patriarcado, por eso defiende este orden puesto en peligro por la actitud de sus hijas e intenta a toda costa que Pilar vuelva al redil. No puede admitir que ésta le demuestre por sus actos que otra vía era posible; en el mantenimiento de su hija en una situación parecida a la suya se encuentra la justificación de su propia vida. Su última aparición en la película tiene lugar en el cementerio y, ante el ajuste de cuentas al que la somete Pilar, por primera vez, admite que puedan existir otras posibilidades:

> Pilar:   ¿Qué pasa, que te gustaba tu vida de mártir? Siempre al lado de un tío que te amargaba la vida. ¿O es que te gustaba ser la más buena, la más comprensiva y que todo el mundo se compadeciera de lo mucho que aguantabas?
> Madre: Yo aguanté por vosotras.
> Pilar:   ¡Eso es mentira, mamá! Aguantaste por ti.
> Madre: Yo no supe hacerlo mejor, hija. Inténtalo tú.

En la última frase se puede oír la capitulación de una madre que acaba renunciando a que su hija siga sus pasos, pero también suena a desafío, como si pusiera a su hija a prueba. En efecto, Pilar sólo conseguirá emanciparse y liberarse de la opresión conyugal una vez que le haya echado en cara a su madre las "ventajas" inconscientes que una mujer puede sacar de una situación de sumisión y opresión. En la denuncia de la sumisión materna se refleja la suya propia y esta toma de conciencia de sí misma determina la posibilidad de rechazar el modelo.

Este único enfrentamiento entre Pilar y su madre es lo que permite la asunción de un destino de mujer verdaderamente autónoma. La rebelión de Pilar supone una apropiación de su propia imagen ("tengo que verme") a la que durante mucho tiempo se había superpuesto la imagen de la madre sacrificada. La salida del doble proceso de identificación en la relación madre/hija para permitir el acceso a una identidad propia supone la superación de lo que Jacques Lacan llamó "ravage"[7]. (Lessana 2000) La salida de este proceso destructor que se produce en la secuencia del cementerio aparece como la condición imprescindible de la liberación final. En el "Inténtalo tú", exortación/desafío de la madre a la hija, subyace la autorización de la madre para que la hija se desprenda de esta imagen y de la necesidad de mímesis inherente a la relación madre/hija. En esta posibilidad de emancipación otorgada a media voz por la madre está el germen de la libertad futura de Pilar.

**La pareja moderna**

Hemos visto que, a la inversa de Pilar, Ana no se ha moldeado a partir del modelo materno sino más bien en contra, adoptando posturas opuestas a las normas tradicionales. Frente a la situación vivida por su hermana, va totalmente en contra de las tentativas de conciliación de la madre: no saluda a Antonio cuando se presenta al cumpleaños de Juan y es la presencia de éste en su boda lo que desencadena la riña entre ellas. Es la que insiste para que Pilar deje a Antonio, para que vaya a ver un abogado, para que vuelva a trabajar. Es el contrapunto exacto de la madre, tiene conciencia de sus derechos y defiende los de su hermana con vehemencia. Cuando la madre le aconseja a Pilar que vuelva a su casa, Ana explota : "¡Una mierda! Lo que tendría que hacer es separarse y pedir una orden de alejamiento, ¡eso es lo que tendría que hacer!".

Pero, lo más interesante, en la economía general de la película, es el contrapunto (a veces esquemático) ofrecido por la pareja que forma con John. No se dejan formatear por las normas y las tradiciones casándose por lo civil, lo cual da lugar a un intercambio humorístico en el cementerio entre la madre y John:

Madre: ¿Vosotros pensáis casaros como Dios manda o de cualquier manera?
John:   ¿Cualquier manera qué es?
Pilar:  Por lo civil.
John:   Ah, entonces cualquier manera.

La dimensión humorística de los desfases linguísticos y culturales (también presente cuando la madre le habla de la póliza de los entierros) es un procedimiento clásico para subrayar mediante la relatividad inducida por la presencia del extranjero, lo ridículo de ciertas costumbres. Pero, además, en la película, el extranjero es el que aporta una alternativa al modelo tradicional. La primera noche que Pilar pasa en su casa, se ve a John fregando los platos y su comportamiento en la vida cotidiana suscita su admiración. Se lo comenta a sus compañeras de trabajo:

Pilar:    Pone el desayuno, lo quita, hace la compra, la cena, friega…
Raquel:  Eso no es un escocès, a mí me parece más un extraterrestre, ¿no?
Carmen: Y con el audiosexual incluído, maja, que mientras follas aprendes inglès. Ah, no, yo quiero uno así, ¿dónde lo ha encontrado?
Raquel:  Pues ¿dónde lo vas a encontrar? En Escocia.
Carmen: Pues tú y yo a Escocia, guapa.

Aparte de la función de válvula humorística, este diálogo subraya el desajuste entre este modelo de hombre moderno encarnado por John y la realidad masculina española casi exclusivamente representada en la ficción por el grupo de maltratadores bastos con los que Antonio sigue su terapia.

Ana ha ido a estudiar al extranjero y se puede deducir que esta estancia fuera de España, así como el acceso a una carrera universitaria, es lo que le ha permitido emanciparse del modelo tradicional y convertirse, a diferencia de su hermana, en una mujer moderna. El contacto con otra cultura, la toma de distancia respecto a la cultura nacional, aparecen como una condicion de apertura a otros modos de convivencia entre hombres y mujeres. La ceremonia de la boda es una buena ilustración de ello. El primer plano de la pareja nos enseña a Ana con velo blanco y John con pajarita y chaqueta negra (foto 7). Parecen haber cedido a las peticiones de la madre de hacer las cosas de manera tradicional pero, cuando se levantan para abrazar a sus familiares, el espectador descubre que Ana lleva un pantalón y que John tiene la tradicional falda escocesa (foto 8). Se invierten así, visualmente y de manera humorística, los papeles masculinos y femeninos jugando con la literalización de la expresión «llevar los pantalones» para remitir a la subversión de la autoridad patriarcal. No se trata, pues, de erigir la cultura escocesa como modelo de igualdad entre hombres y mujeres, sociedad no menos machista que la española como señala Jacqueline Cruz (2005), sino más bien de jugar con la posibilidad que ofrece este traje tradicional en la propuesta de un modelo distinto en el que se puedan intercambiar los roles habituales y, sobre todo, dejar de tomarlos en serio.

Foto 7: © 2003 Producciones La Iguana – Alta Producción

Foto 8: © 2003 Producciones La Iguana – Alta Producción

## Conclusión

Hemos visto que la película indaga en las raíces de la violencia doméstica haciéndola remontarse a los orígenes grecorromanos de la civilización mediterránea patriarcal. Subraya el peso de la religión católica en España y de la historia bélica en la construcción de una identidad nacional. En este telón de fondo Toledo desempeña un papel esencial donde la Guerra Civil y la dictadura franquista aparecen en filigrana. Así se dibuja un contexto socio-histórico propicio a la opresión de la mujer que nos remite a una visión de la "España negra" reactivada, si nos referimos al contexto de producción de la película y a las tomas de posiciones de la directora[8], durante las dos legislaturas del PP. Mediante la contextualización y la oposición entre las dos parejas, la ficción presenta la violencia de género como un problema específicamente español (mientras que los datos en Europa demuestran que no es el caso) y se inscribe así en una tradición española, heredada del Siglo de las Luces, en la que se toma al extranjero (sobre todo francés y anglosajón) como modelo de progreso social oponiéndolo a lo 'castizo', sinónimo de atraso y oscurantismo. Pese a ello, el film no cae en el maniqueísmo al presentar a un Antonio humano y –paradójicamente– débil, víctima también de un sistema patriarcal arraigado del que no consigue liberarse.

### Notas

[1] Los análisis que propone María Jesús Beltrán Brotons (2007) sobre las relaciones entre la pintura y la diégesis fílmica completan mis observaciones sobre los cuadros.

[2] Aspecto subrayado por Jacqueline Cruz (2005): "el arte tiene una enorme responsabilidad en su perpetuación, tanto en un sentido general, en cuanto transmisor de la ideología patriarcal, como en un nivel más concreto. Como observa Pilar Rahola: 'El famoso "la maté porque era mía" ha impregnado durante siglos toda nuestra mítica literaria, musical, teatral, poética... Nunca el arte ha puesto en evidencia que lo que conducía a la muerte de una amante no era la pasión, sino la dominación".

[3] Pilar : "Dime lo que quieres y yo te lo doy", Antonio : "Todo, lo quiero todo. Desde ahí hasta aquí", P. : "Ya lo tienes", A. :"No, quiero que me lo des", P. :"Te lo doy", A. : "Pero todo, lo quiero todo, todo, los brazos, las piernas, los dedos, me lo tienes que dar todo. Dímelo", P. :"Te doy mis brazos", A. :"las piernas", P. : "Te doy mis piernas", A. : "Los dedos", P. : "Te doy mis dedos", A. : "El cuello", P. : "Te doy mi cuello", A. : "Los pechos", P. : "Te doy mis pechos", A. : "Tu espalda, tus hombros", P : "Mi espalda, mis pies. Te doy mis ojos y mi boca". En este diálogo se opera un descuartizamiento metafórico de la mujer en el que se manifiesta la dimensión

ritual (casi antropológica) del sacrificio femenino en la relación de sumisión/dominación.

[4] Este deseo aparece varias veces. Lo formula claramente Pilar, cuando, después de hacer el amor con Antonio en casa de su hermana le dice : "¿No te gusta como estamos? A mí sí, es como si fuéramos novios otra vez."

[5] Sobre el valor simbólico de esta 'epopeya', véase Hugh Thomas. (Thomas 1976: 445-447)

[6] Cuando, en la terraza, Ana habla de los partes de las urgencias, para instar a Pilar a reaccionar, la madre no quiere escucharla: "Deja tranquila a tu hermana, ella sabrá lo que tiene que hacer"; ante la insistencia de Ana, eleva la voz: "¡Déjala en paz, caray !" Indignada por el mutismo de Pilar y la denegación de su madre, Ana empieza a enumerar los traumas registrados por los partes del hospital pero ella la corta gritando: "¡Cállate, Ana!"

[7] Noción intraducible que condensa a partir de etimologías comunes los sentidos de 'devastación', 'destrucción', 'rapto' y 'encantamiento'.

[8] Participó activamente en la denuncia de la intervención de España en Irak en la ceremonia 2003 de los Goyas (en la que la película se llevó siete premios) y formó parte del colectivo de cineastas que firmaron la película panfletaria *¡Hay motivo!* (2004).

## Filmografía

Bollaín, Icíar. 2003. *Te doy mis ojos*. Producciones La Iguana – Alta Producción.

## Bibliografía

Beltrán Brotons, María Jesús. 2007. 'Universos pictóricos y el arte cinematográfico de Iciar Bollaín en Te doy mis ojos (2003)'. En: Burkhard Pohl y Jörg Türschmann, Miradas 'glocales'. *Cine español en el cambio de milenioi*. Frankfurt am Main: Ed. Vervuert, 205-216.

Bollaín, Icíar. 2003. 'Historia de amor y maltrato'. En: *El País Semanal*, 5 de octubre.

Cruz, Jacqueline. 2005. 'Amores que matan: Dulce Chacón, Icíar Bollaín y la violencia de género.' En: *Letras Hispanas* 2.1 (Primavera): 67-81.

Lessana, Marie-Magdeleine. 2000. *Entre mère et fille: un ravage*. Paris: Pauvert.

Rousseau-Dujardin, Jacqueline. 2006. *Orror di femmina. La peur qu'inspirent les femmes*. Saint-Denis: Presses Universitaires de Vincennes.

Thomas, Hugh. 1976. *Historia de la guerre civil española*. Tomo 1. Barcelona: Círculo de Lectores.

# Fernando León de Aranoa: *Princesas* (2005) y el realismo tímido en el cine español

## Àngel Quintana

*Princesas* de Fernando León de Aranoa podría considerarse como una película proto-típica del llamado realismo tímido que ha marcado la producción española de los primeros años del nuevo milenio. El punto de partida es la reflexión sobre un mundo marginal –la prostitución– que en vez de ser contemplado frontalmente es construido a partir de los mecanismos clásicos del guión. *Princesas* no funciona como una obra abierta a un mundo, sino como una película que acaba fijado en un subgénero: las películas de prostitución. La mayoría de los grandes temas que apunta la película, la dificultad que el amor de la prostituta sea reconocido o la enfermedad ya se encuen-tran en una obra canóniga sobre el tema como es *La dama de las camelias* de Alexan-dre Dumas o su versión operística *La Traviata*.

## La crisis de las construcciones posmodernas

Con la llegada del nuevo milenio, se han empezado a definir algunas 'nuevas tendencias' dentro del cine español. El hecho más singular ha consistido en su deseo de abandonar el limbo de la posmodernidad para desplazarse hacia la observación del mundo, planteando la recu-peración de ciertas tendencias realistas que habían estado ausentes de la pantalla en los últimos años. Después de una década –los años noventa– basada en el auge de unos planteamientos inspirados en la creación de imágenes pastiche que apartaron el cine de su contexto hasta el punto de generar un modelo institucional "con serias dificul-tades para hablar de su presente". (Company 1998) El cine español ha querido abandonar el limbo de la posmodernidad para hablar de la realidad más cercana. El éxito alcanzado, en el mercado interior, por títulos como *Solas* (1998) de Benito Zambrano, *El bola* (2000) de Archero Mañas, *Flores de otro mundo* (1999) y *Te doy los ojos* (2003) de Iciar Bollain, *Héctor* (2004) de Gracia Querejeta, *Siete vírgenes* (2000) de Alberto Rodríguez y *Azulobscurocasinegro* (2006) de Da-

niel Sánchez Arévalo o, incluso, de *Mar adentro* (2004) de Alejandro
Amenábar o *Volver* (2006) de Pedro Almodóvar indica que el cine de
autor español del nuevo milenio ha emergido como un cine realista.

   ¿Cuales son las razones que han motivado este cambio estílistico?
Parece como si con las nuevas películas el cine español quisiera recuperar aquello que dejó de lado en la década anterior. El cine español
pretende volver a reflejar en sus películas un cierto substrato social.
Quiere establecer una mirada abierta hacia mundos concretos, o hacia
la descripción de seres humanos superados por el medio en el que se
inscriben. Es un cine que quiere reflejar algunos de los grandes temas
de los que ha empezado a hablar la prensa y que son el reflejo de una
cierta crisis social. En las obras cinematográficas del nuevo milenio se
ha empezado a hablar de la soledad en la tercera edad, de los niños
maltratados, de los matrimonios generados por el turismo sexual o de
la violencia domestica, la crisis de la juventud y su deriva hacia la
delincuencia. Incluso dos directores que fueron estandarte de determinadas formas de concebir la estética del reciclaje posmoderno como
Pedro Amodóvar y Alejandro Amenábar han acercado sus relatos a lo
real. Sus historias sobre personajes que viven en el umbral entre la
vida y la muerte se han convertido en ejercicios de búsqueda de una
iconografía cercana a lo concreto, de los que emerge una cierta descripción de mundos reales. La familia gallega que acompaña a José
Luis Sampedro en su lecho de muerte está arraigada en tipologías
concretas y se expresa en gallego. El universo familiar de Raimunda
(Penélope Cruz) en *Volver* es un universo crítico, con el marido que
desea a la hija y con dificultades familiares para llegar a fin de mes.
Almodóvar parece abandonar la iconografía posmoderna de sus películas de los noventa para establecer un puente con el mundo familiar
de Gloria –Carmen Maura– en *¿Qué he hecho yo para merecer esto?*
(1984).

   No obstante, el realismo que ha emergido en el cine español no ha
acabado de establecer un discurso político fuerte que planteara los
problemas concretos del presente. Al abordar los problemas ha prefe-
rido investigar los síntomas, que establecer sus causas. Las películas,
por ejemplo, no reflejan como determinadas actitudes políticas –el
gobierno de la derecha del Partido Popular, durante los primeros años
del milenio, por ejemplo– han tenido una repercusión en la situación.
Los nuevos caminos del realismo tampoco han querido explorar una
estética basada en la utilización de la imagen como captura del mun-

do, en la búsqueda de los elementos azarosos que pueden revelarse en el momento de realización de la película. Tampoco se ha preocupado por establecer un discurso sobre las barreras que separan lo real de lo visible, teniendo en cuenta que lo que vemos no refleja toda la realidad y que hay una realidad invisible –psicológica, espiritual, onírica, etc.– que el cine debe captar. El realismo ha sido muy epidérmico, basado en la consideración de que la única realidad es la realidad empírica. A diferencia del realismo moderno, surgido en Italia de los años cincuenta después del estallido del neorrealismo, no existe un deseo de reflexión en torno a qué es la realidad. El cine no se pregunta qué representa captar lo real y de que modo lo real es un concepto complejo al que hay que dar forma con los instrumentos propios de la imagen. En su deriva, el nuevo cine realista español ha sido incapaz de establecer ningún tipo de reflexión sobre cómo el cine puede observar el mundo, cómo puede interrogarlo o cómo puede llegar a implicarse en su devenir, llegando incluso a transformarlo. Es un cine que ignora el legado generado en los debates en torno al realismo cinematográfico o la vigencia que el pensamiento de André Bazin ha adquirido para el cine moderno. El modelo de cine institucional se ha conformado con partir de cierto trasfondo realista, sin plantearse la necesidad de una ruptura de las características de la dramaturgia clásica tradicional. Todas las películas realistas parten de una concepción sacrosanta del guión, basada en las leyes de la causalidad heredadas de la novela del siglo XIX. Frente a la distinción baziniana de un cine que cree en la imagen y otro que cree en la realidad, han optado por el primer camino. Los modelos interpretativos están basados en la utilización de recursos naturalistas, básicamente en un reciclaje de las fórmulas heredadas del *actor's studio*, como reflejan por ejemplo los elogiados trabajos de Javier Bardem en *Los lunes al sol* (2002) y *Mar adentro* (2004). Siguiendo la tradición americana Bardem parte de la idea de que el actor debe meterse en la piel de su personaje, transformarse físicamente para hacer visible al espectador sus capacidades interpretativas. El espectador observa como Bardem se mete en el cuerpo del otro y valora su sobreactuación, ya que su interpretación se ha convertido en espectáculo y en reclamo de la obra.

## Guiones cerrados

La mayoría de obras emblemáticas de este realismo han acabo construyendo un modelo de cine alejado a toda presencia desestabilizadora del azar. El cine no está abierto al caos de lo real, ya que parte del proceso de ordenación previa en el despacho, en el momento de escritura del guión. La imaginación del autor –el guionista– es la que acaba dando forma al mundo, no es el mundo el que se introduce en la película para desestabilizar el orden tejido desde la ficción. La despolitización de los productos, los excesos de dramatismo y el rechazo de lo azaroso han convertido el modelo realista español del nuevo milenio en un realismo tímido. Las películas del realismo tímido son obras que intentan imitar el mundo, mediante los artilugios de la representación. Son obras que nos muestran unos actores paseando por un decorado real pero en las que no se investiga la complejidad de las cosas. Las películas realistas son tímidas porque acaban constituyéndose como mundos autónomos, en el que las leyes del guión parecen regir su devenir y en el que la mirada hacia la realidad nunca es compleja, ya que está simplificada por el relato. (Quintana 2005 : 19) Nos encontramos frente a un modelo de cine en el que, a pesar de su aparente novedad dentro del panorama del cine español sus formas estilísticas "ostentan los ingredientes básicos de siempre", ya que no han sabido romper con los modelos heredados del clasicismo. (Losilla 2005: 131) Un modelo de cine de autor que es incapaz de romper con los modelos industriales basados en una política de privilegio de los géneros. En el caso de las películas que forman parte del realismo tímido, los relatos desembocan en unas tipologías genéricas que se sitúan a medio camino entre el melodrama y la comedia sentimental. (Monterde 2002: 51)

Uno de los cineastas más representativos del realismo tímido en el cine español es quizás, Fernando León de Aranoa. Con cuatro largometrajes de ficción –*Familia* (1996), *Barrio* (1998), *Los lunes al sol* (2002) y *Princesas* (2005)– y un documental –*Caminantes* (2001) –, León de Aranoa ha conseguido algunos de los grandes éxitos del cine realista. Sus obras exploran de forma epidérmica ciertos problemas sociales como son la marginación en los barrios periféricos de las grandes ciudades, el paro en los astilleros navales o la prostitución y su relación con la emigración. Tal como ha expresado el propio autor en diferentes ocasiones, su punto de partida es siempre la observación de una realidad concreta. En el momento de realizar *Los lunes al sol,* por ejemplo, empezó interesándose por la evolución que siguió una huelga en los astilleros navales de Gijón (Asturias). El cineasta llevó a cabo una investigación periodística y posteriormente entró en contacto con los obreros que acabaron en el paro debido al cierre de los astilleros. Hablando con los obreros pudo comprender mejor las características de su mundo y sus problemas de subsistencia. Una vez observada la situación real se propuso otorgarle un orden mediante un relato, construido en forma de guión. En el momento de escribir el relato, la preocupación principal de Fernando León de Aranoa no consistió en la plasmación de las complejidades de esa realidad en la pantalla sino en construir un *background* que fuera capaz de someterse a las reglas de la dramaturgia tradicional. En *Los lunes al sol* construyó un drama en torno a tres obreros de ficción parados. La estructura se basó en la presentación de una situación límite de supervivencia que debía estar suavizada por determinados momentos jocosos y por ciertos elementos de carácter costumbrista en la representación del entorno. Todos estos elementos aparecieron subrayados en el trabajo interpretativo focalizado sobre todo en la capacidad de transformismo de corte naturalista de su actor principal, Javier Bardem. El sistema de trabajo de Fernando León acabó configurando una obra en la que la acumulación de casualidades y de encuentros fortuitos ha servido para desencadenar el drama. El tipismo con que fueron tratados determinados personajes secundarios se han acabado convirtiendo en simples tipologías. La construcción narrativa de *Los lunes al sol* fue pensada para hacer más asequible al espectador el mundo real que había servido de punto de partida para la construcción de la historia. Para comprender mejor como este proceso desemboca en un modelo de realismo excesivamente tímido en su relación política y estética con el mundo nos puede ser útil el análisis de *Princesas*. Tal como ha anunciado su director, la película cierra la trilogía social iniciada en *Barrio y Los lunes al sol*.

El estreno de *Princesas* fue recibido por cierta crítica mediática como una nueva introspección en lo social. Fernando León se acercaba a un determinado sector marginal, como es el mundo de la prostitución. Algunos cronistas cinematográficos llegaron incluso a afirmar que se trataba de una obra cercana al realismo documental de la escuela inglesa. Como es de suponer, en sus apreciaciones no llegaron a precisar si su modelo de referencia era el cine político de Ken Loach, el cine desgarrado de las primeras obras de Mike Leigh o más bien, cierto modelo de cine más cercano a las estructuras propias del cine de género, pero con trasfondo social. Es decir de películas simpáticas con parados de protagonistas o con movimientos obreros como trasfondo del relato tal como ponen en evidencia *The Full Monty* de Peter Cattaneo (1997) o *Billy Elliot* (2000) de Stefen Daldry. La autocomplacencia crítica utilizada por los cronistas acabó desviado la atención de una serie de cuestiones estilísticas de las que *Princesas* puede considerarse como un claro síntoma. De este modo no se llevó a cabo una reflexión sobre el exceso de timidez con que la película observa una realidad tan cruda como es la prostitución en las grandes ciudades y su conexión con las formas de subsistencia de determinadas mujeres emigradas. Tampoco se habló de la ausencia de una fuerte reflexión sobre los recursos estéticos que se utilizan para recrear el universo de las prostitutas, ni sobre el modo como el espectador puede percibir este mundo gracias a la utilización de ciertos efectos de realidad. Más allá de sus virtudes y de sus defectos, es innegable que *Princesas* es una película clave que debemos tener en cuenta para comprender el cine español del nuevo milenio. Es una película ejemplar para articular un debate cultural sobre por qué cierto cine de autor español posee graves problemas para capturar las contradicciones del mundo y la complejidad de la conducta humana. La gran cuestión de fondo que emerge del caso *Princesas* reside en observar por qué el cine español creado desde las grandes productoras privilegia los arquetipos generados por la ficción sobre la crudeza de la realidad social que le sirve como trasfondo. La película de León de Aranoa nos muestra como en el cine español continua siendo más importante equilibrar las emociones del espectador, dosificando el drama y la comedia, que discutir sobre el propio presente.

A diferencia de las otras películas de su filmografía, el mundo que explora León de Aranoa es, en esta ocasión, bastante más escurridizo. *Princesas* pretende dar cuenta, a partir de dos casos singulares, de los sistemas de vida de las prostitutas madrileñas. La película parte del contraste entre Caye, una chica hija de clase media que ejerce la prostitución como sistema de independencia y como doble vida, y Zulema, una emigrante de la República Dominicana que se prostituye para ganar dinero, superar su propio destino y enviar dinero a su hijo. La película habla de la soledad a la que deben enfrentarse las prostitutas, perdidas en un mundo en el que todavía impera una determinada moral. También reflexiona sobre el modo como sus sueños de libertad y de bienestar no pueden desarrollarse porque las protagonistas viven en un limbo existencial marcado por el desencanto y la imposibilidad de construir otro modo de vida posible.

## Películas sobre la prostitución

En el momento de diseñar la estructura del guión, el cineasta no elabora una obra abierta a las circunstancias del rodaje. La película quiere reflejar el universo de las prostitutas de la Casa de Campo de Madrid, sin cuestionarse como las redes de prostitución intentan buscar sus rendimientos de las emigrantes que llegan sin papeles, ni tan solo cuestiona los sistemas de explotación a que son sometidas estas mujeres por las redes internacionales que controlan el negocio. *Princesas* no pretende ser un discurso sobre la situación de la prostitución en la España de principios del siglo XXI a partir del movimiento de unos personajes prototípicos. La película funciona sobre todo como un relato cerrado perfectamente ajustado a las normas de la dramaturgia clásica. De este modo el mundo de la prostitución acaba alejándose de la realidad y adquiriendo aires novelescos. Las prostitutas de Princesas son hijas de un imaginario cuyos ecos se encuentran perfectamente diseñados en una obra tan popular como *La dama de las camelias* de Alexandre Dumas hijo o en su popular versión operística, *La Traviata* de Giuseppe Verdi. Si tomamos, por ejemplo, el libreto que Francesco Maria Piave escribió para la ópera Verdi veremos que los dos grandes conflictos dramáticos sobre los que pivota toda la ópera son el de la imposibilidad de Violeta para poder llevar a cabo su amor hacia Alfredo y el tema de la enfermedad. Debido a su condición de dama de compañía –prostituta elegante en el París de principios del XIX– la chica no puede convertirse en una mujer honrada. El segundo acto de *La Traviata* está centrado en la tensión que Violeta siente cuando el padre de Alfredo, le recomienda que deje a su hijo para no manchar el prestigio de la familia. El tercer acto nos muestra a Violeta enferma, de tuberculosis. La muerte por enfermedad puede ser interpretada como un castigo o como el destino trágico que la protagonista debe asumir por su condición de prostituta. En *Nana* de Emile Zola, el tema de la prostitución es abordado de forma más directa debido a la deriva hacia los mundos oscuros llevada a cabo por la literatura naturalista. En el texto de Zola, la enfermedad no es la tuberculosis sino la sífilis, cuyo contagio se lleva a cabo por el acto sexual. En las primeras páginas de la novela, la mujer es vista como la mosca que todo lo envenena. Nana quiere ser actriz pero su arte interpretativo no brilla en la escena, sino en el mundo privado del camerino. Los políticos y financieros del París del segundo imperio quieren acostarse con ella y ella juega con ellos, destruyéndolos y ridiculizándolos. Al final, Nana muere sola y desterrada. Los motivos temáticos de estos dos obras del XIX aparecen curiosamente como substrato dramático en *Princesas,* pero con ligeras variaciones. La prostituta no se encuentra coaccianada por su suegro, sino por su propio novio a quien oculta su vida y la enfermedad que contrae Zulema parece ser el SIDA. Junto a ellos surge otro tema que, ha sido explorado muchas veces en el campo cinematográfico y que ha pasado a formar parte del imaginario como es el de la prostituta maltratada por sus clientes agresivos. Si recordamos un titulo clásico del cine sobre la prostitución, *Las noches de Cabiria (Le notti di Cabiria,* 1957) veremos que al final del relato, la joven Cabiria no puede integrarse en el mundo respetable de la familia, porque el hombre al que ama es un estafador, que se ha acercado a ella para robarla. Cabiria descubre el engaño, mientras el hombre le roba su bolso, le pega y la abandona cerca de un barranco. Resulta curioso que todo el tejido dramático de *Princesas* se articule en torno a tres ejes básicos que forman parte de un determinado imaginario genérico sobre la prostitución. Un imaginario que surge en la literatura del siglo XIX y que acaba ocupando un lugar destacado en un subgénero cinematográfico que acaba atravesando toda la historia del cine ¿De qué mundo está más cerca *Princesas*, del mundo de la ficción que ha alimentado una serie de obras hasta crear una especie de subgénero o del mundo real, configurado por las prostitutas que ejercen el oficio más viejo del mundo alrededor de la Casa de Campo de Madrid?

La estructura de la película está constituida básicamente por los tres conflictos básicos extraídos del legado literario como son la imposibilidad de redención, la enfermedad y el maltrato. Estos tres conflictos actúan como el horizonte de expectativas que todo espectador parece buscar en el cine de prostitutas. Sin embargo, si analizamos las obras claves del subgénero como *El ángel azul (Die blaue Engel,* 1930) de Joseph Von Stenberg, *Las noches de Cabiria (Le notti di Cabiria,* 1957) de Federico Fellini, *Irma la dulce* (Irma la douce, 1963) de Billy Wilder, *Belle de Jour* (1967) de Luis Buñuel, *La mujer flambeada (Die Flambierte Frau,* 1983) de Robert Van Akeren *Claire Dolan (1999)* de Lodge Kerrigan, *Lilja 4–ever* (2002) de Lukas Moodyson o *Transe* (2006) de Teresa Villaverde, veremos que todas ellas se apartan de estos ejes dramáticos básicos para abrirse hacia universos personales que articulan otras miradas sobre ese mundo.

El relato de *Princesas* está construido según una fórmula que Fernando León ha explorado en sus otros largometrajes y que se ha convertido en una de las claves de su éxito. La película parte de la idea de intercalar algunas escenas dramáticas con otras escenas amables, en algunos casos divertidas. El mundo sórdido de las prostitutas es diluido por situaciones graciosas, por una voluntad de humanizar a los personajes y por unos diálogos de corte poético que intentan crear una cierta reflexión en torno a la idea de utopía inalcanzable. Los personajes presentados en una escena como actores secundarios suelen reaparecer en otra escena que se desarrolla en un momento más avanzado de la trama para convertirse en seres que actúan y que generan un conflicto en el destino de las dos protagonistas. La estructura narrativa se basa en la opción de dejar que los conflictos fluyan en paralelo y que se encadenen mediante un forzado juego de causas y efectos, que siguiendo la tradición de la escritura clásica, funcionan a partir de la búsqueda de una tensión *in crescendo* que estalla cuando el drama llega a su límite. Así, resulta curioso observar que mientras Caye –la prostituta madrileña de familia de clase media– es descubierta por su pretendido amante, Zulema –la prostituta emigrante de la República Dominicana– es maltratada por un cliente. Las tensiones transcurren en paralelo, a partir de una acumulación de situaciones y de la creación de un efecto causal. Los elementos básicos del engranaje de *Princesas* no son más que una prolongación de los engranajes utilizados en *Barrio* y *Los lunes al sol*.

Las películas de Fernando León no funcionan como un relato focalizado en un solo personaje, sino como la historia de unas individualidades que son vistas desde el seno del grupo al que pertenecen. Dicho grupo es siempre construido como paradigma de un sector social. En *Princesas*, los destinos individuales de las dos protagonistas se ponen en relación con los hipotéticos destinos de las prostitutas con las que habitualmente conversan y con las que comentan sus hipotéticos conflictos. El bar donde se reunían los parados de *Los lunes al sol* ha sido substituido en esta ocasión por una peluquería, que es vista como refugio gremial de las protagonistas, como lugar de reposo y como espacio en lo que lo individual no cesa de proyectarse en lo colectivo. Por otra parte, la historia de amistad masculina presente en el destino de los jóvenes de *Barrio* o de los tres parados de *Los lunes al sol* acaba dando lugar a un relato de amistad entre dos mujeres de clases y nacionalidades diferentes. En ambos casos, la prostitución es vista como un ejercicio de doble vida, otra de las constantes de las películas de prostitución que indudablemente nos remite a la historia de la mujer burguesa que ejerce como prostituta de noche de *Belle de jour* de Buñuel. No obstante, Fernando León no adopta en ningún momento la carga antiburguesa a partir de la cual Buñuel construyó su película. En diferentes momentos vemos que Caye vive con su familia que ignora su auténtica profesión. Los espectadores escuchamos como los clientes la llaman al móvil mientras está cenando con sus padres, un sistema de representación frente a los familiares más cercanos. Fernando León utiliza la escena para crear una tensión de cierto suspense, pero en ningún momento plantea porque una chica de clase media puede prostituirse. León no arremete contra la institución familiar, solo juega con los contrastes. Caye es madrileña por oposición a Zulema que es emigrante.

Es evidente que el modelo de cine social que propugna Fernando León no pasa por la denuncia de sistemas concretos, ni por la búsqueda de las responsabilidades políticas que han provocado el malestar de los personajes principales. Los obreros de *Los lunes al sol* no son hijos de un régimen político concreto –la política del Partido Popular, en este caso– sino parados arquetípicos, trasladados a un mundo concreto como puede ser las industrias portuarias del Cantábrico. El tema de la emigración está presente como trasfondo al problema de la prostitución pero, en ningún momento, se habla del problema de la trata de blancas, de las redes mafiosas que trafican con el destino de las mujeres emigrantes, ni refleja la sordidez que acompaña la práctica de la prostitución. En el interior de una peluquería –convertida en la replica del bar de *Los lunes al sol*–, las prostitutas se divierten, asumiendo su propia condición y riéndose de ella. El cineasta indaga en un sector social y una vez introducido en su interior, decide llevar a cabo un proceso de humanización hasta poder llegar y abstraerlo de cualquier realidad histórica. El elemento más interesante de la propuesta de León de Aranoa surge cuando el desplazamiento quiere ir más allá de los personajes arquetípicos para profundizar en los deseos frustrados de los personajes. Todo el cine de Fernando León nos habla de seres que quieren ser otra cosa de la que son pero que se encuentran imposibilitados por su propia situación.

La timidez del modelo de realismo de sus películas se pone de manifiesto también en los sistemas de escritura y en la voluntad de crear una imagen muy diseñada de los espacios. En *Barrio*, los espacios periféricos de Madrid son vistos como espacios más cercanos al imaginario publicitario con que nos son mostrados los espacios de la periferia de las grandes ciudades que a una realidad. Los tres protagonistas transitaban por unos campos desolados, al fondo de los cuales se proyectan los pisos de protección oficial. El mundo real se convierte en proyección de una serie de convenciones. Las imágenes pierden su originalidad para transformarse en imágenes recurrentes, que remiten a otras imágenes vistas mil veces pero que sirven para conformar un universo que resulte familiar al espectador. En una escena de *Princesas*, León de Aranoa abandona la peluquería como lugar de reunión de las prostitutas para mostrar a las mujeres haciendo la calle alrededor de la Casa de Campo. Los movimientos de las prostitutas, que por cierto no están demasiado lejos del diseño trazado por Pedro Almodóvar de la prostitución periférica de Barcelona en *Todo sobre mi madre* (1998), tienen alguna cosa de imagen parapublicitaria. Las prostitutas son vistas como modelos que desfilan para un videoclip de Manu Chao, autor de la canción que suena como música de fondo durante la escena.

El problema principal de *Princesas* reside en su incapacidad para poder desprenderse de las estructuras impuestas por los sistemas de producción. Como buena parte de las películas españolas del nuevo milenio, *Princesas* peca de un exceso de confianza hacia los mundos cerrados prefigurados por el guión. El mundo que recrea León de Aranoa no acaba siendo nunca la realidad sino un mundo marcado por las leyes dramáticas propias del melodrama. Las hipótesis son siempre predecibles y la historia no sorprende. En ningún momento se ofrecen al espectador una serie de líneas de fuga. Para evitar la caída en la obviedad, el cineasta recurre al uso de unas elipsis que no esconden misterios, sino situaciones predecibles.

**Recetas efectistas**

Si hemos utilizado *Princesas* como ejemplo de un modelo de cine realista no es porque sea ni mejor, ni peor que la mayoría de las películas que poseen una vocación social y que han ido configurando el realismo tímido como nueva tendencia ficcional del cine español del nuevo milenio. León de Aranoa rueda con cierta elegancia, juega con cierto uso de la elipsis y construye la película con un sentido del ritmo que resulta efectivo para el público. El problema reside en que el film ejemplifica un tipo de cine que ha acabado imponiéndose dentro de la institución cine español. La película es vendida como ejemplo de un cine de autor, hecho que en cierto modo es innegable porque León de Aranoa escribe y dirige sus películas. Sin embargo, su autoría es debil, no está acompañada de un universo potente ya que en el fondo no es más que un cine de personajes trazado de forma milimétrica desde el laboratorio de la escritura. León de Aranoa formaría parte de un modelo de cineasta/guionista que confía en los modelos dramáticos para gestar una obra donde lo personal acaba diluyéndose por culpa de la comercialidad, por el deseo de gustar y crear empatías con el público. El cineasta parte de cosas configuradas previamente. León de Aranoa confía más en el poder de su propia imaginación que en el de la realidad que pretende retratar. *Princesas,* como *Mar adentro* de Alejandro Amenábar, es una obra construida a partir de una serie de tipologías que buscan la empatía del espectador. El realismo tímido surge como un cine excesivamente apegado a las recetas del clasicismo en un momento en que el cine contemporáneo no ha hecho más que desestructurarlo hasta llegar a poner en evidencia su crisis. *Princesas* certifica la existencia de un cine, no solo español sino incluso europeo, que está excesivamente ligado a la academia. Es un cine que ha surgido del corazón de las escuelas de cine que educan a los futuros creadores para poder llegar a elaborar algunas recetas efectistas y que confía más en las recetas prefijadas que en la visión del mundo.

## Bibliografía

AA.VVV. 1998. *Tras el sueño. Actas del congreso del Centenario.* VI Congreso de la Asociación Española de Historiadores del cine. Madrid: Academia de las artes y las ciencias de España.

Armordicia, Pedro, Giovanni Spagnoletti y Nuria Vidal. 2002. *Cinema in Spagna Oggi. Nuovi autori. Nuove tendenze.* Turín: Lindau.

Company, Juan Miguel. 1998. '¿El pijama bajo el abrigo. Un cine en el crepúsculo'. En: AA.VV. *Tras el sueño. Actas del congreso del Centenario.* 1998.

Lameiguère, Erwann. 2003. *Le jeune cinéma espagnol des anées 90 à nos jours.* París: Séguier.

Losilla, Carlos. 2005. 'Contra el cine español. Panorama general al inicio de un nuevo siglo'. *Archivos de la Filmoteca* 48 (febrero).

Monterde, José Enrique. 2002. 'Il cinema spagnolo, un cinema di genere?'. En: Pedro Armocida, Giovanni Spagnoletti y Nuria Vidal: 2002.

Quintana, Àngel. 2001. 'El cine como realidad y el mundo como representación: algunos síntomas de los noventa'. *Archivos de la Filmoteca* 39 (octubre).

—. 2002. *Fábulas de lo visible. El cine como contructor de realidades.* Barcelona: El acantilado.

—. 2005. '¿Modelos realistas en un tiempo de emergencias de lo político?'. *Archivos de la Filmoteca* 49 (febrero).

# *Mar adentro* (Alejandro Amenábar, 2004) y las zozobras del cine español

## José Luis Castro de Paz

Aproximación a la obsesiva trayectoria autoral de Alejandro Amenábar y al llamativo conflicto crítico y social a que dio lugar el estreno de *Mar adentro*, tanto por su (aparente) vocación de activa proclama a favor de la eutanasia como por su extraordinaria repercusión internacional y las extremas reacciones críticas suscitadas. A partir del análisis formal de ciertas figuras presentes en la película y de su estudio comparado con la *TV movie* previa y casi absolutamente desconocida sobre la historia del tetrapléjico gallego Ramón Sampedro (*Condenado a vivir*, Roberto Bodegas, 2001) el artículo penetra en las simas compositivas del cine de Amenábar, lo que permite, a la vez, relativizar al máximo la idea generalizada de un joven cineasta representante fílmico de la España plural y progresista presidida por José Luis Rodríguez Zapatero.

## *Mar adentro* y el convulso contexto político español

Puede parecer sorprendente que un film como *Mar adentro* (Alejandro Amenábar, 2004) se haya convertido en el desencadenante de un elevado y variado número de conflictos y enfrentamientos. que no sólo atañen a la crítica y al análisis cinematográficos desde el estreno del film el 4 de septiembre del citado año, sino incluso a cuestiones ideológicas, religiosas e, incluso, políticas. De alguna manera, sin embargo, quizá la razón fundamental se deba al tema elegido y su trascendencia pública y mediática: un guión libremente basado en la en España muy conocida historia real de Ramón Sampedro, el tetrapléjico gallego que luchó durante un cuarto de siglo por el derecho a morir con dignidad y que falleció finalmente en 1998 gracias a la colaboración de amigos que le ayudaron al margen de la ley. A ello hay que añadir su coincidencia con la llegada al poder del gobierno socialista presidido por José Luis Rodríguez Zapatero, que asiste al estreno junto con varios de sus ministros, apoyando así al joven cineasta (supuestamente) 'progresista' (y también, desde esas fechas, públicamente homosexual) frente al film formal y semánticamente

conservador estrenado ese mismo año por el que podría ser considerado el 'director cinematográfico del Partido Popular' (*Tiovivo c. 1950,*
José Luis Garci). Si consideramos, todavía, su más que destacada
repercusión internacional[1], podremos comprender por qué la cuarta
película de Amenábar pudo considerarse un acontecimiento que, más
allá de lo estrictamente cinematográfico, fue capaz incluso de convertirse –como anticipábamos y durante los tensos meses que siguieron a
los atentados del 11 de marzo y a la victoria electoral del PSOE– en
un motivo más para un diríase que secular conflicto ético, ideológico y
político que parece dividir a la sociedad española en dos bloques
nítidos e irreconciliables, (aunque sólo aparentemente) representados
por los dos partidos políticos mayoritarios.

Con todo, y desde la posición del historiador y analista cinematográfico, la discusión debe alejarse a mi juicio de superficiales aproximaciones sociológicas y centrarse en el análisis formal de los textos,
de las películas. Sólo así podremos extraer ciertas conclusiones capaces, desde nuestro campo, de aportar alguna luz sobre las cuestiones
estéticas y también éticas puestas sobre el tapete. Con otras palabras –
y utilizando libremente las muy ajustadas del historiador y semiólogo
Santos Zunzunegui–, si el contexto de una obra artística es relevante
para su lectura y comprensión profundas, ha de serlo sin duda no
como un *a priori*, sino porque éste haya quedado grabado a fuego en
la carne y la sangre de aquella, determinando su forma, su único e
irrepetible tejido textual. Vayamos pues, por ello, de lo fílmico y lo
cinematográfico a lo 'cultural' y desechemos el camino opuesto, sin
duda más 'de moda' académicamente, pero de bien poco sólido y
seguro trazado.

### Alejandro Amenábar y las 'tradiciones' del cine español

Uno de los problemas con el que la crítica cinematográfica española
se ha visto confrontada a la hora de ubicar los films de Alejandro
Amenábar en el interior de la cinematografía hispana es el del lugar
que ésta ocupa con respecto a las tradiciones culturales y estéticas que
la han conformado históricamente. Uno de los teóricos más preocupa-
dos por este problema, Josep Lluís Fecé, ha llegado a señalar que
"Algunas de las películas más vistas en estos últimos años, como *Los
otros* o *Mar adentro* (...), mantienen una relación, cuando menos
problemática con la 'españolidad' defendida por la 'Institución Cine

Español'"', poniendo en evidencia que las categorías de 'nación' y 'cine nacional' se han convertido en "conceptos descentrados, asimilados en el interior de las amplias y complejas estructuras transnacionales de las industrias del entretenimiento". (Fecé 2005: 90) Y aunque las evidentes influencias del cine de Hollywood en la obra de Amenábar certifican en parte la evidente veracidad de sus afirmaciones, deberíamos reparar en que la dialéctica hollywood-cine(s) nacional(es) periférico(s) (léase aquí cine español) ha constituido uno de los conflictos creativos más fructíferos de nuestra historia cinematográfica, ofreciendo textos híbridos de extraordinaria riqueza antes y después de la Guerra Civil española, muy anteriores pues a la imperante (y uniformante) actual globalización del ocio.[2] Y pese a que alguien sin duda pueda reprocharle a Amenábar su reconocida e indiscutible filiación genérica americana y su consiguiente alejamiento de 'la(s) tradición(es) españolas', un análisis formal de su filmografía anterior a *Mar adentro* obliga, quizá, a reflexiones más pausadas.

Nacido en Santiago de Chile en 1972, pero criado y formado en España, la fulgurante trayectoria de Alejandro Amenábar se compone de tan sólo tres largometrajes (*Tesis*, 1996; *Abre los ojos*, 1997 y *Los otros*, 2001), suficientes sin embargo para hacer de él uno de los valores comerciales más importantes de nuestra industria. Si de la destacada *Abre los ojos* se estrenó ya su *remake* americano –y de *Tesis* se han vendido los derechos para una posible nueva versión–, *Los otros/The Others* –la película con más espectadores del cine español– supone la peculiar y triunfal apuesta del joven director por introducirse directamente en el mercado hollywoodiense sin perder por ello, en lo esencial, su independencia creativa. Coproducción hispano-norteamericana de Cruise/Warner Productions, Sogecine y Las Producciones del Escorpión y distribución de Miramax, presupuesto de 25 millones de dólares y reparto internacional encabezado por Nicole Kidman, la película cuenta sin embargo con equipo técnico español y se rueda íntegramente en España. Profundo admirador del cine de género americano, Amenábar concibe un contenido *thriller* de suspense de variadas pero nítidas y reconocidas fuentes de inspiración. Si la huella del cine hollywoodiense está muy presente –y especialmente el tono gótico y fantasmal de la hitchcockiana *Rebecca* (1940) –, no son menos evidentes sus íntimas concomitancias con títulos más recientes, como la célebre versión de Jack Clayton del relato de Henry James *Otra vuelta de tuerca* (*The Inocents*, 1960) o la más desconocida pero inquietante *The Changeling* (Peter Medak, 1979), de la que Amenábar afirma haber rodado, en algún sentido, una versión de la misma historia "invirtiendo la perspectiva". Asentado en efecto en la lógica reversible del punto de vista, el film relata la historia de 'la casa encantada' desde el punto de vista (si bien no único) de Grace, un fantasma culpable y desgarradoramente humano. Sus férreas y destructivas creencias católicas, de raíces profundamente españolas[3], se metaforizan en ese aislamiento absoluto, necesariamente oscuro y con marcados y restringidos focos lumínicos, que Javier Aguirresarobe fotografía apelando a soluciones vinculadas a otras de hispánica raigambre pictórica. Por otro lado, uno de los instantes culminantes del film, la tardía y espectral aparición del padre, de sorprendente sonoridad poética, apela a uno de los motivos centrales del cine español desde el periodo posbélico: la ausencia paterna.[4] El desmoronamiento de ese malsano núcleo familiar de inequívocas resonancias religiosas[5] y sus trágicas consecuencias para la vida, no impiden que *Los otros* sea, al tiempo, y de ahí la honda tristeza que destilan sus imágenes, un imposible camino iniciático infantil. Dos niños se enfrentan aquí, como las pequeñas protagonistas de *El espíritu de la colmena* (Victor Erice, 1973) en las que Amenábar asegura haberse también inspirado, a un entorno sin salida posible en el que, pese a sus esfuerzos, la luz estará siempre fuera de la *colmena*. Y estarán obligadas sin remedio a compartir con desconocidos inquilinos –invirtiendo los asertos freudianos sobre lo siniestro– ese hermoso caserón británico (¿o cántabro?) cuyo mobiliario, por cierto, ya había utilizado, años antes (¿o después?), la mórbida y buñuelesca *Viridiana* (1961).

## La crítica cinematográfica ante *Mar adentro*

De hecho, todavía, con *Los otros* Amenábar parece alcanzar en España una cierta consideración crítica, aunque siempre limitada y restringida al ámbito 'comercial', artesanal y no 'de autor'. Incluso la más radical y a veces excesivamente comprometida con el devenir estético del cine mundial, reconoce entonces con más o menos excepciones su talento visual y su habilidad narrativa. La discordia, el equívoco y la descalificación absoluta por parte de dicha crítica (Quintana 2004; Losilla 2004; Navajas, 2004, entre otros) llegarán –paradójicamente, junto a ¡14! Premios Goya– con *Mar adentro*. En ella Amenábar traslada su engrasada y eficaz maquinaria genérica del *thriller* al melodrama –o, como el mismo señalaba sin reparo durante el rodaje, de Hitchcock al Steven Spielberg de *E.T.* (1982)– para llevar a la pantalla una ficción que toma como referente los últimos años de la vida de Ramón Sampedro. Es entonces cuando se produce el enconado conflicto crítico al que nos referíamos, que, con todo, no puede ser simplificado en los términos utilizados por el notable escritor y crítico gallego Jaime J. Pena (2004) cuando señalaba que el único debate del año en el ámbito cinematográfico era "el de *Mar adentro* vs. *Tiovivo c. 1950*, Amenábar frente a José Luis Garci, PSOE contra PP". (Pena 2004) De hecho, la situación es más intrincada y, de alguna forma, más perversa. Así, la crítica más conservadora, en parte para parecer 'objetiva', en parte y sobre todo porque en última instancia en poco se diferencia del tipo de cine que les produce verdadero 'placer cinéfilo' (como demuestra su apoyo incondicional a la película de Garci), ha tendido a alabar la excelencia técnica, visual y narrativa de *Mar adentro* para mejor explicar el 'diabólico horror moral' que esconde el film. Una pérfida película pro-eutanasia que, para la crítica conservadora próxima a los sectores más reaccionarios de la Iglesia Católica (en especial el Opus Dei) y/o del Partido Popular, se sitúa cerca de los discursos nazis de Leni Riefenstahl, por su conjunción de brillantez formal y perversión moral.[6]

En el otro extremo del arco crítico se encuentra el ya citado sector más moderno y radical, que hasta ese momento había dejado a Amenábar fuera de su a veces poco afinada y ácida diatriba contra 'el realismo tímido' que caracterizaría la práctica totalidad del cine nacional, al permanecer el joven director aislado, como la fantasmal familia de *Los otros*, de la realidad española. Ahora, sin embargo, pasaba a ocuparse con interés de *Mar adentro*, film con el que el cineasta penetraba en un terreno vedado, desde dicho punto de vista crítico, para cualquier tipo de fórmula genérica o de 'guión cerrado', por lo que iba a recibir así la más dura retahíla de descalificaciones que una película española de éxito internacional tan relevante haya soportado en los últimos años. "Arte sometido", "vulgar hagiografía de calendario zaragozano" (Navajas 2004: 102), "teatral, didáctica e innoble" (Karstulovich 2004), o amanerada, convencional y "vieja" (Losilla 2004) son solo algunos adjetivos de una demoledora lista casi interminable.[7] Si los autores citados podían estar básicamente de acuerdo con el discurso ideológico previsto por el film, denunciaban una enunciación que les recordaba demasiado el 'realismo socialista' promovido por Stalin (...en su versión americana...) en aras de la comprensión de la obra por el proletariado soviético. Una película, en fin, que se enfrentaría a un relato basado en una historia real dando la espalda a la realidad (Quintana 2004), y en la que la pulsión sentimental se encuentra milimétricamente diseñada en el proceso de escritura del guión. Este proceso de búsqueda de la empatía es lo que acaba generando las adhesiones del público ante unos temas desagradables – (...) la vida ordinaria de un tetrapléjico–, que podrían resultar molestos para el acomodado ojo del espectador pero que han sido sabiamente maquillados (Quintana 2005: 16).[8]

## *Mar adentro* y *Condenado a vivir*: diferentes formas y propuestas de sentido.

Penetremos pues, *Mar adentro*, a la búsqueda de algunos de los tejidos que constituyen la materia prima de sus hilos textuales. Consideremos, de salida, que el enfrentamiento político suscitado entre los films de Garci y Amenábar es absolutamente ajeno a la voluntad del texto de este último. En todo caso debe ponerse en el haber de una clase política en la izquierda y en la derecha de muy similar (y limitada) formación cinematográfica, que sólo parece diferenciar los temas tratados en las películas, pero incapaz de reparar con algún detalle en los mecanismos discursivos mediante los cuales se construye y toma forma, en cada caso, el texto fílmico. Más que una película 'activista' en apoyo de una supuesta y progresista campaña a favor de la eutanasia, Amenábar ve en la carismática figura de Ramón Sampedro Cameán (1943-1998) otro protagonista capaz de aunar su obsesiva voluntad autoral de tratar los (no) lugares intermedios entre la vida y la muerte, tema central de sus tres films anteriores, y, todavía más allá, el papel de cineasta como posmoderno demiurgo capaz de superar, mezclar y jugar morbosamente con dichos espacios. Si se quiere, la versión siniestra de esa melancólica obsesión baziniana por el poder del cine como embalsamador del tiempo, convertido ahora en posmoderno celuloide capaz de situarse por encima de ese 'eterno cementerio de muertos en vida' que era el cine para el maestro francés, para construir perversos vericuetos donde situar a tristes criaturas encerradas y malheridas.[9]

El hipnótico y reflexivo comienzo del film –una secuencia que remite directa y conscientemente a la final de *Abre los ojos*[10]–, narrado por una femenina voz en off, nos muestra sin ambages una blanca pantalla cinematográfica que se abre dentro de la nuestra, ofreciendo un luminoso paraíso rocoso y marítimo al espectador (y al propio Sampedro). Se anticipa así la posibilidad (aquí sugerida, luego literalizada) de 'ayudarle a volar', de convertirlo en superhéroe, extraterrestre o jugador de consola. 'Conversión' a la que colabora, de hecho, la sorprendente y protagónica presencia de nuestra más joven y rutilante *star* Javier Bardem en medio de paisanos maduros con (veraz) acento gallego[11], por muy premiada (y sin duda premiable) que resulte su camaleónica interpretación/transformación. En fin, un perverso cineasta-demiurgo que puede liberar (curar) al (in)feliz (Sampedro) Bardem (e, insistimos, al espectador con él) virtualmente, pero que, a cambio, asistirá en primera línea a su muerte en directo.[12] Incluyendo un plano *ad hoc* de la cámara que graba la muerte, retomando otro de los temas centrales de su filmografía, y que recuerda aquí, aun situado en los antípodas del sentido de aquél, el final del *Arrebato* (1980) de Iván Zulueta. Con todo, inteligente y hábil, Amenábar modulará con sutileza el despliegue de sus poderes, preparando al espectador para una secuencia subjetiva y onírica tan realista que incluso sectores bien formados del público foráneo –desconocedor en general de la historia del tetrapléjico español– no sabían, en principio, como interpretar.[13] De hecho, ya al principio del film, tan pronto como Julia (Belén Rueda) llega a la casa de Sampedro y le interroga sobre el porqué de su deseo de morir, éste le responde que, por ejemplo, el trayecto de apenas unos metros entre él y ella es, en su estado, un camino imposible… Entonces, la cámara, se desplaza –en solución tan sencilla como salvajemente reveladora– de un cuerpo al otro, asumiendo así, en el mundo irreal del cinematógrafo, el papel de hado o demiurgo que no conoce límites.

En buena medida, sin embargo, la impresión de falta de ajuste de los dispositivos narrativos y visuales que componen *Mar adentro* proviene no tanto de su relación con una historia real. Ni siquiera con el libro *Cartas desde el infierno*, publicado todavía en vida de Sampedro y ahora reeditado con éxito (Sampedro 1996 y 2004), por mucho que sean estos los motivos nucleares del conflicto público creado en torno a la película. El origen último, a mi entender, de dichos desajustes se halla en la utilización como inequívoco punto de partida del guión de la película de una primera versión fílmica de la historia de Ramón Sampedro: *Condenado a vivir*, escrita por el destacado novelista, historiador y crítico cinematográfico, guionista y cineasta asturiano Javier Maqua[14] y dirigida para la televisión por Roberto Bodegas (*Españolas en París*, 1970; *Matar al Nani*, 1988) en 2001. Cuidadosamente ocultada en cualquier declaración de Amenábar, su coguionista Mateo Gil o cualquier otro miembro del equipo o de la productora, y producida para las televisiones autonómicas públicas[15], el guión de Maqua presenta sorprendentemente idéntica estructura narrativa que el de Amenábar y Gil y condensa de manera similar a varias personas reales en un solo personaje 'por necesidades dramáticas'. Así, por ejemplo, la representante de la asociación Derecho a Morir Dignamente, Nuria/Gené; la periodista/abogada enferma de Esclerosis Múltiple Pilar/Julia o los cinco sobrinos de Sampedro convertidos en una/uno. Puede afirmarse, incluso, y sin exagerar demasiado, que *Condenado a vivir* anticipa, prácticamente punto por punto, secuencias enteras del film de 2004.

Esta *TV movie* fue realizada durante el gobierno central del Partido Popular bajo la presidencia de José María Aznar con el PP gobernando asimismo en la mayor parte de las autonomías cuyas Televisiones públicas que participaban en el proyecto. Su existencia demuestra entonces, por una parte, la excesiva rapidez en vincular *Mar adentro* con una supuesta ideología próxima al PSOE, progresista, anticatólica, laica y favorable a la eutanasia. Por otra, el telefilm se sitúa en el origen de buena parte de los contenidos políticos del film de Amenábar, luego empero en franca contradicción con algunas de las soluciones formales adoptadas por éste. Se trata, en definitiva, de un discurso televisivo de fuerte impronta pedagógica, elaborado por un guionista combativo y de izquierdas que combina en su trabajo –con sorprendente y enriquecedor desparpajo– las enseñanzas del docudrama con los de la 'ficción histórica televisiva española'. Formato audiovisual cuya extraordinaria importancia e interés desde la Transición democrática no residen "tanto en el mayor o menor impacto de su tratamiento visual o narrativo, sino en algo de mayor calado, que tiene que ver con su función de búsqueda de consenso que cumple la institución televisiva en el espacio público" (Palacio e Ibáñez 2005: 132; Palacio 2001)

Es curioso comprobar cómo tanto alguno de los escasos aspectos considerados interesantes y novedosos por la crítica progresista en relación a *Mar adentro* (sobre todo la diversidad de idiomas y acentos castellanos, catalanes y gallegos) (Quintana 2005: 20; Fecé 2005: 90), como la secuencia gruesa y demagógica del sacerdote tetrapléjico, (fácil e incluso razonablemente atacada desde la prensa y la crítica conservadoras) no tienen cabida en la película de Maqua/Bodegas. Sin embargo, y mientras que los acontecimientos reales son convertidos por Amenábar en una sucesión narrativa medida y puntuada milimétricamente por descargas emocionales y humorísticas, en *Condenado a vivir* se observa un respeto por la cronología de los hechos, así como un dibujo más realista de las circunstancias vitales de los personajes. En este sentido, la crudeza de la vida personal y laboral de Carmen (Rosa en el film de Amenábar, Ramona Maneiro en la realidad) está narrada con una entonación verista y una voluntad documental de la que carece en absoluto la película premiada con el Oscar. Y así, por ejemplo, las reivindicaciones laborales de las trabajadoras de la conservera antes de su despido injusto y definitivo son puestas en escena (eso sí, en castellano) de manera directa, a modo de reportaje, aunque ello no contribuya en absoluto a un 'ajustado' devenir narrativo del film. En el guión de Maqua, y también en el trabajo de puesta en escena (en exceso, justo es decirlo,) funcional y didáctico de Bodegas, prima siempre la voluntad de aprovechar los códigos televisivos de la ficción histórica para convertir en familiar y cercana la reivindicación vital y política de Ramón Sampedro, arraigándola en la memoria colectiva.

Nadie vuela pues visualmente en *Condenado a vivir*, aunque su Ramón Sampedro (el actor gallego Ernesto Chao) verbalice la idea de viajar volando hacia el mar. En esta modesta y desconocida *TV movie* producida por televisiones públicas bajo gobiernos conservadores, son las personas que están junto al tetrapléjico las que han de mirar por él. Es de hecho, un plano de punto de vista de Nuria el que reproduce, por medio de una ligera panorámica, el deseo de moverse y vagar sobre el aire del inmóvil que, lógicamente, necesita de la ayuda de los otros (de sus amigos, también de los espectadores) para lograr su objetivo, para hacer calar su discurso. Esa mirada femenina hacia el paisaje melancólico y grisáceo del rural coruñés metaforiza –en su estricta, casi espartana y televisiva sencillez– la solidaridad política de Maqua/Bodegas hacia su personaje. Amenábar, autor y posmoderno, le presta sus spielbergianos poderes para volar, pero sólo parece lograr satisfacer un oscuro y siniestro deseo de zarandear al moribundo para devolverlo empero a su cama antes de morir.

Lógicamente, pues, en el (tele)film de Maqua/Bodegas no veremos el plano de la cámara solitaria y siniestra frente a la muerte, aunque asistamos también a la reproducción ficcionalizada del video real grabado mientras moría. Alguien (cuantos más mejor) están con seguridad detrás de ella... Aunque no gobierne el PSOE.

## Notas

1.　Ganadora del Oso de Plata a la Mejor Dirección y la Copa Volpi a la Mejor Interpretación Masculina protagonista en el Festival de Venecia y del Oscar de la Academia de Hollywood a la Mejor Película de Habla no Inglesa, entre otros numerosos premios.

2.　Puede consultarse, sobre esta permanente dialéctica hollywood-tradiciones populares hispanas el muy reciente volumen *La nueva memoria. Historia(s) del cine español* (Castro de Paz, Pérez Perucha y Zunzunegui 2006).

3.　La verosimilitud de dichas creencias obligará al cineasta a concretar la ambientación británica en la Isla de Jersey, tras la Segunda Guerra Mundial.

4.　Tema central del cine español, sin duda vinculado al conflicto bélico y que atraviesa algunas de los films claves de nuestra historia, de *Marcelino, pan y vino* (Ladislao Vajda, 1955) a *El espíritu de la colmena* (Víctor Erice, 1973) (Castro de Paz 2004).

5.　Ese falso fantasma del desván, cubierto por una sábana, resulta ser una imagen devocionaria, mientras el espejo, mostrándole su rostro, desvela a Grace lo realmente aterrador y que no quiere comprender.

6.　Más sincero y sarcástico, el escritor Juan Manuel de Prada –asiduo colaborador de José Luis Garci en su longevo, trasnochado e indescriptible programa *Qué grande es el cine*, sólo eliminado de la televisión pública estatal por la nueva dirección de TVE surgida del gobierno socialista– aúna desde su reseña publicada en el diario conservador *Abc* (5 de septiembre de 2004), la repulsa al contenido antirreligioso y pro-eutanásico del film (cuyo borreguil apoyo, afirma, "se ha convertido en razón de Estado") y su en ocasiones demagógica (la, en efecto, lamentable y gruesa secuencia de la conversación con el sacerdote) y en otras radicalmente cursi ("... un encuentro amoroso en la playa digno de un anuncio de colonias filmado al alimón por Claude Lelouch y FrancoZeffirelli en plena resaca de anisete") puesta en forma.

7.　Como se ve, entonces, la "razón de Estado" a la que aludía Juan Manuel de Prada no parecía convencer demasiado a cierta crítica progresista...

8.　Para Ángel Quintana (2005: 16), uno de los más destacados representantes de dicho sector crítico, colaborador habitual en el prestigioso suplemento semanal *Suplemento Cultura/s* del diario barcelonés *La Vanguardia*, Amenábar se sumaba, con *Mar adentro* —como, por su parte y siempre en su opinión, el Pedro Almodóvar de *La mala educación* (2004)—, a un conjunto de películas contemporáneas (*Los lunes al sol*, Fernando León, 2002; *La caja 507*, Enrique Urbizu, 2002; o *Héctor*, Gracia Querejeta, 2004) que recogían a su tímido modo la herencia de ciertos títulos que a finales del siglo pasado se habían aproximado a la realidad española con "una cierta idea de compromiso" (*Barrio*, F. León, 1998; *Solas*, Benito Zambrano, 1998 o *Flores de otro mundo*, Icíar Bollaín, 1999). ¿Pero cómo relacionar seriamente la densa escritura almodovariana de *La mala educación* con la planificación seca, directa y extremadamente eficaz del interesante *thriller* de Urbizu? Si en efecto todas ellas están alejadas de esa 'estética del azar', de ese retorno a lo real, que Quintana ve con acierto como eje nuclear sobre el que gira el mejor cine contemporáneo, se equivoca al no penetrar más profundamente en la extraordinaria riqueza que puede proporcionar una moderna y actualizada relectura de las tradiciones, sean estas directamente hispanas (*El día de la bestia*, Alex de la Iglesia, 1995) o, en su caso, hibridadas —en fértil mestizaje— con fórmulas genéricas norteamericanas (la misma *La caja 507*, pero también la excelente *La vida mancha*, del mismo Urbizu). Puede ser —como señala también Carlos Losilla— que tanto Garci, como Amenábar y Almodóvar pertenezcan a la misma tradición (aunque sin duda no parezca oportuno definirla como "una peculiar variante del 'realismo' que, en realidad oculta una torpe mezcla de tipismo, costumbrismo y pintoresquismo" [Losilla 2005: 125]) pero sólo el detenido análisis de cada una de ellas permitirá ir más allá del acuñamiento de nuevos tópicos, tan inexactos como cualesquiera otros.

9. En Losilla (2004) se sugieren muy lúcidamente algunas de las ideas expuestas. El autor es, quizás, el crítico que mejor advierte que el 'problema' del film no es el "realismo tímido" sino la chirriante conjunción de vida-muerte, superhéroe-tetrapléjico, docudrama-melodrama.

10. Como nos indica el propio Amenábar en el audiocomentario incluido en el DVD de la película (20th Century Fox-SOGEPAQ).

11. Su poderosa, atlética y famosa figura convertida en Ramón Sampedro recuerda la expresión gallega para referirse a una fuerte sensación de extrañamiento: "Está más perdido que un pulpo en un garaje."

12. En un ensayo tendencioso que liga de manera forzada esta descreída y siniestra posición enunciativa del cineasta de origen chileno con la productora (PRISA-Sogecable) para la que trabaja, relacionada ideológicamente con el PSOE, pero en el fondo un servil "conglomerado ciertamente dependiente de Hollywood", su autor, Lorenzo Javier Torres, señala "la mirada sin sujeto" y la obsesiva presencia de una cámara empeñada en rodar la muerte como temas centrales del universo amenabariano. Sobre el plano de la cámara que rueda el suicidio de Sampedro señala: finalmente aparece de nuevo el objeto fetiche [la cámara], y otra vez relacionado con la muerte. Ahora ya no la sostiene nadie: mirada sin sujeto —la de la cámara autosuficiente— que, de manera radical, se personifica en esa muerte representada por Javier Bardem y grabada en su día por Ramón Sampedro. Hay en ese gesto de Sampedro, que Amenábar hace suyo a través del acto de enunciación de dedicarle un plano a la cámara de video, una suerte de fantasía o delirio que Estada extiende a nuestra sociedad del tercer milenio y que consiste en creer que se ha "conseguido domeñar la naturaleza, lo otro, el azar, el dolor y la muerte". (Torres 2005)

13. Spike Lee confesó a Amenábar que tanto él como buena parte de los miembros del jurado del Festival de Venecia tardaron en comprender el carácter onírico del 'vuelo'.

14. Miembro del célebre colectivo crítico 'Marta Hernández', Maqua es un referente de la crítica cinematográfica española tanto en el periodo final del Franquismo como durante la llamada Transición democrática. Militante de la izquierda radical, es también un reputado realizador televisivo, autor de buena parte de los episodios de la

célebre serie de docudramas *Vivir cada día* (1979), formato al que dedicó asimismo un relevante ensayo. (Maqua 1992)
15. Canal Sur Televisión S.A. (Andalucía), Televisión Autonómica de Madrid S.A., Televisión Autonómica Valenciana S.A., Televisión de Galicia S. A. y Euskal Tele-vista-Televisión Vasca S.A.. Recordemos, de paso, que TVG (Televisión de Galicia) es una coproductora minoritaria de *Mar adentro*.

## Bibliografía

Amenábar, Alejandro y Mateo Gil. 2004. *Mar adentro. Guión Cinematográfico*. Madrid: Ocho y Medio.

Castro de Paz, José Luis. 2004. *Cine y exilio. Forma(s) de la ausencia*. La Coruña: Vía Láctea.

Castro de Paz, J. L. y Julio Pérez Perucha (dirs). 2005. *La atalaya en la tormenta. El cine de Luis García Berlanga*. Orense: Festival Internacional de Cine Independiente.

Castro de Paz, José Luis, Julio Pérez Perucha y Santos Zunzunegui (dirs) 2006. *La nueva memoria. Historia(s) del cine español*. La Coruña: Vía Láctea.

De Prada, Juan Manuel. 2004. 'Mar adentro'. En: *Abc*, 5 de septiembre.

Fecé, Josep Lluís. 2005. 'La excepción y la norma. Reflexiones sobre la españolidad de nuestro cine reciente'. En: *Archivos de la Filmoteca* 49: 83-95.

Karstulovich, Federico. 2004. 'Mar adentro'. En: *El amante* 154: 35.

Losilla, Carlos. 2004. 'Mar adentro. La llum i les tenebres'. En: *Avui* 6 de marzo.

Losilla, C. 2005. 'Contra el cine español. Panorama general al inicio de un nuevo siglo'. En: *Archivos de la Filmoteca* 49: 125-145.

Maqua, Javier. 1992. *El docudrama. Fronteras de la ficción*. Madrid: Cátedra.

Navajas, Santiago. 2005. 'Alejandro Amenábar: *Mar adentro*. Cuándo el telefilm se adueña del cinematógrafo'. En: Letras de cine 9: 102.

Palacio, Manuel. 2001. *Historia de la televisión en España*. Barcelona: Gedisa.

Palacio, M. y Juan Carlos Ibáñez 2005. 'Berlanga y la quiebra del canon en la ficción histórica televisiva'. En: Castro de Paz y Pérez Perucha (dirs.) 2005: 129-139.

Pena Pérez, Jaime J. 2004. 'Reseña desde España'. En: *El amante*.

Quintana, Ángel. 2004. 'Viaje de ida y vuelta al purgatorio'. En: *La Vanguardia* (*Suplemento Culturas*) 22 de septiembre.

—. 2005. 'Modelos realistas en un tiempo de emergencias de lo político'. En: *Archivos de la Filmoteca* 49: 11-31.

Sampedro, Ramón. 1996. *Cartas desde el infierno*. 2a ed. 2004. Barcelona: Planeta.

Torres, Lorenzo Javier. 2005. 'Por qué no ser de Amenábar'. En: *I Congreso Internacional sobre el Cine Europeo Contemporáneo* (30 de mayo al 3 de junio). Organizado por la Universidad Pompeu Fabra de Barcelona (Departamento de Periodismo y de Comunicación Audiovisual) y el grupo CINEMA (Colectivo de Investigación de Estética de los Medios Audiovisuales).

# Sobre los autores

**Verena Berger,** es Profesora en la Universidad de Viena, Austria. De 1994 a 2000 trabajó como docente en la Universidad de Barcelona. Ha sido becaria del Ministerio de Educación de Austria (1990-1991, Barcelona/ España), de la Generalitat de Catalunya (1992) y del Gobierno de Canadá (Montréal, 2005). Actualmente imparte asignaturas de cine español y latinoamericano en el Departamento de Lenguas Románicas en Viena. Es autora de *Theater und Sprache. Das katalanische Theater zwischen Diktatur und Demokratie* (Viena, Präsens, 1998) y co-autora de *Zwischen Aneignung und Bruch: Studien zum Konfliktpotential von Kulturkontakten in der Romania* (Viena, Löcker, 2005) así como de *Montréal - Toronto. Stadtkultur und Migration in Literatur, Film und Musik* (Berlín, Weidler, 2007). Su investigación se centra en la historia del cine y en la producción cinematográfica (España, Argentina, Cuba, México, Brasil). En la actualidad investiga sobre la inmigración en el cine español, francés y portugués, así como sobre la intermedialidad en teatro y cine y el plurilingüismo en el cine. Otras áreas de investigación son los Estudios Culturales, los Estudios Postcoloniales y la Cultura Visual. Ha publicado diversos artículos sobre cine y literatura, bilingüismo literario, política lingüística en el sector cultural y migración en literatura y cine.

**Nancy Berthier,** Catedrática de estudios hispánicos e iberoamericanos de la Universidad de Marne-la-Vallée (Francia), es especialista de cine dentro del hispanismo francés. Doctora de la Universidad de Paris IV- Sorbona, ha sido miembro de la Escuela Normal Superior (Paris, Ulm) y de la Escuela de Altos Estudios Hispánicos (Casa de Velázquez, Madrid). Dirige el SIMIC (Seminario Imagen en el Mundo Ibérico Contemporáneo), con conferencias mensuales en el Colegio de España de París. Es autora de *Le franquisme et son image. Cinéma et propagande sous Franco* (Toulouse, PUM, 1998), de *De la guerre à l'écran, ¡Ay Carmela !* de Carlos Saura (Toulouse, PUM, 1999, segunda edición en 2005) y de *Tomás Gutiérrez Alea et la Révolution*

278

*cubaine* (Paris, le Cerf, coll. 7e Art, 2005). Es co-autora de *Le cinéma de Bigas Luna* (Toulouse, PUM, 2001) y ha editado los libros colectivos *Penser le cinéma espagnol* (Lyon, Grimh-Grimia, 2002), *Le cinéma d'Alejandro Amenábar* (Toulouse, PUM, 2006) y *Cuba: Cinéma et Révolution* (Lyon, Grimh, 2006). Ha dado conferencias y publicado varios ensayos y artículos sobre cine hispánico, con especial énfasis en las relaciones entre cine e historia, en Europa (Francia, Alemania, Inglaterra, España, Holanda, Italia) y América (Cuba, México y Estados Unidos).

**Bénédicte Brémard,** Francia, Profesora Titular en el Departamento de Estudios hispánicos de la Universidad del Litoral (Côte d'Opale), donde imparte clases de cine hispánico. Defendió en 2003 una tesis titulada *Le cinéma de Pedro Almodóvar: tissages et métissages* ante un tribunal compuesto por Marie-Claude Chaput (directora), Emmanuel Larraz, Pilar Martínez Vasseur, José Luis Sánchez Noriega y Jean-Claude Seguin. Es autora de una docena de artículos sobre el cine español contemporáneo y la televisión y sus vínculos con la literatura (adaptación, intertextualidad) la historia y la memoria (*Valentina, Cuéntame cómo pasó, El Florido Pensil, Soldados de Salamina*...). Ha coordinado con Bernard Sicot una publicación colectiva de la Universidad París X sobre la película de Jomi García Ascot *En el balcón vacío (Images d'exil:* En el balcón vacío, *film de Jomi García Ascot (Mexico, 1962)*, Université Nanterre, *Regards* 10, 2006). Actualmente está preparando varios artículos sobre el niño en el cine hispánico. Es miembro de la Sociedad de hispanistas franceses, del GRIMH y de la AEHC.

**María Camí-Vela (Murcia, 1957)** es Profesora de cine y literatura española del Departamento de Lengua y Literatura Extranjeras y del Programa de Estudios de Cine en la Universidad de Carolina del Norte-Wilmington, Estados Unidos. Es miembro de la Asociación Española de Historiadores del Cine. Ha publicado tres libros y numerosos artículos sobre la mujer en la literatura y el cine. También ha escrito sobre los directores Pedro Almodóvar y Bigas Luna. Sus más recientes publicaciones son *Mujeres detrás de la cámara: Entrevistas con cineastas españolas 2000-2004.* Madrid: Ocho y Medio, 2005; 'El género autobiográfico en *Me llamo Sara* (1998) de Dolores Payás' (*Cuadernos de la Academia.* Madrid: Academia de las Artes y las

Ciencias Cinematográficas de España y Asociación Española de Historiadores del Cine, 2005) y 'Mujer y sexo: Las directoras españolas de los 90' (*Los hábitos del deseo. Formas de amar en la modernidad.* Carme Riera, Meri Torres, Isabel Clúa y Pau Pitarch (eds) Valencia: Ediciones Escultura, 2005). También ha colaborado en la escritura y coordinación de *Extranjeras: Guía didáctica* (Helena Taberna (ed.), Pamplona: Lamia, 2005), un libro sobre el documental de Helena Taberna del mismo nombre. Camí-Vela ha intervenido en diversas revistas norteamericanas y españolas y ha participado en festivales, congresos, mesas redondas y ciclos dedicados al cine español y al cine realizado por mujeres. Como actriz ha participado en *My Life Without Me*, de Isabel Coixet y como actriz y productora ejecutiva en *United We Stand*, del joven director JRJC. En estos momentos está escribiendo un libro sobre la actriz y directora española Margarita Alexandre.

**José Luis Castro de Paz** (La Coruña, 1964). Doctor en Historia del cine, es Profesor Titular de Comunicación Audiovisual de la Universidad de Vigo. Miembro del comité editorial de la revista *Translations* (Universidad de Colorado, USA) y de la Junta directiva de la Asociación Española de Historiadores del Cine desde 1997 hasta 2006. Ha sido Redactor-Jefe de *Vertigo. Revista de cine* y colaborador de publicaciones especializadas españolas y extranjeras. Coordinador de publicaciones sobre cine español del Festival Internacional de Cine independiente de Orense desde 1996. Es autor, entre otros libros, de *Vertigo/De entre los muertos* (Paidós, 1999), *El surgimiento del tele-filme* (Paidós, 1999), *Alfred Hitchcock* (Cátedra, 2000), *Un cinema herido. Los turbios años cuarenta en el cine español (1939-1950)* (Paidós, 2002), *Cine y exilio. Forma(s) de la ausencia* (Vía Láctea, 2004). En 2005 coordina, junto a Josetxo Cerdán, *Suevia Films-Cesáreo Gonzalez. Treinta años de cine español*, (CGAI/IVAC/AEHC) y dirige, con Julio Pérez Perucha y Santos Zunzunegui, el volumen *La nueva memoria. Historia(s) del cine español (1939-2000)* (Vía Láctea).

**Josetxo Cerdán Los Arcos.** Profesor de la Unidad Predepartamental de Comunicación Audiovisual, Periodismo y Publicidad de la URV. Coordinador del Máster en Teoría y Práctica del Documental Creativo de la UAB, que actualmente se encuentra en el desarrollo de su octava edición. Co-editor, junto a Josep Maria Cátala y Casimiro Torreiro, del volumen *Mirada, memoria y fascinación. Notas sobre el documental español,* editado conjuntamente por el Festival de Cine Español de Málaga y Ocho y Medio y con Casimiro Torreiro de *Documental y Vanguardia,* Cátedra-Festival de Cine Español de Málaga, Madrid (2005). También co-editor, junto a José Luís Castro de Paz de *Suevia Films-Cesáreo González. Treinta años de cine español,* CGAI (2005). Ha colaborado como articulista en diferentes publicaciones como *Vértigo, Cuadernos de la Academia* o *Archivos de la Filmoteca* y en libros colectivos como *Antología Crítica del Cine Español.* Actualmente es investigador colaborador en una investigación financiada por el MEC y puesta en marcha por la Universidad de Valencia.

**Marina Díaz López** se licenció en Filosofía y Letras por la Universidad Autónoma de Madrid y es Doctora en Historia del cine por esa misma Universidad. Disfrutó de una beca de investigación de la Secretaría de Relaciones Exteriores del gobierno de México que le permitió tener una estancia en la Universidad de Guadalajara (México) durante un año académico. Actualmente trabaja en el Departamento de Actividades culturales del Instituto Cervantes, en Madrid, como Técnica de Cine y Audiovisual. También es Profesora Honoraria de la Universidad Autónoma de Madrid, donde imparte clases en el doctorado de Historia de cine, de la facultad de Filosofía y Letras, y en el master de Estudios sobre América latina. Ha editado dos libros sobre cine latinoamericano, junto a Alberto Elena: *Tierra en trance. El cine latinoamericano en 100 películas* (Alianza Editorial, 1999) y *24 Frames. Latin American Cinema* (Wallflower Press, 2002), y es miembro fundador de la revista *Secuencias. Revista de Historia del Cine.* Su última línea de investigación está dirigida a pensar la posibilidad de hacer una historia del cine en español.

**Pietsie Feenstra** es Profesora de Cine en el departamento de Estudios Cinematográficos de la Sorbona, Paris III. Imparte clases desde 2002 sobre Cine y Cine español contemporáneo (la memoria, mitos, autores, etc..). Tras su licenciatura en Español y Comunicación Audiovisual en la Universidad de Groningen, Holanda, se ha especializado varios años en Cine en la Universidad Complutense de Madrid (1992-1993, 1994, 1995,..). Hizo un Master en Cine en Paris III, y leyó su tesis doctoral en 2001 en la misma facultad bajo la dirección de la Catedrática Michèle Lagny, haciendo otra vez largos períodos de investigación en las Filmotecas de Madrid y Valencia (1997-1998, 1999, 2001,..). Ha publicado su tesis en francés: *Les nouvelles figures mythiques du cinéma espagnol (1975-1995). A corps perdus. Préface de Michèle Lagny*, Paris: Editions Harmattan, Champs Visuels, 2006. Próximamente va a editar un libro sobre *Mémoire du cinéma espagnol* (2009) en la Série CinemAction, Paris. Forma parte del grupo de investigación 'Théâtres de la Mémoire', del Centro de Investigación IRCAV, de Paris III (Director: Laurent Creton, Roger Odin). Publica e interviene regularmente en congresos en Europa sobre cine español, nuevos mitos (delincuencia, Carmen, transexualidad,…), teorías cinematográficas en Europa, la memoria cinematográfica.

**Gema Fernández Hoya** (Madrid, 1972). Licenciada en Arte Dramático por la Real Escuela Superior de Arte Dramático de Madrid. Actualmente trabaja para la Universidad Complutense de Madrid en una Tesis Doctoral titulada *Tono, un cineasta en el olvido* y participa en diversas investigaciones sobre la 'Otra generación del 27' en el departamento de Comunicación Audiovisual y Publicidad I de la UCM. Entre sus publicaciones destacan artículos como 'Ciudades Reinventadas: La ficción 'hollywoodiense'' en España. (*LARS. Cultura y Sociedad*. Oct. 2006), 'De la imagen a la palabra. Un nuevo género cinematográfico: los *Celuloides Rancios* de Enrique Jardiel Poncela' (Binaria ISSN- 1579-1300 Volumen IV), y el capítulo 'Caramelos Carpetovetónicos' incluido en *Los carteles de cine de Enrique Herreros y algunas otras obras importantes suyas*. (Madrid: Ed. Edaf.).

**Pilar García Jiménez** (Ávila, 1964). Licenciada en Filología Hispánica por la Universidad de Salamanca. Profesora de Español en el departamento de Lenguas Románicas de la Universidad de Groningen (Holanda). Ha publicado acerca de la obra del director mexicano González Iñárritu 'Fragmentación y polifonía: ¿es *Amores Perros* una película polifónica?' y '*21 Gramos*: Reconstrucción, espacio y movimiento' (aparecidos en: *Cine y Literatura. México en movimiento*. Groningen: Centro de Estudios Mexicanos, 2006). Su trabajo actual de investigación se centra en la obra del cineasta Basilio Martín Patino (Salamanca,1930), sobre el que prepara una tesis doctoral. Este director, durante largo tiempo infravalorado, ha sido redescubierto en los últimos años como uno de los cineastas más importantes de la posguerra. Su obra, realizada contra las estructuras políticas e industriales dominantes, es un ejemplo de un cine inteligente que conjuga una visión de la historia política y social con la reflexión constante sobre la imagen, ensayando formas nuevas de expresión. En la tesis, desde nociones teóricas que vienen de los estudios de Lotman y Bajtin (tales como la polifonía, la representación espacial de los sistemas de valores, la semiosfera etc.), se analizan temas importantes de su obra como son la pluralidad de voces, la ironía, el juego, la mezcla de ficción y realidad, la memoria y los sistemas de valores.

**Román Gubern** (Barcelona, 1934) ha trabajado como investigador invitado en el Massachussets Institute de Technology y ha sido profesor de Historia del Cine en la University of Southern California (Los Ángeles) y el California Institute of Technology (Pasadena) y director del Instituto Cervantes en Roma. Ahora es Catedrático Emérito de Comunicación Audiovisual de la Facultad de Ciencias de la Comunicación de la Universidad Autónoma de Barcelona. Ha sido presidente de la Asociación Española de Historiadores del Cine, es miembro de la Association Française pour la Recherche sur l'Histoire du Cinéma, de la Academia de Artes y Ciencias Cinematográficas de España, de la Academia de Bellas Artes de San Fernando y del comité de honor de la International Association for Visual Semiotics. Entre sus libros figuran: *Historia del cine* (1969), *Godard polémico* (1969), *Homenaje a King Kong* (1974), *El cine español en el exilio 1936-1939* (1976), *'Raza': un ensueño del general Franco* (1977), *El cine sonoro en la II República* (1977), *Las raíces del miedo. Antropología del cine de terror* (1979), *Carlos Saura* (1979), *La censura: función política y ordenamiento jurídico bajo el franquismo* (1981), *La guerra de España en la pantalla. De la propaganda a la historia* (1986), *La caza de brujas en Hollywood* (1987), *Espejo de fantasmas. De John Travolta a Indiana Jones* (1993), *Benito Perojo. Pionerismo y supervivencia* (Premio Film-Historia en España, 1994; Premio Jean Mitry en Francia, 1995), *Proyector de luna. La Generación del 27 y el cine* (1999), *Máscaras de la ficción* (2002), *Val del Omar, cinemista* (2004) y *Patologías de la imagen* (2004). Ha escrito una veintena de guiones para cine y televisión

**Hub. Hermans** (1949) es Catedrático del Departamento de Lenguas y Culturas romances de la Universidad de Groningen, Holanda. Su especialidad es la cultura y literatura del siglo veinte. Ha publicado varios libros y numerosos artículos en el campo del teatro español de los años treinta (Alberti, Aub, Torrente Ballester); las relaciones culturales entre España y los Países Bajos (especialmente la época de la Guerra Civil) y sobre México (Fuentes, Del Paso, el narcocorrido, la cultura chicana). En cuanto al último de estos tres temas acaba de publicar un libro sobre la relación entre literatura y cine en México: *Cine y literatura. México en movimiento*, Groningen 2006. De momento prepara un libro sobre el impacto de la Guerra Civil española en Holanda. Es redactor de las revistas *Portada Hispánica* y *Foro Hispánico* (Rodopi, Amsterdam/Atlanta).

**Isabel Maurer Queipo** es Profesora en la Universidad de Siegen. Ha trabajado en el Proyecto de investigación 'Teatro y teatralidad en el cine: El Cine/Teatro frances 1930-1960'. De momento es miembro del grupo de investigación de ciencias culturales' (Cultura y estética de los medios comunicativos) focalizando aquí la "intermedialidad en el surrealismo europeo". Después de su tesis doctoral sobre Pedro Almodóvar investiga sobre la estética de lo onírico y su recepción en los medios comunicativos en Francia del siglo 19 y 20. Otras áreas de investigación son e.o.: la intermedialidad, la interculturalidad, el surrealismo europeo y latinoamericano y *Gender Studies*.

**Àngel Quintana**, Profesor Titular de Historia y Teoría del Cine en la Universitat de Girona. Crítico de cine de *El Punt* y del Suplemento 'Cultura/s' de *La Vanguardia*. Miembro del consejo de redacción de la edición española de *Cahiers du cinéma*. Ha publicado diferentes monografías sobre Rossellini (Cátedra, 1995), Renoir (Cátedra, 1998), Fellini (*Le Monde/Cahiers du cinéma*, 2007), Assayas (Festival de Gijón, 2003) y Peter Watkins (Festival de Gijón/Bafici de Buenos Aires). Es autor del ensayo *Fábulas de lo visible. El cine como creador de realidades* (El Acantilado, 2003) y del ensayo 'Un art du virtuel?' (*Cahiers du cinéma*, 2008, en prensa).

**Eduardo Rodríguez Merchán** (Madrid, 1953). Doctor en Ciencias de la Información y Catedrático del Departamento de Comunicación Audiovisual y Publicidad I de la Universidad Complutense. Es autor de una decena de libros sobre cine español y más de un centenar de artículos monográficos sobre cine y fotografía. Entre ellos: los libros *José Luis López Vázquez: Los disfraces de la melancolía; Miguel*

*Mihura en el infierno del cine; Teléfonos de cine; Cinco comedias para la historia; Diccionario del cine norteamericano. Antología crítica; La realidad fragmentada: una propuesta de estudio sobre la fotografía y la evolución de su uso informativo; Mercedes Sampietro: la voz y la mirada* o artículos y capítulos de libro como *Cine español, a la sombra de una crisis* (en Anuario Fundesco, 1990*); Los pioneros del cine sonoro en EE.UU.*, en *Historia del Cine*. Vol. VI. Editorial Cátedra, 1995 o *El cine español de la democracia (1977-1996)*, en *Un siglo de cine español*. Cuadernos de la Academia, 1997. Ha sido comisario-organizador de la exposición fotográfica *25 años después. Memoria gráfica de una transición*, inaugurada el 20 de noviembre de 2000, en la Fundación Telefónica de Madrid. Dirige, junto con Carlos F. Heredero e Iván Giroud, el *Diccionario de Cine Español e Iberoamericano*, que editará en ocho tomos de 2000 páginas la Sociedad General de Autores y Editores de España (SGAE) en el año 2008.

**Vicente Sánchez-Biosca** es Profesor de comunicación audiovisual en la Universidad de Valencia y director de la revista *Archivos de la Filmoteca*. Fue becario Fulbright postdoctoral en 1991 y ha impartido clases en las universidades de París 3-Sorbonne nouvelle, Montreal (cuatro años), Sao Paulo, Buenos Aires, La Habana, entre otros lugares. Entre sus libros destacan los siguientes: Sombras de Weimar. Contribución a la historia del cine alemán 1918-1933 (Verdoux, 1990), *Una cultura de la fragmentación. Pastiche, relato y cuerpo en el cine y la televisión* (Filmoteca de la Generalitat Valenciana, 1995), *El montaje cinematográfico. Teoría y análisis* (Paidós, 1996), *Luis Buñuel. Viridiana* (Paidós, 1999), *NO-DO. El tiempo y la memoria* (ed. Cátedra/Filmoteca español, en colaboración con R. R. Tranche, 2000, actualmente en octava edición), *Cine y vanguardias artísticas. Conflictos, encuentros, fronteras* (Paidós, 2004), *Cine de historia/cine de memoria* (ed. Cátedra, 2006), *Cine y Guerra Civil española* (Alianza, 2006). Editor de dos volúmenes sobre la iconografía de Franco en *Archivos de la filmoteca* (2002-2003), es investigador principal de un proyecto I + D sobre la función de la imagen mecánica en la memoria de la Guerra Civil española.

**Pascale Thibaudeau** Profesora titular en el Departamento de Estudios Hispánicos de la Universidad Paris 8 donde imparte clases de literatura y cine. Autora de una tesis sobre el cine de Víctor Erice, *Image,* *mythe et réalité dans le cinéma de Víctor Erice* (Villeneuve d'Ascq, Presses Universitaires du Septentrion, 2002) ha escrito numerosos artículos sobre el cine español y latinoamericano, y ha dirigido las publicaciones siguientes: *Lorca, l'écriture sous le sable*, En: *La Licorne*, Poitiers, MSHS, 1999; *Cinéma espagnol des années 90*, En: *La Licorne*, Poitiers, MSHS, 2001; *L'original*, En: *Pandora*, 3, Saint-Denis, Université de Paris 8, 2003. Sus trabajos versan sobre las cuestiones de intertextualidad y sobre las relaciones entre el cine, la literatura y las otras artes visuales. Pertenece al Grimh y al comité de redacción de la revista *Pandora*.

**Lorenzo Javier Torres Hortelano,** Doctor en Ciencias de Información (Comunicación Audiovisual, Universidad Complutense de Madrid, 1995). De 1995 a 2002 ha sido productor y gerente de programación de televisión (Canal +, Quiero TV, etc.). Ha impartido las asignaturas de Cine clásico Norteamericano y Géneros cinematográficos en la Universidad Carlos III de Madrid (2003-2005). Actualmente imparte las asignaturas de Programación Audiovisual y Teoría de la Comunicación Audiovisual en la Universidad Rey Juan Carlos como Profesor Titular. Ha publicado diversos artículos sobre cine oriental y español y un libro: *Primavera tardía de Yasujiro Ozu: cine clásico y poética Zen,* Caja España, Valladolid, 2006. Pertenece al Consejo Editorial de la revista cultural/Trama y Fondo/ y es socio de la Asociación Española de Historiadores del Cine (AEHC).

# Colaboran

Verena Berger, Universität Wien, Institut für Romanistik, AAKH-Campus, Garnisong.13, Hof 8, A-1090 Wien, Österreich.
Email: verena.berger@univie.ac.at

Nancy Berthier, Université de Paris-Est (Marne-la-Vallée), UFR : LLCE, Département d'espagnol, Bât. Copernic, Cité Descartes, 5 Bd Descartes, Champs-sur-Marne, 77454 Marne-la-Vallée Cédex 2, France.
Email: nancy.berthier@univ-mlv.fr

Bénédicte Bremard, Université du Littoral-Côte d'Opale, Département d'Espagnol, 21 rue Saint-Louis BP 774, 62 321 Boulogne-sur-Mer Cedex, France.
Email: Benedicte.Bremard@univ-littoral.fr

María Camí-Vela, University of North Carolina at Wilmington, Dept. of Foreign Languages and Literatures, 601 South College Road Wilmington, NC 28403-5954, Estados Unidos.
Email: camivelam@uncw.edu

José Luis Castro de Paz, Universidad de Vigo, Facultad de Ciencias Sociales y de la Comunicación, Campus de A Xunqueira S/N, 36005 Pontevedra (Galicia), España.
Email: depaz@vigo.es

Josetxo Cerdán, Universitat Rovira i Virgili, C/ Sant Pau, 4, 43003 Tarragona, España.
Email: josetxo.cerdan@urv.net

Marina Diaz, Instituto Cervantes, Departamento de Cultura, Marina
Díaz López, Alcalá 49, 28014 Madrid, España.
Email:   rarara@arrakis.es
         marina.diaz@cervantes.es

Pietsie Feenstra, Sorbonne Nouvelle, Paris III, UFR : Cinéma (bureau
211), 13 Rue de Santeuil, 75005 Paris, France.
Email: pfeenstr@univ-paris3.fr

Gema Fernández-Hoya, Universidad Complutense Facultad de Ciencias de la Información, Despacho C-224. Ed. Nuevo Ciudad Universitaria, 28040 Madrid, España.
Email: gfh-23@hotmail.com

Pilar García Jiménez, University of Groningen, Faculteit der Letteren,
Oude Kijk in 't Jatstraat 26, 9712 EK Groningen, Nederland.
Email: m.d.p.garcia.jimenez@rug.nl

Román Gubern, Calle Hurtado n° 32, 08022 Barcelona, España.
Email: rgubern@romangubern.com

Hub. Hermans, University of Groningen, Faculteit der Letteren, Oude
Kijk in 't Jatstraat 26, 9712 EK Groningen, Nederland.
Email: h.l.m.hermans@rug.nl

Isabel Maurer Queipo, Universität Siegen, Fachbereich 3, Adolf-
Reichwein Str. 1, 57068 Siegen, Deutschland.
Email: isabel.maurer@uni-siegen.de

Àngel Quintana, Universitat de Girona, Facultat de Lletres, 17071. Pl.
Ferrater Mora 1, Girona, España.
Email: angel.quintana@udg.edu

Eduardo Rodríguez Merchán, Universidad Complutense Facultad de
Ciencias de la Información, Despacho C-224. Ed. Nuevo Ciudad
Universitaria, 28040 Madrid, España.
Email: edurodri@ccinf.ucm.es

Vicente Sánchez-Biosca, Universitat de València, Departamento Teoría de los Lenguajes, Avda. Blasco Ibéñez, 32, 46010 Valencia, España.
Email: vicente.sanchez@uv.es

Pascale Thibaudeau, Université Paris 8, 2 rue de la Liberté, 93526 Saint-Denis Cedex, France.
Email: pthib@wanadoo.fr

Lorenzo J. Torres Hortelano, Universidad Rey Juan Carlos, Camino del Molino s/n, E 28943, Fuenlabrada (Madrid), España.
Email: ljth2006@gmail.com

Títulos publicados de Foro Hispánico:

FORO 1 (1991): *La nueva novela histórica hispanoamericana*. Hermans Hub. y Maarten Steenmeijer (eds). (Agotado).

FORO 2 (1991): *Exploraciones semánticas y pragmáticas del español*. Haverkate, Henk, Kees Hengeveld, Gijs Mulder y Hella Olbertz (eds).

FORO 3 (1992): *Contactos entre los Países Bajos y el mundo ibérico*. Lechner, Jan (ed.).

FORO 4 (1992): *Discurso colonial hispanoamericano*. Fuggle, Sonia Rose de (ed.).

FORO 5 (1993): *La mujer en la literatura hispánica de la edad media y el siglo de oro*. Walthaus, Rina (ed.).

FORO 6 (1993): *Aproximaciones a cuestiones de adquisición y aprendizaje del español como lengua extranjera o lengua segunda*. Slagter, Peter-Jan (ed.).

FORO 7 (1994): *La sociedad andalusí y sus tradiciones literarias*. Zwartjes, Otto (ed.). (Agotado).

FORO 8 (1994): *Lingüística y estilística de textos*. Dehennin, Elsa y Henk Haverkate (eds).

FORO 9 (1995): *Literatura chicana*. Hermans Hub. y Francisco Lasarte (eds).

FORO 10 (1996): *Iberoamérica y el cine*. (Lasarte Francisco y Guido Podestá (ed.).

FORO 11 (1997): *El relato breve en las letras hispánicas actuales*. Patrick Collard (ed.).

FORO 12 (1997): *Periodismo y literatura*. Noortwijk, Annelies van y Anke van Haastrecht (eds).

FORO 13 (1998): *Sociolingüística: Lenguas en contacto.* Muysken, Pieter (ed.).

FORO 14 (1999): *Literaturas de España 1975-1998: convergencias y divergencias.* Hooft, Andreu van (ed.).

FORO 15 (1999): *Asimilaciones y rechazos: presencias del romanticismo en el realismo español del siglo XIX.* Behiels, Lieve y Maarten Steenmeijer (ed.).

FORO 16 (1999): *'Hechos diferenciales' y convivencias interétnicas en España.* Stallaert, Christiane (ed.).

FORO 17 (2000): *Estudio analítico del signo lingüístico. Teoría y descripción.* Jonge, Bob de (ed.).

FORO 18 (2001): *Cambio de siglo. Ideas, mentalidades, sensibilidades en España hacia 1900.* Collard, Patrick y Eric Storm (eds).

FORO 19 (2001): *En torno al teatro breve.* Versteeg, Margot (ed.).

FORO 20 (2001): *El pensamiento literario de Javier Marías.* Steenmeijer, Maarten (ed.).

FORO 21 (2002): *La oración y sus constituyentes. Estudios de sintaxis generativa.* Bok-Bennema, Reineke (ed.).

FORO 22 (2002): *El laberinto de la solidaridad. Cultura y política en México (1910-2000).* Berghe, Kristine Vanden y Maarten Van Delden (eds.)

FORO 23 (2003): *Aproximaciones cognoscitivo-funcionales al español.* Delbecque, Nicole (ed.).

FORO 24 (2003): *La literatura argentina de los años 90.* Fabry, Geneviève e Ilse LOGIE (eds).

FORO 25 (2004): *En el centenario de Alejo Carpentier (1904-1980)*. Collard, Patrick y Rita De Maeseneer (eds).

FORO 26 (2004): *Textos y discursos de especialidad: el español de los negocios*. Hooft Comajuncosas, Andreu van (ed.).

FORO 27 (2004): *Mitos e identidades en el teatro español contemporáneo*. Vilches de Frutos, Francisca (ed.).

FORO 28 (2006): *Fronteras e interculturalidad entre los sefardíes occidentales*. Díaz-Mas, Paloma y Harm Den Boer (eds).

FORO 29 (2006): *Para romper con el insularismo. Letras puertorriqueñas en comparación*. Barradas, Efraín y Rita De Maeseneer (eds).

Portada Hispánica se integra en Foro Hispánico a partir de Foro 30. Por lo tanto Foro Hispánico incluirá obras colectivas, como en el pasado, además de monografías.

FORO 30 (2008): *El gerundio no perifrástico del español*. Verhaert, Anne.

FORO 31 (2008): *Visions and Revisions. Women's Narrative in Twentieth-Century Spain*. Glenn, Kathleen M. y Kathleen McNerney (eds).

Para pedidos de números atrasados, dirigir correspondencia a la casa editorial Rodopi.

---------------------------

Títulos publicados de Portada Hispánica:

- Jean O'Bryan-Knight, *The Story of the Storyteller: La tía Julia y el escribidor, Historia de Mayta, and El hablador by Mario Vargas Llosa.*

- Antonio Pérez-Romero, *Subversion and Liberation in the Writings of St. Teresa of Avila.*

- Rita Gnutzmann, *La novela naturalista en Argentina (1880-1900).*

- Catherine Raffi-Béroud, *En torno al teatro de Fernández de Lizardi.*

- José Aragüés Aldaz, *Deus Concionator. Mundo predicado y retórica del 'exemplum' en los siglos de oro.*

- Margot Versteeg, *De Fusiladores y Morcilleros. El discurso cómico del género chico (1870-1910).*

- Otto Zwartjes (ed.), *Las gramáticas misioneras de tradición hispánica (siglos XVI-XVII).*

- Joan Ramon Resina (ed.), *Disremembering the dictatorship: The politics of memory in the Spanish transition to democracy.*

- Jesus Torrecilla (ed.), *La Generación del 98 frente al nuevo fin de siglo.*

- Mercedes Maroto Camino*, Practising places: Saint Teresa,* Lazarillo *and the early modern city.*

- Ilse Logie, *La omnipresencia de la mímesis en la obra de Manuel Puig. Análisis de cuatro novelas.*

- Carmen De Mora, *Escritura e identidad criollas. Modalidades discursivas en la prosa hispanoamericana del siglo XVII.*

- Alexis Grohmann, *Coming into one's Own: The Novelistic Development of Javier Marías.*

- Paul Allatson, *Latino Dreams. Transcultural Traffic and the U.S. National Imaginary.*

- Maria Antònia Oliver Rotger, *Battlegrounds and Crossroads. Social and Imaginary Space in Writings by Chicanas.*

- Ken Benson, *Fenomenología del enigma. Juan Benet y el pensamiento literario postestructuralista.*

- Isabel Cuñado, *Espectros del pasado. La narrativa de Javier Marías.*

- Mercedes Maroto Camino, *Producing the Pacific. Maps and Narratives of Spanish Exploration (1567-1606).*

--------------------------